中川功一 著
戦略硬直化のスパイラル
どうして企業は変われなくなるのか

A Downward Spiral to the Strategic Rigidity

有斐閣
YUHIKAKU

PREFACE

変革の時代に，戦略硬直化を問う

　読者のみなさん，この本を手にとっていただき，ありがとうございます。大阪大学の中川功一と申します。私は，この10年ほど，「アカデミー（大学）の力を社会に」をモットーに，イノベーションという変革を推進するための理論を研究し，それを広く伝えて回る仕事をしてきました。本書では，そんな取り組みの中から見えてきた，この変革の時代に本当に必要となることを，大学発の研究成果として，みなさんにお伝えしたいと思っています。

　ただし，本書が扱うテーマは，イノベーションや企業変革の方法ではありません。むしろその逆で，この本において私は，「戦略硬直化」という現象を探求していきます。

　今日では，企業変革が多くの会社にとっての重要テーマとなり，イノベーションという言葉は一大ブームの様相を呈しています。かくいう私自身も，さまざまな場所でほとんど毎日のように，イノベーションについて教えたり研究したり，そのための種を蒔いたり芽を育てたりしています。

　しかし，そんなイノベーション・ブームにあって，多くの企業で本当に問題になっており，それでいてあまり教えられていないのが，「企業は，どうやったら変われるようになるのか」「なぜ変われなくなるのか」ということではないでしょうか。昨今，デザイン思考だとか，課題発見，リーン・スタートアップなどといった，多種多様な手法が，多くの研究者やコンサルタントによって教授されています。私もその端くれですが，さまざまなところで講義をするたびに，「大切なのはわかるけど，うちの会社では無理」「うちの会社じゃあ，それができるようになるのに何年かかるかわからない」といった反応を耳にします。多くの企業にとっての問題は，変革の方法ではなく，変革ができるようになる土壌をどうつくるかなのだということです。

そうしたわけで，本書では，とても大切な問題であるにもかかわらず，まだまだ未解明なところの多い，「企業の戦略が硬直化する」という現象を研究することにしました。

　どうして企業は，変われなくなってしまうのか。
　どうやったら，企業は変われるようになるのか。

　ぜひ本書を読み進めていただき，イノベーションを起こしていくための基礎となる，変革できる土壌を育むヒントを掴んでもらえたらと願っています。

　　2019年7月

　　　　　　　　　　　　　　　　　　　　　　　　　　　　中川　功一

目次
CONTENTS

はしがき ─────────────────────── i

CHAPTER 1　本書の問い　001
どうして，望ましくない戦略が，続けられてしまうのか

- リーダーの戦略刷新能力を問う ・・・・・・・・・・・・・・・・・・・・・・・・・・・ 002
- 本研究の動機 ・・ 006
- 本書の特徴(1)「戦略」が変化しなくなることを問う ・・・・・・・・・ 008
- 本書の特徴(2) 一時の判断ミスではなく，継続的なミスを問う ・・・ 010

CHAPTER 2　これまでの研究が明らかにしてきたこと　013

- 先行研究を振り返る，とは ・・・・・・・・・・・・・・・・・・・・・・・・・・・・・・・ 014
- 組織に内在する変革阻害要因 ・・・・・・・・・・・・・・・・・・・・・・・・・・・・・ 018
- 戦略立案＝リーダーの意思決定における変革阻害要因 ・・・・・・・・・ 028
- 先行研究が成し遂げてきたこと，これから考えなければならないこと ・・・・・・・・・・・・・・・・・・ 036

CHAPTER 3　典型的な戦略硬直化　039
コンデンサ産業，スプラーグの事例

- 事例から，問題の原因を探っていく ・・・・・・・・・・・・・・・・・・・・・・・ 040

iii

- コンデンサ産業の競争史 ・・・・・・・・・・・・・・・・・・・・・・・・・ 042
- どうして，変われなかったのか ・・・・・・・・・・・・・・・・・・・ 057

CHAPTER 4　戦略硬直化のスパイラルの原理　061

- 理論のほうから，検討してみる ・・・・・・・・・・・・・・・・・・・ 062
- イノベーターのジレンマ ・・・・・・・・・・・・・・・・・・・・・・・・ 062
- コア能力の硬直性 ・・・・・・・・・・・・・・・・・・・・・・・・・・・・・ 066
- 戦略硬直化のスパイラル ・・・・・・・・・・・・・・・・・・・・・・・・ 070

CHAPTER 5　カリスマ型リーダーの功罪　075
シャープはなぜ危機に陥ったのか

- 第2の事例分析 ・・・・・・・・・・・・・・・・・・・・・・・・・・・・・・・ 076
- シャープの盛衰史 ・・・・・・・・・・・・・・・・・・・・・・・・・・・・・ 080
- 戦略硬直化の深淵をのぞく ・・・・・・・・・・・・・・・・・・・・・・ 104

CHAPTER 6　問題の真因探求　107

- ドクターとして，病理を探求する ・・・・・・・・・・・・・・・・・ 108
- センスメーキング ・・・・・・・・・・・・・・・・・・・・・・・・・・・・・ 109
- いかにしてスパイラルを脱するか ・・・・・・・・・・・・・・・・・ 118

CHAPTER 7　統計的検証　125
新興国における日本企業と，
ジャスミン革命ただ中のチュニジア企業

- 統計分析の意義 ・・・・・・・・・・・・・・・・・・・・・・・・・・・・・・・ 126
- 日本企業の新興国ビジネス――分析の第1ラウンド ・・・・ 127

- 新しい組織文化の獲得が，戦略転換を促す・・・・・・・・・・・・・・・・・・・ 140
- チュニジアでの追試──分析の第2ラウンド・・・・・・・・・・・・・・・ 152
- 状況解釈の大切さ・・ 158

CHAPTER 8 リーダー主導の戦略変更 161
ルネサスエスピードライバの経営改革

- 典型例を通じて，センスメーキングによる
  戦略変更の理解を深める・・・・・・・・・・・・・・・・・・・・・・・・・・・・・ 162
- RSPにおける戦略硬直化・・・・・・・・・・・・・・・・・・・・・・・・・・・・・・・・ 163
- RSPの戦略転換・・・・・・・・・・・・・・・・・・・・・・・・・・・・・・・・・・・・・・・ 168
- RSPは，いかにして戦略硬直化に陥り，
  いかにそれを脱したか・・・・・・・・・・・・・・・・・・・・・・・・・・・・・・・・ 183

CHAPTER 9 人々によるセンスメーキングの連鎖 187
米国シリコンバレーは，なぜ変化し続けられるのか

- 特定のリーダーを持たない，人々による変革・・・・・・・・・・・・・ 188
- シリコンバレーの構造変化──地域の事例分析・・・・・・・・・・・ 190
- スパイラルに陥らないための示唆・・・・・・・・・・・・・・・・・・・・・・ 202

CHAPTER Fin 結語に代えて 209
容易に出しうる答えを，疑うこと

事項索引 ────────────────── 215
組織名索引 ───────────────── 218
人名索引 ────────────────── 219

本書のコピー，スキャン，デジタル化等の無断複製は著作権法上での例外を除き禁じられています。本書を代行業者等の第三者に依頼してスキャンやデジタル化することは，たとえ個人や家庭内での利用でも著作権法違反です。

本書の問い

CHAPTER 1

どうして，望ましくない戦略が，
続けられてしまうのか

● リーダーの戦略刷新能力を問う ●

　この本は,「どうして企業は変われなくなるのか」という問題に応えるため,企業の中でなぜ望ましくない戦略がとられ続けてしまうのか,を研究したものです。戦略とは,「組織のこれからのあるべき方向性と,そこに向かっていくためのシナリオ」を指します[1]。戦略は,組織のリーダーが決定するものです。つまり,企業の戦略であれば経営層が,さらにその中の部・課・チームであれば部長・課長・チームリーダーが,それぞれ定めるものです。そうした,人を導くべきリーダーが,人々を誤った方向へと導き続けてしまうようなことが起こるのはなぜなのかを,考えたいと思っています。

　組織のリーダーたちが立てる戦略が硬直化してしまうことは,本当に深刻な問題です。企業の経営には,従業員とその家族,株主,取引先や顧客など,数千数万の人々の人生がかかっています。もし,それを担う経営者が,誤った戦略を続けてしまったとしたら,それら多くの人々が長年苦しい思いをすることになります。しかし,あるとき誤った戦略を立ててしまったとしても,そのことがわかった時点で即座に誤りを認め,戦略転換ができるならば,企業は危機を脱してＶ字回復できたり,さらに機運を摑んで大きく成長することもできるかもしれません。企業の中のより小さな単位,部や課のレベルについても,同じことが言えます。部や課のリーダーが間違った戦略に固執してしまったら,そこで働く人たちはつらい時期を過ごさなければならなくなり,場合によってはその部・課が維持できなくなる可能性もあります。そうした大きな事態を招きうるのが,「戦略が変えられなくなる」ことのリスクなのです。

　この本では,どうしてそのようなことが起こってしまうのかを考え,その対策を検討していきます。「人々から選ばれた優秀なリーダーが,企業にとって望ましくない戦略を続けてしまう。そんなことがあるのだろうか」と,疑問に思われる読者もいるかもしれません（誰も疑問に思わないくらい,世の中には「リーダーが方針を変えられない」現象が蔓延しているような気もしますが……）。実際のところ,戦略を改められずに大きな損失を出した,問題を起こしたと

1　伊丹敬之（2012）『経営戦略の論理（第4版）——ダイナミック適合と不均衡ダイナミズム』日本経済新聞出版社,あるいは,網倉久永・新宅純二郎（2011）『経営戦略入門』日本経済新聞出版社,などの定義に基づきます。これらの本は,日本語で,日本の事例を用いて書かれた戦略論のテキストとして,非常によいものです。

いう事例は，枚挙にいとまがありません。

- 米国アップル社が iPhone を発売して以来，スマートフォン市場の成長には目を見張るものがあったにもかかわらず，日本の携帯電話メーカーは依然として旧来型の携帯電話の開発を続けた。日本だけが世界から取り残されたこの現象は「ガラパゴス化」と呼ばれることになった。[2]
- 液晶ディスプレイ事業がグローバル競争で敗色濃厚であったにもかかわらず，シャープの経営陣は液晶に固執し，経営危機に直面した。直面してもなお，液晶への依存は続いた。[3]
- 本も服も音楽も映像も，オンライン販売が主流になりつつあるにもかかわらず，旧来の書店，アパレル，CD・DVD ショップの経営陣は，依然としてリアル店舗を軸足とする戦略を続けている。結果として，彼らは事業規模縮小，閉店ラッシュの憂き目に遭っている。[4]
- 経営者とは少し違いますが，もはや通用しない戦術を，いつまでも「自分たちのスタイル」だとして愚直にとり続ける，ナショナル・スポーツ・チームの監督・選手たち。[5]

みなさんの回りを見ても，よくないことだから止めたらいいのにとか，旧来のやり方に固執していて時代に取り残されていく感がある……といった不満は，いくらでもあげられるのではないでしょうか。

戦略変更への腰が重い，という問題は，今日ではとりわけ重要な意味を持つように思います。AI（人工知能）やドローンなど，新しい技術がどんどん登場している，第 4 次産業革命と呼ばれる時代です。シェアリングやクラウドといった新しい事業のコンセプトも生まれてきています。新興国の企業はますます成長を遂げて競争力を高めており，他方でシリコンバレーのような場からは驚くべき新事業が日々登場しています。一方，国内では，過労死やブラック労働が問題視されて働き方改革が叫ばれ，これまでの日本企業の経営の形に疑問が投げかけられています。現代は，まさに日本企業の変革期です。このような時期に，企業が戦略を変更する力を失ってしまっているとし

---

[2] 吉川尚宏（2010）『ガラパゴス化する日本』講談社現代新書。

[3] 本書第 5 章参照。

[4] 『日本経済新聞』電子版 2017 年 10 月 17 日，「相次ぐ TSUTAYA 閉店　ネット配信に押され」。

[5] 『フットボールチャンネル』2018 年 5 月 28 日，「14 年ブラジル大会。固執した『自分たちのサッカー』。反面教師にすべきザックジャパンの失敗【日本代表 W 杯の記憶】」。

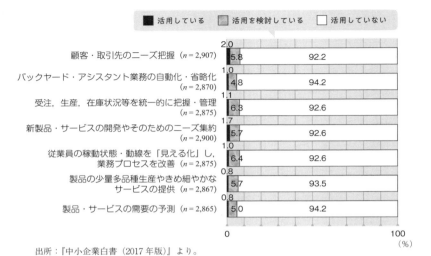

図1-1 中小企業のIoT・ビッグデータ・AI・ロボット等の活用状況

出所:『中小企業白書(2017年版)』より。

たら、これは大変深刻な問題だと言えるでしょう。

企業は戦略をなかなか変更せず、それが利益の逸失につながっているということを示唆する公的なデータも、2つほど紹介したいと思います。政府が公式に企業の戦略を扱った資料はあまり多くないのですが、中小企業庁による『中小企業白書』には、毎年、経営戦略に関するかなり踏み込んだ調査が掲載されます[6]。日本では、全法人のうちの99.7%が中小企業で、国内従業者も70.1%が中小企業に所属していますから、この調査結果が日本企業の実態をおおよそ伝えてくれるものと見ることもできるでしょう[7]。

図1-1は、『中小企業白書(2017年版)』に掲載されている、IoT(モノのインターネット)、ビッグデータ、AI、ロボット等の新技術の活用状況です[8]。

---

[6] 調査の詳細はウェブで閲覧可能です(『中小企業白書(2017年版)』: http://www.chusho.meti.go.jp/pamflet/hakusyo/H29/h29/index.html;URLは執筆当時のもの。本書以下同様)。

[7] 業種によって違いがありますが、経済産業省による中小企業の定義は、卸売業の場合は資本金1億円以下または従業員100人以下のどちらかの基準を満たす企業、小売業の場合は資本金5000万円以下または従業員50人以下、サービス業は資本金5000万円以下または従業員100人以下、製造業およびその他の業種の場合は資本金3億円以下または従業員300人以下となっています(中小企業庁ウェブサイト「中小企業・小規模企業者の定義」: https://www.chusho.meti.go.jp/soshiki/teigi.html)。

[8] 調査の詳細はウェブで閲覧可能です(https://www.chusho.meti.go.jp/pamflet/hakusyo/H29/h29/html/b2_3_4_2.html)。

図1-2

中小企業の新技術活用状況別・経常利益率の変化

(a) 新技術を活用している（n = 124）

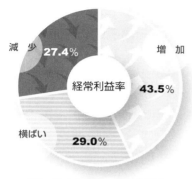

減少 27.4%
増加 43.5%
横ばい 29.0%
経常利益率

(b) 新技術を活用していない（n = 2,940）

減少 29.6%
増加 28.9%
横ばい 41.5%
経常利益率

出所：『中小企業白書（2017年版）』。

以上の新技術のうち，どれか1つでも活用していれば，各項目の「活用している」に分類されます。結果はなかなか衝撃的です（まったく衝撃的と感じられないほど，みなさんの実感通りかもしれませんが……）。産業界全体が沸き立っているかのようにメディアを賑わせているAIやロボットですが，ほとんどの中小企業が活用していないと答えているのです。危機感を煽るつもりはありませんが，企業という組織，あるいは経営者という人が，時代の変化に対してあまり積極的には行動していないという実態が垣間見えます。

『中小企業白書（2017年版）』では，この分析に続けて，新技術の活動が利益につながっているのかどうかも調べています。その結果は図1-2の通りです。新技術を活用している企業は43.5％が経常利益率が上がったと答えている一方で，新技術を活用していない企業では28.9％にとどまります。図1-2からは，必ずしも積極的に新技術を導入したからといって業績がよくなるとは限らないことも見て取れますが，概観としては，他社に先んじて新技術を導入することで，業績が向上する可能性は高まりやすいとは言えそうです。

『中小企業白書（2017年版）』は，新製品導入や新市場への参入といった戦略転換についても分析しています。そこでは，中小企業の経営者に対し，①現在の主力製品による新市場開拓戦略，②現在の市場に向けての新製品開発戦略，③新市場に新製品を展開していく多角化戦略，という3つの観点か

表 1-1

新事業展開の実施状況

(単位：％)

	実施している	実施していない
新市場開拓戦略 （新市場で，既存製品・サービスを展開） $n=2,959$	22.3	77.7
新製品開発戦略 （既存市場で，新製品・サービスを展開） $n=2,928$	23.7	76.2
多角化戦略 （新市場で，新製品・サービスを展開） $n=2,959$	20.9	79.1
上記のいずれかを実施している $n=2,928$	33.4	67.6

出所：『中小企業白書（2017年版）』より筆者再集計。

ら，新しい戦略が実行されたかを尋ねています。結果は，表 1-1 の通りです。ここでも，新しい事業を展開していない企業が多数を占めました。何らかの形で新規事業を展開していると答えたのは 33.4 ％にとどまり，残りの 67.6 ％は，これまでと異なる新規事業は展開していないと答えています。今日の激しい事業環境の変化を考えれば，これらの積極的な新戦略を実施することは重要でしょう。実際，この分析においても，新事業展開している企業のうち，業績が改善したと回答した企業は約 40 ％に達した一方で，新事業展開していない企業は同 28 ％にとどまりました[9]。

● 本研究の動機 ●

少し横道に逸れるようですが，読者のみなさんと問題意識をより共有するために，私自身がこの研究を始めようと思ったきっかけについても述べておきたいと思います。

私がこの研究を始めたのは，今からおよそ 10 年前，経営学の研究者とし

---

[9] 一方，新事業展開している企業で，利益が減少したのは全体の約 25 ％でしたが，新事業展開をしていない企業は同 30 ％でした（『中小企業白書（2017年版）』第 3 章第 1 節：http://www.chusho.meti.go.jp/pamflet/hakusyo/H29/h29/html/b2_3_1_1.html）。

て大学に職を得たときです。これからこの仕事でご飯を食べていくなら，経営実務家の方々と歩みをともにできるテーマの研究をしたいと考えました。数ある学術研究分野の中でも，経営学は，とくに社会とのつながりが深い学問です。経営の現場と無関係なことが学術界で問われ続け，学者が社会と断絶した象牙の塔（純粋に学者だけの世界）に籠もってしまうのは望ましいあり方とは言えません。もちろん，だからといって学者が実務の人々に近づきすぎ，単なるコンサルタントや評論家になってしまったとしたら，新しい経営の理論を創造する人がいなくなってしまいます。要はバランスよく，実務家の方々と足並みを揃えながら研究するという姿勢が，私たち経営学者には求められています。もっとシンプルに言えば，現場で奮闘する方々のお役に立てる理論を創出してこその経営学だ，と私は考えたのです。

では，どのようなテーマならば，実務の方々と足並みを揃え，かつ学術の発展にも貢献できるでしょうか。そんなことを考えていた今から10年ほど前，私はまさに経営の現場にいる方々と議論する中で，この問題の重要性に気づきました。

その日，私はある場所でエレクトロニクス業界のミドル・マネジャーに研修をし，以下のような課題を出しました。

> **問題1**．××××（業界グローバルトップの競合企業）の戦略を分析し，なぜ彼らが強いのかを議論してください。
> **問題2**．××××の戦略から，自社に積極的に活かせそうなところはあるでしょうか。また，単なる相手の真似をすることをよしとしないならば，今後，どのような別の戦略を実施すべきでしょうか。

「××××」に入る企業名は伏せますが，たとえばサムスンやアップル，グーグルといった，今日の有力企業をイメージしてもらえばよいでしょう。みなさんも実際にこの課題に取り組んでみると，私と同じことに気がつくかもしれません。

まず私が驚いたのは，日本のエレクトロニクス業界のミドル・マネジャーの方々が，信じられないほど海外の競合他社のことをよく分析していたことでした。彼らは，20分も経たないうち，問題1.に非常に精緻な内容の回答を出してくれました。この企業の経営者はどういう人物だとか，どういう戦略をとっているとか，なぜ強いのかといったことを，まるで自社のことのよ

うに雄弁に語るのです。日本の大手エレクトロニクス企業のミドル・マネジャーという人たちが，いかに優秀で，問題意識が高く，勤勉であるのかということを，私は強く思い知らされました。

しかしながら，それに輪をかけて私が驚いたことは，これほどハイレベルに問題1.に回答したにもかかわらず，問題2.になると途端に切れ味が鈍り，明朗な答えが聞かれなかったことです。問題1.の回答に驚嘆し，問題2.の答えにも大きな期待を抱いた私は，思い切り肩透かしを食らいました。相手の模倣であれ何であれ，自社の状態をよりよくする戦略であれば実行すればよいのに，みなさん渋い顔をして腕組みし，自社がなぜ競合トップ企業のようにはできないのか，どうしてやらないのか，「できない・やらない理由」ばかりを（緻密に分析をしたりしながら……！）出してくるのです。[10]

この出来事があまりに衝撃的だったので，私は同じ課題を他の場所でも試し，また大学生に出してみたりもしました。すると，多くの場所で同じような結果になりました。競合については，その戦略や経営者の手腕の凄さを雄弁に語るのに，自社の変革プランも同じように雄弁に語れる人はごく少数で，多くの人はできない理由，後ろ向きの理由ばかりを並べて，変革の困難さばかりを訴えるのです。

「時代は変わっていくのに，変わっていけない自分たち」——これは，ひょっとしたら相当に根深い問題なのではないかと，私は気づかされたのでした。

● 本書の特徴(1)「戦略」が変化しなくなることを問う ●

ところで，企業経営が失敗する理由を論じる書物は，学者の研究論文から実務家が自らの経験に基づいて執筆したものまで，本書以外にもたくさんあります。それらの中でも，とりわけ本書にはどういった特徴があるのかを，

---

[10] 中には，笑えばよいのか，たしなめるべきなのか，困ってしまうような回答もありました。「相手は政府が支援してるから勝てるわけがない」「会計ルールが違うからずるい」といった国家政策を批判する方，「農耕民族に狩猟民族の真似はできない」「原価の10倍の価格で売るなんて日本人の性に合わないでしょう」といった国民気質のせいにする方，「スティーブ・ジョブズは天才だから真似できない」といった個人の凄さに帰着させる方，「サムスンは財閥企業でオーナーが絶対権力があるから実行できる」といった企業統治の仕組みの違いを指摘される方……。それぞれの意見は，間違いではないのでしょうが，結局のところこれらがみな，自分たちが変革しないことの言い訳に使われていることに，問題の深刻さを感じたのです。

簡単に説明しておきたいと思います。実際のところ本書は，既刊書にはない，ユニークな内容を取り扱っています。

本書のユニークさの第1は，「戦略」を変えられなくなる理由を研究した，という点にあります。

経営学では，企業が失敗する原因を，組織の問題と戦略の問題に区別します。組織とは，共通の目的のために連携して行動する人々の集まりのことです。企業が変われなくなる原因の1つは，この組織というものに固有な，変化を嫌う性質にあります。人々が集まって組織をつくると，さまざまな理由で，自分たちの取り組みを変えることに抵抗するようになるのです。

じつは，「組織」が変われなくなる理由については，これまでにも大量の研究が積み上げられてきています。第**2**章で紹介しますが，なぜ人々が同じ場所に集うと変化を嫌がるようになるのかに関しては，経営学でかなりの部分まで解明が進んでいます。

これに対して，「戦略」すなわちリーダーの方針が硬直化するという現象は，これまであまり探求されてきませんでした。本章の冒頭で述べた通り，戦略とは，これから進むべき将来の方向性について，リーダーが「意思決定」を下して決定するものです。[11] もし組織のメンバーが変化を嫌がっていたとしても，リーダーが変革の決定を下せば，その組織は変わるチャンスを得ることができます。ですから，リーダーが戦略転換を決断できるかどうかは，組織が変われないことで失敗しないための最終防波堤，企業変革の第2エンジンです。

にもかかわらず，企業の硬直化を分析するとき，研究者は「組織」のほうに注目することが多く，変革の力が失われる原因を，人間の集団が持つ特性に帰着させてきました。しかしながら，組織に集った人々の中でも，リーダーという人物の突出した権限と能力を考慮すれば，組織が誤った方向へと進もうとしているときにリーダーがどういう役割を果たすのかには，とくに注目すべきと思われます。判断力，分析力，実行力，指導力などを総合的に見たときに，組織で最も有能な人物の1人であるはずのリーダーが，メンバーの命運を握りながら，何年も，時には世代を超えて何十年もの間，誤った戦

11　本書では読者のみなさんのイメージがぶれることを避けて，難しく表現せず「戦略」という表現を使い続けますが，経営学の中では本書は，「意思決定論」(decision making) と呼ばれる領域の研究です。その中でもとくに，組織全体の方向性を決めるような重大な問題に決定を下す場合を取り扱う研究と位置づけられます。

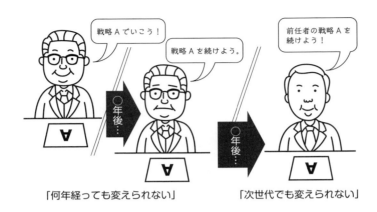

図1-3 リーダーが「戦略」を変えられなく「なる」

略をとり続けてしまうというのは，よくよく考えれば非常に不思議なことです。どうしてそのようなことが起こってしまうのか，もっと探求される必要があると考えられるのです（◐図1-3）。

● 本書の特徴 (2) ― 一時の判断ミスではなく，継続的なミスを問う ●

もう1つ，本書の特徴として明確にしておきたいことは，「リーダーがなぜ間違った意思決定をしてしまったのか」ではなく，「なぜ間違った意思決定を変えられなくなるのか」の研究だということです。

「意思決定のミス」を取り扱った研究もまた，無数にあります。意思決定論や，心理学，行動経済学などの学問領域では，人はなぜ判断ミスをするのかという問題が，中心的な研究テーマの1つとしてよく研究されています。近年ではもっとストレートに，「失敗学」という名で研究されたりもしています（これらについても第**2**章で解説します）。

とはいえ，人は反省する生き物ですから，失敗から学び，次の機会には判断を修正することができます。企業のような，多くの人の生活にかかわるものであるなら，なおさらです。ある決定が企業に損害を与え，それが誤りであったとわかったら，次にはその決定内容を見直すのが当たり前で，引き続き同じことを継続するなどといったことは忌避されるはずです。

表1-2

既存研究の探求内容と，本書で扱う内容の違い

	継続的なミス	1回のミス
戦略 ＝リーダーの意思決定の問題	この本が問う内容 （あまり探求されていない）	意思決定のミスを扱う研究 （すでによく探求されている）
組織 ＝人々の集団行動の問題	組織の硬直性を扱う研究 （すでによく探求されている）	組織の行動ミスを扱う研究 （すでによく探求されている）

　そうだとすると，人々の命運を預かる，大きな責任を負ったリーダーが，失敗から何も学ばず，長年誤った戦略を続けてしまうという事態は，なおさら不思議なことに思われます。しかし，そんな不思議なことが，そこかしこで起こっているのです。赤字事業が長年続けられる，誰も意味を見出せないような会議が昔からある，効果の乏しい販促キャンペーンを毎年実施する，等々。そうしたことが解消されず，世界中の企業で人々を悩ませているのだとすれば，これは研究者が取り組むべき重要な課題だと言えるでしょう。幸か不幸か，この問題はまだ学術界では十分に検討が進んでいません。そこで，本書では，「戦略のミス」が「継続される」という事象に注目するのです（◯表1-2）。

　こうしたわけで，本書のタイトルに「戦略硬直化」という言葉が入りました。組織ではなく，戦略のほうを問う。そして，一時のミスではなく，硬直化を問題とする。今まで見落とされていた，しかし社会にとって非常に深刻な問題として，本書はこの問題を取り上げ，1冊を通じて探求していきます。

　ちなみに，タイトルの後半部分「のスパイラル」の中身は，現時点ではまだ秘密にしておきましょう。なぜならば，戦略硬直化がなぜ起こるのかの答えこそが「スパイラル」にあるからです。本書を読み進めて，私と探求の旅を続けていただき，一緒にその答えにたどり着いてもらえたら，とても幸いです。

　繰り返しになりますが，私が願うのは，私たち研究者と，実務で奮闘していらっしゃる方々が，手を取り合って進む未来です。実務の方々を置いてけぼりにするのも望ましくないですし，実務の方々に寄り添いすぎて学者とし

ての矜持を失ってしまっても大問題です。本書は，そうした願いを込めて，なるべく誰にでもわかりやすい，しかし，しっかりとした学術研究の本になるように執筆したものです。ぜひ，「戦略を変えられなくなるのはなぜか」を探求する旅に，ご一緒ください！

これまでの研究が明らかにしてきたこと

CHAPTER 2

● 先行研究を振り返る，とは ●

　本章では，「リーダーはなぜ戦略を変えられなくなるのか」という本書の問いにヒントを与えてくれるであろう，過去の研究を振り返ることからスタートしたいと思います。この「先行研究の振り返り」という作業は，学術研究ではとても重要な意味を持ちます。先人たちがすでに明確な答えを出しているのであれば，あえて再び研究する必要はないからです。この研究で問うべき，まだ解明されていない謎は，どこにあるのか。それを明確にする作業が，先行研究の振り返りです。

　また，実際のところ，私たちは先行研究から非常に多くのことを学ぶことができます。企業は向かう方向性がたとえ間違っていたとしても，簡単にはそれを変えられない——という問題には，これまでも世界中で無数の研究者が取り組んできました。前章で述べたように，この問題は現代日本の重要課題ではありますが，ことさら日本企業だけに特有の問題というわけではなく，古今東西，世界中の企業がこれに悩んできたからです。そこで，私たちの探求の出発点として，過去の研究者たちがこの問題にどのような結論を見出してきたのか，その足跡をたどる中からヒントを得ていくことにしましょう。そして，残された課題がどこにあるのかを，確認したいと思います。

2つの観点からものごとを見る —— 組織と戦略

　本章では，「戦略」を「変えられなくなる」という問題のヒントをより多く集め，また，私たちの問題の輪郭をよりはっきりさせるために，先行研究の振り返り作業の対象を少し広めにとって，「企業が変われない理由」に関する研究を見ていきます。すなわち，戦略のみならず組織の問題にも目を向け，また長期にわたって変われないときだけでなく短期的な判断ミスや組織の失敗の原因をも調べて，企業はなぜ変われないのかという問題についての理解を深めることを目指します。

　企業が変われなくなる原因が，組織と戦略という2つの問題に区別できるということは，前章でも述べました。組織の問題とは，すなわち人間の集団行動に見られる問題のことで，他方，戦略の問題とは，リーダーの意思決定に伴う問題を意味します。先行研究の振り返りへ進む前に，もう少しだけこの2つの問題について，みなさんがはっきりイメージできるように準備をし

ておくことにしましょう。

　ここで，みなさんには，実際にあった事例を読んで，エクササイズに取り組んでもらいます。それを通じて，組織の問題とは何か，戦略の問題とは何か，ということのイメージを摑んでもらおうと思っています。

　事例は，1960年代から2000年ごろまでの，およそ半世紀にわたる，日本とスイスの腕時計産業の競争史です。この産業では，1960年代末からおよそ30年の間に，大きな業界構造変化が2度も生じました。1度目の構造変化では，業界の覇者であったスイスの企業が変化への適応に失敗し，日本企業が覇権を握ります。しかし，2度目の変化では，今度は日本企業が変化を拒んだために機会を摑み損ない，代わってスイスの企業が復権を遂げました。

　みなさんは，この2回の業界構造変化において，スイス企業と，日本企業が，なぜその変化に乗り遅れたかの理由を，組織＝人間集団の問題と，戦略＝リーダーの意思決定の問題に区別して，整理してみてください。

事例 ── 腕時計産業の2度の逆転

　スイスは時計の生産地としてよく知られた土地です。20世紀の半ばには，腕時計の大半はこの国で作られていました。高度な技能を持つ職人の手作業で作られたスイス製の機械式時計は，品質もよく，精度や耐久性などの信頼性も高い製品として，世界中で愛好されていました。

　こうした状況に変化が起こるのは，1960年代末にクオーツ式時計が登場してからです。クオーツ技術により，従来品である機械式よりも，はるかに高い精度，はるかに安定した品質が実現できるようになりました。加えて，クオーツ式の時計は，テレビなどと同じ電子機器であるため，職人による手作業での精密加工が不要になり，多くの部品を自動装置で作ることができます。これらのことから，クオーツ式時計では，従来の機械式よりも大量かつ安価な生産が可能になったのです。

　この新技術の導入に積極的だったのは，セイコーやシチズンをはじめとする日本のメーカーでした。彼らは積極的に電子技術を導入し，技術改良にも努めて，安価なクオーツ式時計で世界の覇権を握ったのです。クオーツ式時計は，それまで腕時計を手にすることができなかったような人にも購入を可能にし，時計の市場を大きく広げました。その広がった市場の多くを，日本企業が占めることになりました。[1]

一方で，スイス企業の経営者たちは，それまで自社の成功を支えてきた，職人の機械加工技能にこだわりました。クオーツ式に乗り出すには，そうした熟練技能を捨て去り，新しい電子機器の研究をしなければなりませんし，生産装置に投資もしなければなりません。また，クオーツ式の時計は，デジタルで無骨な印象を与えるもので，美麗で工芸的価値の高い機械式時計のデザインとは対極にありました。こうしたこともあって，スイス企業の経営者たちは新しい技術を好ましく思わず，従来通りの美しい機械式時計の生産を継続したのです。

　スイスでは，社内の熟練職人たちもまた，雇用が奪われることを懸念して新技術導入に抵抗しました。当時，スイス国内には数万人もの時計職人がいたと言われます。何十年，あるいは何世代と蓄積されてきた，他国には決して真似のできないような精密な加工技能を放棄することを，彼らは拒みました。

　日本企業は，その隙を突いて，1980年代に逆転を果たします。スイスの腕時計産業は，壊滅的な状態に陥りました。

　ところが，話はこれで終わりではありません。その後スイスでは，思い切った戦略の転換が行われました。業界を挙げて，国内企業をスウォッチ・グループなどいくつかの有力企業へと再編・集約すると，美しいデザインとマーケティングを武器に機械式時計をブランド化し，格安な実用品としての日本のクオーツ式時計との差別化を図ったのです。生き残った有力な時計師たちをカリスマ化し，精巧な機械を神話の世界のものにして，製品に特別な意味合いを持たせました。これは偶然の産物などではなく，マーケティングによるブランド・イメージ構築という企業努力を伴う，意図を持った戦略変更です。その戦略が奏功し，出荷数量でははるかに劣るスイスの時計産業が，2000年ごろから出荷金額ベースで再び日本を追い抜きます。[2]

　その間，日本企業は，ひたすら技術改良・技術革新とコストダウンに取り組み続けていました。スイス企業の反撃を受けながらも，かつて自分たちに栄光をもたらしてくれた，信頼性の高い製品を低価格で大量生産するという戦略を，継続していたのです。技術者たちは電子技術の改善・改良に励み，

1　新宅純二郎（1994）『日本企業の競争戦略――成熟産業の技術転換と企業行動』有斐閣。

2　ドンゼ，P.-Y./長沢伸也監修・訳（2014）『「機械式時計」という名のラグジュアリー戦略』世界文化社。

電波時計やソーラー時計などに結実した革新的な技術を次々と生み出しましたが、それをブランド化することには、ほとんど手を付けませんでした。経営者たちも、そうして生み出された技術的革新性の高い製品を、とにかく安価に、誰にでも手が届くものとして販売するという、先人たちがとってきた経営方針を踏襲しました。製造コストよりもはるかに高い値段を付けてブランド品として売るという経営方針は、これまでと違いすぎて、受け入れがたいものだったのです。

結果として、日本製腕時計は、品質と価格の安さには定評があるものの、スイス製時計のような高いブランド価値は得られていません。[3] こうした状況を見て、日本での在住期間も長いスイス人研究者ピエール-イヴ・ドンゼ教授が、その著作『「機械式時計」という名のラグジュアリー戦略』の「日本語版への序」において、私たち日本人読者に向けて綴った言葉は印象的です。

> 技術革新にふけっている「ものづくり」の国である日本では、［スイスの］文化の資源化・伝統構築のプロセスを理解することは途方もないことのように思われる。[4]

事例は以上です。2度の逆転劇において、スイス企業・日本企業は、それぞれ、なぜライバルの攻勢に対応できなかったのでしょうか。組織、戦略の2面から、検討してみてください。

＊

自分なりの答えはまとまったでしょうか。それでは、事例を検討していきましょう。日本企業とスイス企業、それぞれが状況変化に直面したとき、なぜ対応できなかったのか。簡単に確認してみたいと思います。

1. **組織の問題**：従業員たちが、自分たちの強みとする技術・資源をこれからも活用したいと考えたこと——自分たちにしかない独自の強みが企業内に蓄積されていたため、それを活用し続けようとした。1960年代のスイスでは、職人たちが精密加工技能にプライドを持っていたため、それを放棄することを拒否した。2000年代の日本では、社内の人々がデジタル技術の革新とコスト競争力の追求に「ふけっていた」がゆえに、高額な価値付

---

3 榊原清則（2005）『イノベーションの収益化——技術経営の課題と分析』有斐閣。
4 ドンゼ、前掲書、3頁。

けを行うブランディングの実行をためらった。
2. **戦略の問題**：経営者たちが，今後の方針を考えるにあたって，過去の成功体験に縛られたこと——経営層の中にも，これまで何十年と自社に成功をもたらしてきた経営戦略を変えることにためらいがあった。1960年代のスイス企業の経営陣は，職人たちの技能で作った美しく精巧な時計が企業に利益をもたらす，というそれまでの戦略に固執し，変革に遅れをとった。2000年代の日本企業もまた，クオーツでの成功をもたらした，技術革新を続け，かつ，それを安価に提供することで一般消費者市場を確保するという戦略の正しさを疑わず，それを継続したため，スイス企業に高級品市場を奪い返されて売上高で逆転を許した。

みなさんは，このエクササイズから，組織と戦略が何を指し，また，それぞれが企業の変革にどう影響するのかということについて，イメージを摑めたでしょうか。集団となった人々の行動と，人々を導くリーダーの意思決定とは，それぞれ別の形で企業の将来の方向性に影響を与えています。企業に集った人々の思いは，その企業を実際に動かすエネルギーとなり，その企業の具体的な強みや弱み，社風，民意のようなものを，つくり上げていきます。一方，リーダーは，集団を率いる人物として，突出した権限と責任のもとで戦略を決定します。この組織と戦略という2つのものは，それぞれ別の形で，しかし両方ともたしかに，企業の未来に影響を与えているのです。

過去の研究では，この組織と戦略（意思決定）という区別に基づいて，なぜ変革が阻害されるのかが，事細かに検討されてきました。次節から，それらの詳細を見ていくことにしましょう。

● 組織に内在する変革阻害要因 ●

組織慣性

それではまず，人々が集団となったときに見せる固有の思考や行動のパターン——すなわち組織というもので発生する変革阻害要因から，見ていきましょう。なお，特別な注記がない限り，これ以降の記述は先行研究の成果に基づくものです。

じつは組織には，本来的に，変化を嫌い現状を維持しようとする性質があ

ります。経営学の研究者は、物体が同じ運動を続けようとする「慣性の法則」という物理学の言葉を用いて、組織に本来ある変化を嫌う性質のことを、「組織慣性」(organizational inertia) と呼んでいます。[5]

組織慣性の原因はさまざまです。新しいものごとを始めることへの不安や恐怖といった心理的な抵抗感から、一度構築した設備や建物等を廃棄して新規なものを構築するなどの金銭的コスト、身につけた技能やノウハウを放棄するといった金銭では計算できないコスト、さらには既得権益への執着が生む内部政治など、じつに多様な要素があげられています。[6] 以下で、順を追って検討していきましょう。

心理的抵抗感

組織慣性のうちでも、そのすべての根源にあたるものが、内部の人々の心理的な抵抗感です。あなたが一生懸命やっていることが否定されたとしたら、あなたはそれを止めるべきだという意見がいかに正しいものであったとしても、多少なりともムッとしたり、嫌な気分になるはずです。誰かに否定されるとき、人には大きな心理的負担がかかります。それが集団となればなおさらです。人は共感する生き物ですから、同じことを正しいと信じている人が集まれば集まるほど、その信念は強まる傾向があります。こうして組織は、高い結束を見せているときほど、全体として今やっていることを変えることに強い抵抗意識を生み出します。[7]

■ コミットメント・エスカレーションとサンク・コスト

こうした集団としての変化に対する心理的抵抗感は、これまで投じてきた資金・人材・時間が多くなるほどに強まります。[8] コミットメント・エスカレ

---

[5] Hannan, M. T., and Freeman, J. (1977) "The population ecology of organizations," *American Journal of Sociology*, Vol. 82-No. 5, pp. 929-964.

[6] 組織慣性の原因についてさらに学びたい読者は、日本語なら、小沢和彦 (2015)「組織変革論における組織慣性概念の検討」『経営戦略研究』第15号、19-33頁が、近年の論文としてよくまとまっているものの1つです。英語なら、Gilbert, C. G. (2005) "Unbundling the structure of inertia: Resource versus routine rigidity," *Academy of Management Journal*, Vol. 48-No. 5, pp. 741-763が、新聞社のオンライン化への対応を素材に、さまざまな要因がどう影響し合って慣性をつくり出しているかを議論しています。なお、同論文の概要は、井上達彦 (2014)『ブラックスワンの経営学――通説をくつがえした世界最優秀ケーススタディ』日経BP社で、解説されています。

[7] Eisenhardt, K. M., and Bourgeois, L. J., III (1988) "Politics of strategic decision making in high-velocity environments: Toward a midrange theory," *Academy of Management Journal*, Vol. 31-No. 4, pp. 737-770.

ーション(関与の増大)と呼ばれる現象です。「今まで投じた数十億円をドブに捨てるのか」「先代の人たちが苦心してつくった仕組みだから」「これまで20年間,自分たちはこれで食べてきたのだから」といった思いが,既存のものを捨て去ることへの心理的抵抗を生み出すのです。

こうした過去に費やされた費用は,もはや取り戻すことができない費用という意味で,サンク・コスト(sunk cost)と呼ばれます。もう取り返しがつかないのですから,本来的には,これまで投じた資金や人員の量にこだわって現行路線を維持しようとする,合理的な理由にはなりません。でも,人は過去に費やした労力やお金を基準に判断しがちで,せっかく投資をしたのだから,これをどうにかして使い続けよう,という思いを抱きがちなのです。

危機意識の欠如

集団においては危機意識が育ちにくい,という性質もあります[9]。存亡を賭けるような危機に直面しない限り,組織の中には「現状のままでよいのではないか」「まだ時間はある」と考えるメンバーが一定数残り,リーダーが変革の声を上げたとしても,一体となった変革にスムーズに乗り出せなくなる可能性があります[10]。

このままでよい,という変化を嫌う考えが,社風(経営学の世界では「組織文化」という言葉が使われます)にまで育ってしまっていることもあります。事なかれ主義,伝統重視,声をあげる人が嫌われる,といったものの考え方が組織に浸透していると,いよいよ組織の変革は難しくなります。保守的な社風は,非常に気をつけなければならない組織慣性の源泉です[11]。

---

8 Sydow, J., Schreyögg, G., and Koch, J. (2009) "Organizational path dependence: Opening the black box," *Academy of Management Review*, Vol. 34-No. 4, pp. 689-709. 日本での新しい研究成果としては,渡辺周(2017)「強い監視による看過の増幅——コミットメント・エスカレーションに役員が与える影響」『組織科学』第50巻第4号,54-65頁が,充実した議論を行っています。

9 Huff, J. O., Huff, A. S., and Thomas, H. (1992) "Strategic renewal and the interaction of cumulative stress and inertia," *Strategic Management Journal*, Vol. 13-No. S1, pp. 55-75.

10 Gilbert,前掲論文。ただし,危機意識が強いと,逆に変革に乗り出しにくくなることもある,とする研究成果もあります。差し迫った命の危険があるとき,人は何が本当の正解かを吟味することなく,「溺れる者は藁をも摑む」のです。危機的状況で,頼れる武器が1つしかないのであれば,それを使って局面を打開しようとするのは自然なことです。そのため,企業が倒産の危機にあるとき,変革によってそれを回避しようとするより,いま守れている市場や技術を死守しようと行動する場合があります。危機意識とは,こうした2方向の作用を組織にもたらす非常にやっかいな要因であり,組織の状態を見ながらうまくコントロールすることが求められるものです。

■「らしさ」へのこだわり

「自分たちらしさ」が変化を拒むこともあります。「○○イズム」「○○ウェイ」といった企業固有のものの考え方は、組織文化や組織アイデンティティなどと呼ばれます。それは組織に集った人々の心を1つにまとめ上げる機能を果たします。[12] しかし、変革が求められるときには、それが足枷となってしまうことがあります。「ウェイ」に縛られて、本来やるべき変革が、正しい形で実行されなくなってしまうのです。[13]

日本のスポーツ組織では「自分たちのプレーができなかった」といった表現がよく使われているようですが、実際のところ、この言葉は非常に危険です。サッカーにおいて細かくパスをつないでゴールに迫るとか、野球においてバントや盗塁などの小技で少しずつ進塁するといったような、自分たちのやり方の正しさを疑わず、それができたから勝った、できなかったから負けた、と結論づけていくのは、状況に応じた柔軟性を奪う可能性があります。また、本当はどういう活動をすべきかということに対する思考停止にもつながりかねません。[14]

変革のために発生する現実的な費用

変革にあたっては、メンバーの心理的抵抗感のみならず、実際に企業の会計や業務に負荷をかけることになります。したがって、そうした負担があま

11　組織文化が本質的に変化を嫌う性質を持つということは、Van Maanen, J. E., and Schein, E. H. (1977) "Toward a theory of organizational socialization," Working Paper (Sloan School of Management), No. 960-77 で、議論されています。小沢和彦（2014）「組織変革における組織文化の強さの組織慣性への影響——日産自動車の事例」『日本経営学会誌』第34巻、63-74頁は、組織文化がいかに変化を妨げるのかについて整理した上で、行動を縛るほどは強い文化が存在しないときでも、変革を妨げることがあることを明らかにしています。

12　Ashforth, B. E., Harrison, S. H., and Corley, K. G. (2008) "Identification in organizations: An examination of four fundamental questions," *Journal of Management*, Vol. 34-No. 3, pp. 325-374 や、Hatch, M. J., and Schultz, M. (2002) "The dynamics of organizational identity," *Human Relations*, Vol. 55-No. 8, pp. 989-1018 など。

13　Ashforth, Harrison and Corley, 前掲論文のほか、Bouchikhi, H., and Kimberly, J. R. (2003) "Escaping the identity trap," *MIT Sloan Management Review*, Vol. 44-No. 3, pp. 20-26 など。

14　話は逸れますが、「自分たちらしさ」にこだわるのは、スポーツでもビジネスでも、戦術的にあまり望ましいことではありません。どう攻めてくるのか、対戦する相手に手の内がわかってしまうわけですから、これほどイージーな敵はいないことでしょう。サッカーで、パスの出し先がわかっていれば、これほど守りやすいことはありません。野球で、決め球を読まれてしまっているピッチャーが、打者を抑えるのは非常に困難です。

りに大きい場合には，変革すべきときであっても，現実問題としてリスクが大きくなりすぎてしまい，変革に慎重にならざるをえなくなります。

　たとえば，自分たちの事業領域で，自社にない新技術・新方式が台頭してきたときには，旧来の自分たちの技術・方式を放棄しなければならなくなります。先ほどの，腕時計産業におけるデジタル技術登場時のスイス時計産業は，典型例です。デジタル化という時代の変化に対応するためには，新技術の学習に多大な投資を行わねばならないばかりか，旧来の機械式時計の技術を放棄しなければなりません。それには非常に大きな費用が必要になり，変革は非常にリスクの高い行動となります。

　カメラ産業も，同様のデジタル化の影響を受けた産業です。デジタルカメラの登場によって，旧来のフィルムカメラを生産していた企業は存亡の危機に立たされました。しかし，多くの企業は新技術への移行を思いとどまりました。デジタル技術の習得にかかる費用はもちろん，旧来のフィルムカメラ生産のための精巧な加工技術など，これまで自分たちが蓄積してきたものを放棄する際に発生する損失を重く見たためです。結局，そうした判断が尾を引き，ポラロイド社など多くのフィルムカメラ企業が廃業・衰退することになりました。[15]

　変革期には，かつての流通網が使えなくなったりすることもあります。今では，日本の消費者がビール類を購入するのはスーパーマーケットやコンビニエンスストアが主になっています。しかし，かつて家庭用のビールはもっぱら地元の酒屋さんが各戸に配送してくれていました。それは，業界トップ企業であり国内シェア6割を誇っていたキリンビールが，全国の酒屋と共同で長年維持・発展させてきた流通システムでした。

　業界シェア下位に沈んでいたアサヒビールが，1980年代半ばに社運を賭けた新商品「アサヒスーパードライ」を発売したとき，彼らは当時定着してきていたスーパーを新しい流通網として活用することにしました。都心に住む核家族の世帯は，商店街の米屋・八百屋・酒屋に行く習慣がなく，そうした買い物をすべてスーパーに頼っているというデータがあったためです。この作戦は功を奏し，アサヒビールは大きく出荷を伸ばしました。その間，業界首位のキリンビールは有効な策を打って反撃することができませんでした。

---

[15] Tripsas, M., and Gavetti, G. (2000) "Capabilities, cognition, and inertia: Evidence from digital imaging," *Strategic Management Journal*, Vol. 21-No. 10/11, pp. 1147-1161.

その理由の1つが、張りめぐらせた酒屋の流通ネットワークを放棄するコストとリスクが非常に高かったことです。この既存流通チャネルは、安定的に当時の同社の売り上げの大半を稼いできてくれていたわけですから、そこから顧客を奪うことになるスーパーへ積極的にビールを卸すという戦略変更を、簡単には行えない組織的な事情があったのです。[16]

　以上の議論を整理すると、戦略を変更しようとする組織には、新規の事業活動を可能にする資源を開発するための投資と、旧来の事業活動で使ってきた資源を放棄することの損失の、両方が同時に発生するということが確認できます。これらが組織にとっての大きな負担として立ちはだかり、戦略変更を困難にするのです。

内部政治

　人々の心理や、現実に生じるコストのほかにも、人間の集合体の中でどうしても生じてしまう問題――主導権や既得権益をめぐる内部対立や組織内政治も、組織の変革を阻害する要因として働きます。こうした問題は可能な限り起こらないようにすべきですが、今日では、組織が成熟してくるにつれて内部政治的な動きが出てくることは、半ば避けようがないと考えられています。集団がまとまった行動をとるためには、どうしても誰かに権力を集中させる必要があります。そうしてでき上がる権力の構造が「組織」と呼ばれるものです。組織の中では、誰もが平等ということは現実的にありえず、そこにはどうしてもおいしい立場と、冷や飯を食う立場が生まれてしまいます。

　組織を大きく変革させようとするときには、内部の人々の利害や思惑が多様に絡んできます。その変革で利益を得られる人々は、それを武器に他の人々を押しのけようとするかもしれませんし、反対にその変革で自らの権利や立場を失う人は、変革を妨げ、先導する人を失脚させようとするかもしれません。こうした内部政治にエネルギーが費やされることで、組織の変革は勢いをなくし、狙ったようにスムーズには変わっていけなくなるのです。

　かつて慢性的な不調に陥っていた1970年代の日産自動車では、内部政治の問題が改革を10年以上も遅らせたと言われています。当時の日産には、「三頭政治」と呼ばれるいびつな権力構造が成立していました。現場から生

16　淺羽茂（1995）『競争と協力の戦略――業界標準をめぐる企業行動』有斐閣に、経緯が詳しく説明されています。

え抜きの石原俊氏が社長になってはいたものの，会長である川又克二氏が院政体制を敷き，労働組合のトップであり人事を掌握していた塩路一郎氏と結んで，石原氏を超える絶大な権力を有していました。この川又・塩路体制に異を唱えることはタブーで，飲み会の席でそれとなく批判したことを告げ口された人物が左遷されたほどでした。社内の人々は，何かをするときには塩路氏や川又氏へご機嫌伺いに赴き承諾を得なければ，ものごとを進められなくなっていたのです。

　低迷する業績回復を経営ミッションに掲げていた石原社長は，英国への工場進出など，さまざまな施策を打ち出しますが，それらは川又会長と労組トップ塩路氏の周辺の既得権益を侵害するものでした。そうして，石原氏の改革策はことごとく川又氏・塩路氏の反発に遭い，握りつぶされたり，実現に多大な時間を要することになったのです。最終的に石原社長はこの闘争に打ち勝ちますが，氏は後年，「社長任期中（1977〜85年）の大半は，塩路氏との対決に時間を費やした」と述懐しています。こうして日産の経営再建は遅れ，抜本的な改革はさらにそれから約10年後，ルノーが日産を買収し，カルロス・ゴーン氏が社長に就任してからのこととなります[17]。

組織慣性は，避けがたいもの

　ここまでの3項で示したのが，組織に生来備わっている変革を嫌う特性＝組織慣性の原因です[18]。ひとまずここで強調しておきたいのは，組織慣性はまさしく人間が本能的に見せる行動特性であり，程度の差こそあれ，常に生じるものだということです。人間は，組織をつくることで，自然界に存在する危険や脅威に対抗し，種として繁栄してきました。つまり，人間が組織をつくる理由は，本来的に「安定と安住のため」なわけです。変革を志す人は，そうした人間の生物本能をことさらに否定するのではなく，その特質をよく理解した上で，人々をうまく導いていくことが求められます。

---

[17] 日産自動車株式会社 V-up 推進・改善支援チーム／井上達彦監修／鈴木竜太協力（2013）『日産 V-up の挑戦――カルロス・ゴーンが生んだ課題解決プログラム』中央経済社．

[18] 本書では，組織慣性がもたらす主な組織変革阻害要因をこの3点に絞りますが，先行研究ではもっと多様な原因が解明されています。興味のある読者は，小沢（2015），前掲論文や，Gilbert，前掲論文などを，参照してください。

組織の仕組みに求められる硬直化の原因

■ トライ・アンド・エラーをしない

　組織慣性以外にも，本来ならば避けようもある，仕組みやプロセス上の変革阻害要因もあります。主立ったものを説明していきましょう。

　第1に，常日頃から組織として，新しいビジネスの種や技術を探索しているかということが指摘されます。現在のメイン事業で最大限稼ごうとすると，そちらにばかり資源が割かれてしまい，どうしても探索が疎かになってしまいます。時代の変化の中で，長く成功し続けたいと願うならば，現在のメイン事業でしっかり稼ぐことと，未来の事業の種を蒔くことのバランスがとれた，「両利きの経営」が求められることが明らかになっています。[19]

　社内ベンチャーをつくる，ユニークな製品・サービスを試しに上市してみる，社内外から事業企画・アイデアを募集するなどといった，現在のメイン事業から意図的に幅を広げる活動が，未来の種を探し，育てるための探索活動として求められます。このようにして新しい事業の可能性を探索することの意義は，実際に新しいビジネスが見つかるというばかりではなく，試行錯誤や挑戦をする風土とノウハウが組織の中に育まれることにも見出せます。探索活動は変革の種を蒔く作業であり，収穫作業ではありません。上述のような活動が金銭的成功をもたらすことはごく稀ですが，そうした活動によって挑戦に寛容な文化や新しいものごとを立ち上げるノウハウが社内に蓄積され，そして幾千幾万のチャレンジの中から，新ビジネスの可能性が開拓されていくのです。

■ リーダーへの信頼の欠如

　人間集団が大きな運動を起こしていくためには，その集団を率いるリーダーが，十分なリーダーシップを発揮しなければなりません。リーダーシップとは，学術的には，「ある人が，他者に対して行使する影響力」と定義されます。[20] 近年の研究では，リーダーシップは，リーダー側の資質・特性もさることながら，それ以上に，影響を受ける側すなわち組織の側の姿勢に，強

---

[19] March, J. G. (1991) "Exploration and exploitation in organizational learning," *Organization Science*, Vol. 2-No. 1, pp. 71-87. および，Tushman, M. L., and O'Reilly, C., III (1996) "The ambidextrous organization: Managing evolutionary and revolutionary change," *California Management Review*, Vol. 38-No. 4, pp. 8-30.

[20] 日野健太 (2011)『リーダーシップとフォロワー・アプローチ』文眞堂。

く作用されることが明らかになっています。[21]平たく言えば,メンバーがリーダーを信頼しない限り,リーダーの声は届かないというわけです。リーダーへの信頼は,その人物が過去に上げた実績や,社内外での名声,地位が形成します。また,リーダーとして実際に組織を率いていく中でも,成果を上げていくことで,信頼はいっそう蓄積されていきます。逆に言えば,たとえリーダーに資質・能力が十分備わっていたとしても,組織のメンバーたちが彼／彼女のことを信頼していない場合には,組織はその指示に従って動こうとはしないということです。

そのため,リーダーと組織の相性がとても大切になります。両者が変革に前向きでも,うまく噛み合わないことには信頼が蓄積されず,リーダーシップは発揮されないのです。渡邊法子氏による東伊豆・稲取温泉の活性化プロジェクトの顛末に,それを典型的に見ることができます。渡邊氏は地域活性化の第一人者であり,実績・能力ともに十分でしたが,稲取温泉とまったく無関係であった氏が外部から招かれたことに対し,地元観光業界には当初より反感が存在していました。その結果,彼女は,十分な実績を残せるだけの期間を与えてもらえることもなく,地元アンテナ・ショップでの運営のミスから志半ばで辞任することとなってしまいました。十分な信頼がフォロワー側に蓄積される前に頓挫してしまったことで,両者にとって不幸な結末となったケースと言われています。[22]

リーダーそのものの不在

組織の中では,そもそも,方針を決めるべきリーダーがいない,ということすら起こりえます。[23]社長が,戦略の立案と実行こそが自分の仕事だと理解し,行動しているとは限りません。自らの役割を統率だと自認し,戦略を考え遂行するのは部下の仕事だと捉えている場合があるのです。また,社長ポストが長年勤めた人への名誉職になってしまっていたり,経営にあまり興味を持たないオーナーのためのポストだったりして,戦略立案の役割を担っていない場合もあります。そうした場合であっても,組織内のどこか別のポストで戦略が練られていればよいのですが,気がつけば誰もその企業の長期

---

21 小野善生(2009)「フォロワーの視点によるリーダーシップ研究の可能性」『組織科学』第43巻第2号,27-37頁。

22 狩野美知子・太田隆之・大脇史恵(2012)「東伊豆町観光ヒアリング調査報告」『地域研究』第3号,1-15頁。

23 マーチ, J. G. = サイモン, H. A. ／高橋伸夫訳(2014)『オーガニゼーションズ(第2版)――現代組織論の原典』ダイヤモンド社。

表 2-1

組織に内在する主な変革阻害要因

人々の心理的抵抗感	・人々は生来,集団になると変化を忌避するようになる ・コミットメント・エスカレーション:これまでに続けてきたことを止めることに抵抗を感じる ・危機意識の欠如:変化の必要性を認識しない ・保守的な組織文化が定着している ・「らしさ」へのこだわり:自分たちは○○である,という定義が行動を縛る
実際に組織内に発生する費用	**金銭的な費用** ・戦略変更により不要となる資産の処分にかかる費用 ・新しいことを開始するためにかかるリスクの高い投資 **非金銭的な費用** ・戦略変更により不要となる,能力,知識,ノウハウ,ブランドなど「組織内の見えざる資産」の放棄 ・新しいことを開始するために必要となる,新しい能力,知識,ノウハウ,ブランド等の獲得費用
内部政治	・組織の足並みが揃わないことによる変革の停滞 ・既得権益にしがみつく人物・党派による反対
変革的行動や仕組みの欠如	・組織の中に,試行錯誤や新しいことを始めるために使う資源・時間・部門・仕組みが用意されていない ・リーダーへの不信があり,彼／彼女の指示が行き渡らなくなっている ・組織の将来方針を決め,戦略を立てる人物が定まっていない

戦略を考えていないということも,時には起こりえます。

　このほかにも,組織に内在する変革阻害要因に関する研究は無数に存在し,さまざまな指摘がなされています。そのすべてを網羅することは紙幅の都合から控えますが,主立ったものはここで指摘したつもりです。組織がなぜ変われなくなるのかについて,人々の群集心理から過去の投資や内部政治まで,さまざまな理由を知っていただけたなら幸いです(表 2-1にまとめましたので参考にしてください)。

● 戦略立案＝リーダーの意思決定における変革阻害要因 ●

　続いては、戦略を立案し、組織の未来の行く末を決めるリーダーの意思決定のときに生じる変革阻害要因を検討してみましょう。前章でも述べましたが、リーダーはとくに変革というシーンでこそ重要な役割を果たします。[24] 上述のように、組織の中では人々は安住・安定を求め、変化を自分の役割とは認識しづらくなります。そんなときに、人々に変革の必要性を説き、重い腰を上げさせることができるのが、リーダーです。組織の中でも突出した役割と権限が与えられた彼／彼女は、組織の人々が変化を起こせなくなったときの、最後の砦なのです。

　だからこそ、古来、リーダーが正しく判断をするための理論や方法は、非常によく研究されてきました。経営学の中では、意思決定論という分野が戦前から発達していましたし、戦後にはまさしく企業のリーダーによる意思決定を扱う「経営戦略論」が一大分野にまで成長しました。本節では、そうした研究を振り返り、リーダーとして変革の判断ができなくなる理由を探っていきたいと思います。

　以下の議論を簡単に先取りしておくと、リーダーの意思決定をめぐる過去の研究には、「数年、時には十数年という長期にわたって」戦略を変えられなくなるのはなぜかという、長期的な視点が欠けていることが指摘されます。これは、リーダーの意思決定を扱った研究が、もっぱら、なぜ判断を誤ったのか、どうして決断できなかったのか、といったことの理由を掘り下げるものになっており、どうして誤った判断が「続いてしまう」のか、という問題設定をしていなかったことに起因しています。この点を頭の片隅に置いて、リーダーの意思決定を阻害する要因について理解を深めていただければ幸いです。

リーダーの思考能力

　組織の行く末は、その組織のリーダー（たち）の双肩に大きくかかっています。したがって、経営学では昔から、リーダーとして重大な決断をするための資質・能力・心持ちなどについて、どうあるべきか、どう培うべきかが

---

[24] Tichy, N. M., and Devanna, M. A. (1986) "The transformational leader," *Training & Development Journal*, Vol. 40-No. 7, pp. 27–32. 日野、前掲書にも、詳しく説明されています。

議論されてきました。従来の戦略を否定し，新しい戦略へと舵を切るためには，判断に足るだけの情報を集めた上で，多大なエネルギーが注がれなければなりません。決定を下した後，どう具体的にものごとを進めていくかについても，周到な準備と検討が必要となります。また，組織を率いるリーダーならば，決断に伴うリスクも考慮しなければなりません。それが組織の存亡にかかわるようなリスクを伴う決断であれば，たとえ9割大丈夫だと思えていても，残る1割のリスクを懸念して判断を迷うのは自然なことです。こうした難しい意思決定をするために，変革を志すリーダーに，何が求められるかが探求されてきたのです。

経営学の歴史においては，研究者たちはまず，リーダーとしての経営手腕に注目しました。黎明期の経営学者たちの残している著作には，「研究」のスタイルをとりながらも，よい企業経営者となるための指南書と言える性質を帯びているものが多く見られます。そうした書物では，複雑な課題を解くための意思決定手法や，組織を率いるための業務遂行手法，さらには経営者としての道徳・倫理まで解説されていたりします。[25] ここではその詳細を説明する紙幅はありませんが，以下で，当時を代表する学者ハーバート・サイモンの研究を紹介したいと思います。[26]

サイモンは，いま述べたように経営の指南書的な文献が数多かった時代にあって，そうした役割を果たしつつも，科学的な見地から意思決定を分析しようとした草分けにあたる人物です。意思決定の科学の基礎をつくり，後世にも多大な影響を残した彼の功績に対しては，ノーベル経済学賞も贈られています。

彼はまず，よい意思決定をするための基本的なモデルを構築しました。次のモデルは，その後の意思決定研究の土台として，現代まで受け継がれています。

---

[25] バーナード，C. I.／山本安次郎・田杉競・飯野春樹訳（1968）『経営者の役割（新訳版）』ダイヤモンド社や，ドラッカー，P. F.／上田惇生編訳（2001）『マネジメント——基本と原則（エッセンシャル版）』ダイヤモンド社などは，典型的な「経営者指南書」的性質を持つ初期の経営学者たちの著作です。時に科学的でない，もう古臭いという批判も浴びますが，その理由は，これらの著作がまさしく，科学であることを追求するよりも，当時の経営者に向けて書かれた指導的意味合いを持つものだからです。

[26] サイモン，H. A.／二村敏子・桑田耕太郎・西脇暢子・高柳美香・高尾義明訳（2009）『経営行動——経営組織における意思決定過程の研究（新版）』ダイヤモンド社。

サイモンの意思決定モデル
(1) 課題を特定する
(2) 解決のための選択肢を整理する
(3) すべての選択肢に関してもたらされる結果を予測する
(4) 課題解決のためにはどの選択肢が最もよいかを，基準を設けて比較評価する
(5) 最適な選択肢を選ぶ

このモデルは，重要で難しい問題に意思決定を下す際にとるべき基本的な思考の立て方である，と考えられています。実際，ある程度の規模や歴史のある企業では，重要な経営上の判断を下すときには，「今の企業の課題は何か」「対策プランA・B・C」「予想される結果はどうか」「企業の目的に照らして，最適な解はどれか」といった手順が踏まれることが多くなっています。

ただし，サイモンの大きな貢献はむしろ，この理想的意思決定モデルを提示した上で，人間は誰しも，このモデルを完璧にはこなせないということを考察したことにあります。人間は，完全ではない思考能力のもと，不十分な情報，揺れる判断基準，限られた時間の中で意思決定をしなければいけません（これを専門用語では「人間の限定された合理性」〔bounded rationality〕などと言います）。だからこそ，少しでもよい判断ができるように，より思考能力を磨き，情報をよく集め，揺るぎない判断基準を維持し，十分な時間を確保できるようにすることが求められるわけです。

それでもなお，人間が全知全能ではなく，不完全な生き物であることは変わりません。そこで，リーダーの意思決定のミスをめぐる研究は，このサイモンを起点として，どれだけ必死に意思決定の能力を培ったとしても，それでもなおリーダーが判断をしくじってしまうのはなぜかを探求するという方向に進んでいきます。ともあれまずは，初期の学者たちの結論，「リーダーを含め，人間は誰しも完全な意思決定をなすだけの能力を持ち合わせていない」「それでもなお，リーダーは，よりよい意思決定のために能力を高めようとすべきだ」には，しっかり受けとめる価値があるということを，強調しておきたいと思います。

リーダーの状況認識

リーダーの思考能力の次に注目されたのは，リーダーの認識でした。どれだけ優秀なリーダーであっても，判断材料となる現状理解や将来見通しが間

違っていれば,変革の決断を誤ってしまいます。

人は誰しも,客観的な事実に沿って意思決定をしているのではなく,その人固有の価値基準に沿って,自らの主観的な状況理解に基づき,意思決定をしています。この「固有の価値基準に基づいて,主観的につくられた状況理解」のことを,「認識」(cognition) といいます。[27] 人は誰もがこの認識というものから逃れられません。どれだけ聡明で,いかに客観的であろうとしても,人である限りはそこに自分の主観が入ってしまうのです。

ただし,認識それ自体は別に悪いものというわけではありません。むしろ,人間は自分の経験に基づいて認識を持つことができるから,難しい問題であっても,素早く,的確に判断ができるということが知られています。たとえば,囲碁や将棋などのゲームで,素早く判断をしなければならないとき,プロのプレーヤーのほうが初級者・中級者よりもよい判断ができるのは,彼らがそれまでの何千という対局の経験から独自の認識を育んでいるゆえであることが知られています。[28] それまでの経験が凝縮されてキレのある判断をさせるもの,それが認識なのです。

しかしながら,そうした認識——凝縮された過去の経験からの教え——が邪魔になって,誤った意思決定をしてしまうことがあります。成功体験への固執,培った技術やノウハウへのこだわり,過去の失敗のトラウマなど,個人の心理の中にあって経験からきている「とらわれ」(バイアス)が,間違った認識を生み出してしまうのです。[29]

悩ましいのは,過去に成功していれば成功しているほど,人はその成功からバイアスをつくり出してしまうということです。人間の脳は,失敗した経験については同じことを繰り返さないように反省し,成功した経験に関してはそれをもっと続けよう,というように働きます。リーダーを担うような人

---

27 ロビンス,S. P./髙木晴夫訳 (2009)『新版 組織行動のマネジメント——入門から実践へ』ダイヤモンド社.

28 マーチ゠サイモン,前掲書。そのほかにも,ダガン,W./杉本希子・津田夏樹訳 (2010)『戦略は直観に従う——イノベーションの偉人に学ぶ発想の法則』東洋経済新報社や,Barr, P. S., Stimpert, J. L., and Huff, A. S. (1992) "Cognitive change, strategic action, and organizational renewal," *Strategic Management Journal*, Vol. 13-Special Issue, pp. 15-36 など,多数の研究があります.

29 経営学や心理学の中で,じつに多量の研究が行われていますが,それらを包括したものとして,日本語文献では,ベイザーマン,M. H.゠ムーア,D. A./長瀬勝彦訳 (2011)『行動意思決定論——バイアスの罠』白桃書房や,長瀬勝彦 (2008)『意思決定のマネジメント』東洋経済新報社が,さまざまなバイアスがどう意思決定を歪めるのかを説明しています.

材は，多くの場合，過去に成功を収め続けてきています。したがって，リーダーは，自身のそれまでの成功経験から，自分の考え方・やり方に強い確信を持っていることが少なくありません。そのため，過去に成功を収めたリーダーほど，激変する事業環境の中で，旧来の成功体験に引きずられて判断を誤ってしまう可能性が高まることになるのです。[30]

しかも，こうした認識のバイアスに蝕まれやすいリーダーは，組織をパワフルに牽引する「ビジョナリー・リーダー」と呼ばれる存在と紙一重であることも，指摘しておかなければなりません。リーダーシップ論の権威であるエドガー・シャインは，優れたリーダーは，組織のメンバーに明確なメッセージを発信し，健全な文化を育むと述べています。[31] こうした強い信念で組織を導くリーダーは，メンバーを動機づけ，組織を推進していく上で，きわめて重要な役割を発揮することが明らかになっています。しかしながら，信念とはすなわち，その人の過去の経験に裏づけられた確信が支える，その人独自の認識のことです。状況に適さない信念は，組織をむしろ環境不適応な状況に導いてしまうのです。

リーダーの意思決定を支える組織的仕組み

リーダーの意思決定の質を決めるものとして，研究者たちは，その決定を支える組織的な仕組みや周辺環境にも注目しています。リーダーが意思決定するにあたって，豊富な情報を集め，参謀人材を揃え，慎重な合議を重ねながら，十分な時間をかけて意思決定をすることがよい成果を導くということは，時を変え産業を変えて，実証され続けてきています。[32] 変革という思い切った決断を行うには，相応の時間や下準備，それを支える組織としての仕組みが必要なのです。決定を下すために必要な環境が与えられていなければ，たとえ能力のあるリーダーだとしても，その場しのぎの判断をせざるをえなくなったり，あるいは判断そのものをやり過ごしたりすることになります。

---

30 Tripsas and Gavetti, 前掲論文。

31 シャイン，E. H. ／梅津祐良・横山哲夫訳（2012）『組織文化とリーダーシップ』白桃書房。

32 Bourgeois, L. J., III, and Eisenhardt, K. M. (1988) "Strategic decision processes in high velocity environments: Four cases in the microcomputer industry," *Management Science*, Vol. 34-No. 7, pp. 816-835 ; Mezias, J. M., and Starbuck, W. H (2003) "Studying the accuracy of managers' perceptions: A research odyssey," *British Journal of Management*, Vol. 14-No. 1, pp. 3-17.

とりわけ，リーダーのもとまで上がってくる情報の質は大切です。いかに優秀なリーダーであろうと，情報が誤っていれば正しい判断は下せません。変革が必要なときであっても，現場から上層部へそのことが伝えられていなければ，意思決定のしようがないのです。したがって，組織としての情報収集チャネルや情報分析能力，そして情報を上層部へと伝えていく仕組みには，とくに注意を払わなければなりません。[33] たとえば，本社と地理的に離れ，言語も文化も異なる海外拠点などからは，現地の正確な情報が上がっていきにくく，判断のタイミングを逸しやすいことが明らかになっています。[34] なるべくバイアスを少なく，正確に現状を把握しようと思うのであれば，組織の中の情報フローにはよくよく注意を払わなければならないと言えるでしょう。

2001年に日産自動車のV字回復を導いたカルロス・ゴーン氏の事例は，しっかり時間をかけて正しい情報を収集したことで変革を成し遂げた，典型例の1つと言えます（ここでは，その後2018年に発生した氏をめぐる横領事件には触れません[35]）。1999年に日産の社長に就任した彼は，リバイバル・プランを立案するにあたり，じつに半年もの時間をかけて，自らの足で世界中の全拠点を回って実情把握に努めました。ゴーン氏は同時に，日産の各部門から招集した志ある中堅マネジャーたちによってプロジェクト・チーム（クロス・ファンクショナル・チームと呼ばれました）を結成し，彼らに具体的な改革計画を立案させました。ゴーン氏は，自らが集めて分析した情報と，プロジェクト・チームが出してきた具体的な改革案とを総合的に用いてプランを完成，それを権限と責任を明確にした各部門のマネジャーに実行させることで，改革を成功に導いています。[36] 日産という巨大な組織を変革するために，ゴーン氏は，自身も時間と労力をたっぷりと注いで，現場まで目を配ったば

---

33 Ocasio, W. (1997) "Towards an attention-based view of the firm," *Strategic Management Journal*, Vol. 18-No. S1, pp. 187-206.

34 Shenkar, O. (2001) "Cultural distance revisited: Towards a more rigorous conceptualization and measurement of cultural differences," *Journal of International Business Studies*, Vol. 32-No. 3, pp. 519-535.

35 1999年に日産の社長に就任し，3年で改革を成し遂げたカルロス・ゴーン氏の手腕と手法は，その後の氏の犯罪行為とは切り離して高く評価されるべきだと考えます。とはいえ，そんな氏も，15年を超える期間にわたって絶対権力者として君臨したことで，自身の報酬をめぐる横領という嫌疑をかけられることになりました。氏ですらも，権力の魔力から逃れられなかったのです。

36 日産自動車株式会社 V-up 推進・改善支援チーム，前掲書。

かりか，改革を委ねられた各部門代表の心あるメンバーたちにも時間と責任・権限を与え，情報収集と検討とに膨大な時間を割いて，改革を推進したのでした。

リーダーを取り巻く社外のプレッシャー

リーダーは，外部からの圧力によっても，自身の意思決定を妨げられることがあります。大株主，大口顧客，重要部品の供給者，労働組合など，自社の運営・維持のために重要な資源を握っている相手が，自社に対して隠然とした影響力を行使してくるのです。彼らは，リーダーが意にそぐわない判断をした場合には，材料や労働の供給を制限したり，株主総会で声を上げたり，取引を停止したり，あるいはそれらを交渉材料に使って圧力をかけてきます。仮に彼らが直接的に圧力をかけてこなかったとしても，リーダーは，強い影響力を有している外部の存在に強く配慮——現代風に言えば「忖度（そんたく）」——して，彼らの意向を汲んで決定・行動をせざるをえなくなることがあります。[37]

組織の行動を制約するのは，直接的な利害関係で結ばれた外部主体だけではありません。企業があることをしたほうがよい，あるいは，してはいけない，という行動を縛るものには，政策や法規制，文化や時代の空気感も含まれます。経済学や経営学，社会学では，これらの，明文化されて具体的な罰則を伴うルールと，暗黙的・慣習的な非公式のルールとを，おしなべて「制度」（institution）と呼びます。[38] これらの「制度」は，リーダーの意思決定に陰に陽に影響を与えます。なぜならば，たとえ公式的な罰則がなかったとしても，産業の慣習や社会の規範・倫理，あるいは時代の風潮に反する行動をとった場合，社会的な制裁を受けることがあるからです。芸能人が社会の風潮から外れた言動をして，SNSが炎上，人気を失うというのは，現代ではたいへんよく見られる光景です。暗黙的な「空気を読む」傾向の強い日本では，こうした時代の空気感が個人や企業はどうあるべきかを縛る傾向が，と

---

[37] Pfeffer, J., and Salancik, G. R. (1978) *The External Control of Organizations: A Resource Dependence Perspective*, Harper & Row．および，日本語で書かれたものとしては，小橋勉（2013）「資源依存パースペクティブの理論的展開とその評価」組織学会編『組織論レビューⅡ 外部環境と経営組織』白桃書房，第4章に，詳しいです。

[38] DiMaggio, P. J., and Powell, W. W. (1983) "The iron cage revisited: Collective rationality and institutional isomorphism in organizational fields," *American Sociological Review*, Vol. 48-No. 2, pp. 147–160．および，日本語で書かれたものとしては，佐藤郁哉・山田真茂留（2004）『制度と文化——組織を動かす見えない力』日本経済新聞社が，制度の持つ影響力について平易な表現で解説しています。

表 2-2

リーダーによる変革の意思決定を妨げる要因

リーダーの能力不足	・的確な判断を下せるだけの経営能力が備わっていない
リーダーの認識	・過去の成功体験への固執などにより判断を誤ってしまう
リーダーの決定を支える仕組み	・リーダーまで情報が的確・タイムリーに上がってくる仕組みがない ・リーダーが判断を下すために十分な思考をする時間が与えられていない
社外のプレッシャー	・大株主や大口顧客などの反対により変革が妨げられる ・産業の慣習や時代の風潮が変革を妨げる

りわけ強いと考えられています。[39]

　これら外部のプレッシャーは、スピーディな意思決定が求められる状況で、とくに大きな問題となります。1970～80年代、コンピュータのデータ記録を司る部品であるハードディスク・ドライブは年率で数十％もの性能向上を見せ、基盤技術や必要部品が流動的に変化し続けたほか、その技術進歩に応じて用途や顧客もどんどん変わっていきました。そのため、ハードディスク・ドライブ産業で成功した企業はみな、自社を取り巻く取引先や顧客関係を絶えず抜本的に見直していた企業でした。一方、通常であれば望ましいとされる、「顧客のニーズをよく聞き、それに応えていく顧客志向型マーケティング」や、「部品メーカーとの垂直的協業」を行った企業は、顧客や取引先との関係が強くなりすぎた結果、それらに引きずられて産業の変化についていけなくなってしまったのです。[40]

　大まかに確認したのみではありますが、以上がおおよそ、リーダーによる変革の意思決定が妨げられる要因としてこれまで研究されてきたことです（これらも表2-2にまとめました）。

　ここまで、主なものをかいつまんでですが、企業の戦略変更を妨げるさま

39　釘原直樹編（2014）『スケープゴーティング――誰が、なぜ「やり玉」に挙げられるのか』有斐閣。

40　クリステンセン、C. M.／玉田俊平太監修／伊豆原弓訳（2001）『イノベーションのジレンマ――技術革新が巨大企業を滅ぼすとき（増補改訂版）』翔泳社。

ざまな要因を紹介してきました。企業はなぜ変われないのか，というテーマについて，少なからぬ先行研究があり，それらの知見だけでも企業経営に有益な示唆が与えられていることがわかったと思います。**表2**-1と**表2**-2は，企業の硬直性に関するチェックリストとしても機能しうるでしょう。取り上げられなかった要因もありますが，主たるものには触れられたと考え，本書ではこれ以上，この要因の探求には踏み込まないつもりです。

● 先行研究が成し遂げてきたこと，これから考えなければならないこと ●

組織の分析に比べて，リーダーの研究が手薄

さて，ここから先に進むにあたって，先行研究が抱える問題がどこにあるのか——私たちは，次に何を考えなければならないのか——を，確認しておきたいと思います。

本書の基本的な問いである「長期にわたって企業が変われなくなるのはなぜか」という視点に立ち返ってみたとき，私は，「組織」という観点で言えば，本章の前半で取り上げた「組織内の変革阻害要因」は，十分その答えになるものと考えています。変わるべきだとわかっていても変われない，人間の集団心理や，組織としての負の遺産に，きめ細かく分析の手が及んでいると評価できるからです。企業が長く変われない理由に，よく迫っていると考えられるのです。

一方，リーダーの戦略的な意思決定については，「長期にわたって変えられない」という問いに，直接的には迫っていないと考えます。意思決定をめぐる能力も，認識も，支援体制も，社外のプレッシャーも，ある時点での判断を誤らせる理由にはなりえます。しかし，自分の判断が誤っていたとわかったとき，人間は，次の機会にはそれを踏まえて判断を変えることができます。先行研究では，この部分に目が注がれていないと考えられるのです。これは，リーダーの意思決定をめぐる先行研究の問題設定が，もっぱら「なぜ変革の判断が・で・き・な・か・っ・た・の・か」という，ある時点での失敗原因を探るものになっているためだと考えられます。「長期にわたるリーダーの判断硬直」を，直接に扱う研究にはなっていないのです。

人間は反省をする生き物である

より端的に言えば、先行研究には、「人間は反省から学ぶ生き物である」[41]という視点が欠けているのです。人は誰しも、手痛い失敗を犯してしまったら、二度と同じ失敗を繰り返さないように、何がいけなかったのか、本当はどうすべきだったのか、大いに思考をめぐらせ、次の機会に備えます。聡明なリーダーであればなおさらです。これまで先行研究が触れてきたような理由——能力、認識、支援体制、社外プレッシャーゆえに、大きな戦略判断ミスを犯してしまったとしても、この戦略は失敗だったとリーダーが気づいたならば、変革はなされるはずなのです。

したがって、長期にわたって企業や部門が変われなくなっているとすれば、変革の役割を担う、優秀なはずのリーダーが、何らかの理由で反省できなくなっている、と考えることができます。そのリーダーには、今の戦略は誤りであるとわかっているにもかかわらず、変革を打ち出せない理由があるのかもしれません。あるいは、そもそもリーダーは、今の戦略が誤りであるということに気がついていないのかもしれません。いずれにせよ、何らかの理由で、「誤りを認め、それを次に活かす」という反省のプロセスが働かなくなっていると考えることができるのです（◐図2-1）。

先行研究に欠けており、本書がこれから追求するのは、この「戦略策定に際して、前回の経験からの反省が行われないのは、なぜなのか」ということです。組織の中でもとりわけ優秀な人が、なぜ失敗から学べないのだろうか。繰り返しになりますが、リーダーは変革のための最後の砦です。組織が変革の力を失っていたとしても、リーダーが決断を下し、これから進むべき未来をはっきり示せば、組織のメンバーに重い腰を上げさせることができます。したがって、企業が長きにわたって変われなくなっているときは、組織のみならずリーダーまでもが変革の力を失っているとき、すなわち、反省ができなくなっているときなのです。時に数年〜十数年もの長期にわたり、そのよ

---

41 反省という思考作業が人の行動の質に与える影響の大きさは、よく知られています。反省の役割を分析したドナルド・A. ショーンは、自身の経験や行動を振り返り（反省し）ながら、次なる行動を起こすときに最善策を出せることこそが、プロフェッショナルであると述べています（ショーン, D. A.／柳沢昌一・三輪建二監訳（2007）『省察的実践とは何か——プロフェッショナルの行為と思考』鳳書房。なお、reflection という英語に対し、同書の中では反省という日常用語を避け、省察という用語が使われています）。

図 2-1　「反省」が果たす重要な役割

人間は失敗から反省することができる生き物である。
⇒長期にわたって考えを改めないとしたら，「**反省**」が機能していないときだと考えられる。

うなことが続いてしまうのは，どうしてなのか。疑問の尽きない，とても興味深い問題だと思いませんか。

　そして私は，この問いこそ，企業経営にとって本当に深刻な問題だと思っています。一度のミスは，どれだけ周到に準備をしても起こってしまうものです。しかし，ミスを反省して次に活かせるのであれば，企業を危機に陥らせるような致命的なものでない限り，ミスもまた有益な学びとなります。一方で，「ミスから学べない」のだとしたら，ミスするだけ組織の状況はどんどん悪化し，いずれ立ち直れなくなってしまいます。

　優れたリーダーであっても戦略を変えられなくなるのはなぜか。私たちは以降で，このことの探求へと進んでいくことにしましょう。まず次章では，そうした戦略の硬直化が典型的に見られたコンデンサ産業の事例から，リーダーの打ち出す戦略が固まってしまう，その原因を探っていきたいと思います。

典型的な戦略硬直化

コンデンサ産業, スプラーグの事例

● 事例から，問題の原因を探っていく ●

　本章では，会社がその戦略を転換できなくなった典型的な事例として，コンデンサという製品分野における，スプラーグ（Sprague）社のことを分析します。[1]

　同社は，コンデンサという電子部品をはじめて生産した会社の1つであり，1950年代には世界最大の生産量を誇っていました。世界最先端の技術力は日本企業の「10年先を行っている」と言われたほどです。同社は，米国において電子産業の初期発展に大きく貢献した会社に位置づけられます。

　そして，本章で物語の主役となる創業者社長のロバート・C.スプラーグ氏（1900〜1991年）もまた，高い知性と人徳を備え，優れたリーダーとして認められていた人物でした。彼は米国における理系のトップ大学の1つであるマサチューセッツ工科大学（MIT）で学び，そこでの発明が1926年にコンデンサの基本特許の1つとなります。その特許に基づき，自らの貯蓄を元手に立ち上げた小さな会社が，スプラーグ社です。その後，同社は，彼の手腕によって世界最大のコンデンサ・メーカーとなっていきました。

　そんなスプラーグ社ですが，現在の姿からは，往時の隆盛を窺う由もありません。コンデンサ産業では，1980年代以降は，今日に至るまで村田製作所をはじめとする日本企業が業界をリードしてきました。この産業では品種が多岐にわたるため，企業競争力を測る指標として最先端品である積層セラミック・コンデンサのシェアで企業の実力が評価されることが多いのですが，2008年時点では，村田製作所，TDK，太陽誘電，京セラといった日本企業が，じつに6割ものシェアを有しています。一方，旧スプラーグ（現在は，ビシェイ〔Vishay〕という米国総合電子部品メーカーの傘下に入っています）は，わずかに1〜2％のシェアを保持するのみです（ ◐ 図3-1）。ここに至るまで，日本企業は1960年代から世界市場で積極的な攻勢を仕掛けていき，1970年代にはまず売り上げで，そして1980年代には技術面でも，米国企業へのキャッチアップを果たしました。逆転が起こった後は，スプラーグと日本企業の差は開き続けるばかりでした（ ◐ 図3-2）。

　当初，私がこの産業に注目した理由は，「なぜ村田製作所などの日本企業

---

[1] 本章は，私の論文：中川功一（2012）「戦略硬直化のスパイラル——セラミック・コンデンサ産業の歴史分析より」『組織科学』第46巻第1号，71-81頁をもとに，さらにスプラーグに関する情報を集めて作成したものです。

図 3-1

積層セラミック・コンデンサの世界シェア（2008年）

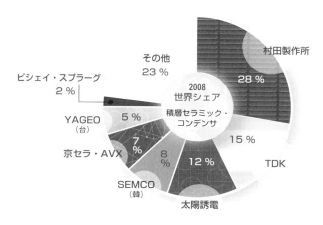

出所：『日経エレクトロニクス』2008年10月20日号。

図 3-2

日本と米国のコンデンサ生産額推移

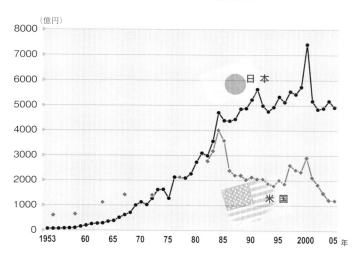

出所：日本は「機械統計年報」（1958〜2005年）、米国は "Census of manufactures"（1958〜1992年）および "Annual survey of manufactures"（1992〜2005年）。

は勝利を収められたのか」「どうやって戦ったのか」を知りたかったからでした。そこから，日本企業がこれからの時代に競争を勝ち抜いていくためのヒントを見つけ出そうと思ったのです。

　しかし，調べていくにつれて，この産業での日米逆転は，日本企業がうまくやったというよりも，米国企業が日本企業の攻勢にほとんど対応しなかったためだということがわかってきました。優秀な経営者のリーダーシップのもと，桁違いの売り上げ規模，優れた品質，10年先を行く技術力を有していながら，スプラーグをはじめとする米国企業は，日本企業に対してほとんど為す術なく市場を明け渡していきます。そんな状態が，じつに20年近くも続いていたのです。

　そこで私は，分析の焦点を米国企業の側に移し，彼らがなぜ戦略を変えられなかったのかを探求してみることにしました。[2] 私の眼には，優良な企業が長年戦略を変えられない——その米国企業の姿にこそ，日本企業の今が重なって映りました。こちらを探求することでも，日本企業の方々の参考になる経営のヒントが見つかるだろうと思ったわけです。

　優れた経営者であっても，そして，優れた人材が集まる世界のトップ企業であったとしても，長年，戦略が変えられなくなってしまうのはなぜなのか。コンデンサ産業は，それを考えるのに最適な事例です。[3] ぜひ，事例を読みながら，一緒に考えてみてもらえたら幸いです。

● コンデンサ産業の競争史 ●

コンデンサとは何か

　ところで，コンデンサとは何かということをまだ説明していませんでした。

　2　事例分析のためのデータの出典について説明しておきます。学術研究において，データの出典を明らかにすることは，文章内容の信頼性にかかわる，とても大切な作業です。出来事や結果を捏造することは，あってはならないからです。
　　この研究は，コンデンサ産業の歴史を探るものですから，資料にはその過去を語る文書や統計を使っています。統計資料としては，日米の政府統計（日本：「機械統計年報」，米国：～1992年 "Census of manufactures"・1992年～ "Annual survey of manufacturers"）を用いました。文書情報としては，業界全体の動向については，JETRO（日本貿易振興機構）など政府関連機関による調査資料と，当時のビジネス誌および新聞を利用しました。各社個別の動向については，各社の有価証券報告書，社史，技報，社内報を用いました。当事者たちの意向を知るにあたっては，彼らの著作やインタビュー記事，オーラル・ヒストリー（歴史の口述記録）を使用しました。とくに，本章の主役となるスプラーグの経営状況や戦略に関しては，Massachusetts College of Liberal Arts 所蔵の同社社内報 *The Sprague Log* を参照しました。

スプラーグ社の事例を分析していく上では，コンデンサそのもののことを少しは知らなければ，イメージも湧きにくいでしょう。そこで，事例に入る前に，簡単な概要を説明しておきたいと思います。

コンデンサとは，電子回路の中で電気を蓄えておくことができる部品です。電子回路の中では，その性質を利用してじつに多様な使われ方をしていますが，大まかに言うと回路を走る電気の流れを整えたり，安定させたりするのに使われます。電気の流れが安定していなければ，電子回路はちゃんと機能しないので，コンデンサは電気製品を構成する基幹部品の1つに位置づけられています。たとえば2018年現在，スマートフォン1台の中には写真に見られるようなコンデンサが約500個入っており，パソコンやデジタルテレビとなると1000個以上が使われています。自動車や，飛行機にも，あるいはロケットにも，電子回路が組み込まれたものであれば何にでも入っているのが，コンデンサという部品なのです。

コンデンサを含む電子部品の技術進歩は，電気・電子産業の発展を陰で支えてきました。小型のスマートフォンなどは，まさしくコンデンサをはじめとする電子部品の性能進化のたまものです。コンデンサは，かつては数センチもの大きさがありましたが，現代では，最先端品ともなれば1ミクロン

現代のコンデンサ

ペン先に置かれている石のようなものがコンデンサ（積層セラミック・コンデンサ）。
（村田製作所提供）

---

3 原因がわからない事象の分析は，まず対象をよく観察することから始まる。——これは，自然科学か社会科学かを問わず，科学の基本的な姿勢です。とりわけ社会科学が分析の対象とするような歴史上の出来事は，さまざまな要因が複雑に相互作用した結果として生じたものです（学校で学んだ明治維新やフランス革命を思い出してください）。したがって，社会的な出来事を分析するには，そこで何が起こっているのかをよく観察し考察する，事例分析が有益とされます。いきなり何らかの数値を計測して分析しようとしても，見落としている要因があるかもしれませんし，じつはあまり本質的でない数値を測定してしまうとも限らないからです。

こうした事例分析の方法や重要性については，イン，R. K.／近藤公彦訳（2011）『新装版 ケース・スタディの方法（第2版）』千倉書房や，グレイザー，B. G.＝ストラウス，A. L.／後藤隆・大出春江・水野節夫訳（1996）『データ対話型理論の発見——調査からいかに理論をうみだすか』新曜社が，参考になります。

図3-3

単位面積当たり静電容量の推移

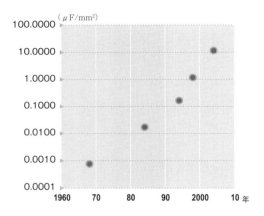

出所:『metamorphosis』(村田製作所) 第14号 (2010年), 8-9頁。

以下の層を1000層以上積み重ね，それでもわずか厚み1ミリというサイズで作られる超精密部品になっています。性能の進化も著しく，かつては10年で10倍，現在は4〜5年で10倍のスピードで，基本性能(静電容量：コンデンサ内に蓄えられる電気の容量)が向上しています(**⊙図3-3**)。それでいて，単価は先端品でせいぜい数十円，汎用品であれば1個1円以下の値段で取引される，とても安価な部品です。こうした，小型化・高性能化・低コスト化の努力の結果，私たちはスマートフォンのようなハイテク品を手にすることができているのです。

前　史——産業の始まりから第二次大戦まで

　前項で説明した通り，コンデンサは電子産業に欠かせない部品です。ですから，コンデンサ産業は，電気・電子工業そのものの登場とともに始まります。

　電気・電子工業は，もともと軍事技術として，その発展を開始しました。戦場における通信のために無線が発展し，敵影を見つけるためにレーダーが生まれ，戦闘機やミサイルなどの兵器の精度を高めるために電子制御や計算機(コンピュータ)が発展したのです。そのことの是非はさておき，コンデンサの生産は，1930年代の軍拡路線の中，軍事用無線通信機やレーダー

への利用を目的として，日米欧でほぼ同時に始まりました。1930～40年代の戦中期には，戦後に主力企業となる日本の村田製作所，TDK（東京電気化学工業），太陽誘電（当時，佐藤航空無線），米国のスプラーグ，エリー（Erie），セントララブ（Centralab）などが設立され，事業を開始しています。

スプラーグ社は，この中でも最も早くにコンデンサ生産を開始した企業の1つです。創業者のロバート・スプラーグ氏（以下，企業名との混同を避けるためロバートと表記します）は，紙を用いて作った初の商業用コンデンサである紙コンデンサの発明者として知られ，本章の冒頭でも述べた通り，その特許と自らの貯蓄をもとに1926年にスプラーグ社を設立しました。ロバートはその後，1930年にマサチューセッツ州ノースアダムスにあった工場を買い取ると，ここを本社兼主力工場と位置づけ，各種コンデンサの本格生産を開始します[4]。スプラーグは，安定した品質と業界トップの技術力により，米軍から厚い信頼を勝ち得て，1938年には米国最大のコンデンサ・メーカーへと成長を遂げます。当時同社は，約500人を雇用し，年間4000万個以上のコンデンサを生産していました[5]。

なお，スプラーグのような有力企業が出現していたとはいえ，戦前・戦中は，用途・技術力・生産量・参入時期などいずれをとっても，日米両国にさほど差はなかったようです。コンデンサの中でも性能やコストの面から中心的な品種となっていくセラミック・コンデンサの量産にまず成功したのはドイツで，1933年までにシーメンス（Siemens）を中心として基本的な設計や製法が確立され，量産が始まっています。日本では，1934年にドイツから情報を得て商工省機械試験所などで技術開発が進められ，1939年ごろから河端製作所・村田製作所・太陽誘電・日本電気などが生産を開始し，拡大する戦況のもと各社とも数十～数百人単位でもっぱら軍事用途の生産にあたっていました[6]。米国でも，ドイツを追って1930年代後半には武装の電子化が進められ，コンデンサ領域ではスプラーグをはじめ，エリー，セントララブといった会社でも数百人規模で生産が行われていました。

4　*The Sprague Log*, Vol.1-No.1 (1938), p. 5（引用者訳。同誌からの引用につき，以下同様）。

5　前掲，*The Sprague Log*, Vol.1-No.1, p. 6.

6　以上の記述は，村田製作所編（1990）『驚異のチタバリ――世紀の新材料・新技術』丸善出版，による。

日米企業，戦略の分かれ目——戦後から 1960 年まで

　終戦後，日米のコンデンサ産業に大きな差が生じます。先述の通り，電子工業の始まりは軍事用途です。戦後も米国では冷戦構造のもと，政府による軍備拡張や宇宙開発に主導されて電子工業が発展していきました。そして，軍事技術から派生するようにして，医療・航空・オフィス用計算機といった産業用市場が第 2 の市場として生まれ，最後にテレビやラジオといった民生用市場が育っていったのです。

　スプラーグをはじめとする米国のコンデンサ・メーカーは，引き続く軍拡路線の中で，軍事用を主たるターゲット市場とし，まずはそこを狙って営業・開発・生産しました。軍事や航空・宇宙産業用には，圧倒的に高い性能・品質が求められ，それに応じて格段に高い価格で部品が売れます。敗戦により日本やドイツでは電子部品生産が停止している中，「10 年以上の差」と言われるほど歴然とした技術・品質の差を実現した米国企業は，持てる技術力を活かして世界の軍需をほとんど独占し，高い利益を上げたのです。産業用・民生用の市場が拡大しつつあった 1960 年時点でも，米国企業のコンデンサ出荷数量のおよそ 40 ％が軍需であり，金額では 50 ％を超える割合を占めていました。

　当時のスプラーグの戦略は，最大限の経営資源をまずは軍事用市場向けに投入し，その後で産業用市場・民生品市場に余剰生産能力を振り当てていく，というものでした。[7] 軍事用市場ならば，産業用・民生用と比べて圧倒的に高い粗利を享受できます。しかも，軍事用を追求していけば自然と技術・品質で世界のトップを走り続けられる上に，母国である米国にも貢献し，政府から感謝状をもらえたりもできるのです（米国政府からの表彰は，信頼の置ける国内ブランドの証でした）。1960 年の *The Sprague Log* に寄せられたロバートの言葉からは，スプラーグが米国の軍備拡張路線に合わせて成長を遂げていこうとしていた様子が見て取れます。

　　軍事用電子機器の出荷は，これまでもずっとドル換算で産業の半分以上の割合を占めてきており，その水準は 50 億ドルに達していました。（中略）年率10 ％で今年も伸びることは確実で，1960 年には軍事電子機器市場は 60 億

---

[7] 以上は，日本電子工業振興会（1961）『アメリカにおける電子部品の実情調査（抵抗器・コンデンサ編）』2 頁より。

ドルに達する見込みです。(中略)軍備のうち電子機器への支出が今後も大幅に伸びていくことはほとんど確実でしょう。たとえ防衛予算を 400 億～440 億ドルの範囲にとどめるような政府の削減努力が進められたとしても,軍備の電子化は進み,1962 年から 1965 年には 75 億ドルがこれに割かれる見込みです。スプラーグの中にいれば,幅広い分野でこうした増強の兆候を感じ取れることでしょう。なぜなら,事実上すべての生産ラインの出荷量が伸び続けており,軍事用の比率ももちろん上がり続けているからです。[8]

また,米軍の規格品として認められ,軍用の正式採用品になることは,産業用・民生用市場におけるブランド力や信頼性にも直結していました。たとえば,当時の民生需要は RCA やゼニス(Zenith)などの企業が生産するテレビやラジオが中心でしたが,そこでは厳しい品質・公差を要求する軍の信頼性評価が重視されており[9],米軍規格品の生産ラインで作られた余剰生産品が使われることが一般的になっていました。[10] 事実,スプラーグは軍事産業で最も信頼の厚い企業として,RCA,ゼニス,フィルコ(Philco)といった米系エレクトロニクス機器メーカーから評価を得て,1960 年ごろにはテレビ・ラジオ向けコンデンサの主要サプライヤーにもなっていました。[11]

一方の日本では,敗戦とともに一切の電子工業品の生産が停止されました。戦後復興とともに,ゼロから再スタートしたのです。また,戦争放棄が選択された日本では,防衛予算を大きく組むことが許されず,電子産業は民需主導によって発展していくこととなりました。1947 年,GHQ が民生用ラジオ生産の許可を通達したことで,ラジオ生産が勃興します。かつての電子部品メーカーも復活を遂げて,米軍規格に準拠した設計・仕様でセラミック・コンデンサの生産を再開し,国内ラジオ用途向けに供給を開始しました。[12] コ

---

8 *The Sprague Log*, Vol. 22-No. 5 (1960), p. 1.
9 日本貿易振興会(1969)『米国におけるコンデンサの産業調査報告書』(部内資料),130 頁。
10 同上,161 頁。
11 *The Sprague Log* , Vol. 22-No. 7 (1960).
12 当時の状況に関し,村田製作所については,村田製作所 50 年史編纂委員会編集(1995)『不思議な石ころの半世紀——村田製作所 50 年史』村田製作所(以下では『村田製作所』と表記),13-15 頁,太陽誘電については,太陽誘電株式会社社史編纂事務局編(2002)『太陽誘電 50 年史——やきものから高機能セラミックスへの道のり』太陽誘電(以下『太陽誘電』),8-9 頁,TDK については,TDK 株式会社社史編纂室編(1995)『TDK60 年史 1935-1995——夢・勇気・信頼』TDK(以下『TDK』),46 頁を,それぞれ参照。

表3-1

日米主要セラミック・コンデンサ企業の売上高（1956〜60年）

（単位：百万円）

	1956年	1957年	1958年	1959年	1960年
村田製作所	248	351	506	1,195	1,246
TDK	553	825	1,193	2,437	2,874
セントララブ	21,121	23,414	21,330	23,461	21,852
エリー	8,388	8,906.4	7,632	8,823.6	9,396
スプラーグ	16,078	16,628	15,548	20,286	24,300

注：1）米国メーカーの売上高は，1ドル360円で円換算した数値。
　　2）各社とも，売上高は，コンデンサのみならずフェライトや抵抗など他の電子部品を含んだ全社のもの。
出所：村田製作所，TDKは，各社社史より。米国メーカーのデータは，日本電子工業振興会（1961）『アメリカにおける電子部品の実情調査（抵抗器・コンデンサ編）』7頁より。

ンデンサの分野では，中でも村田製作所，太陽誘電，TDKの3社がとくに成長を遂げ，1960年からは米国への輸出を開始して国際競争に乗り出すまでになります。[13]

しかし，すでにこのとき日系セラミック・コンデンサ企業と米系セラミック・コンデンサ企業との経営規模や技術力には大きな差がついていました。表3-1にある通り，その経営規模は文字通り桁が違うものでしたし，何度も述べているように，技術的にも米国が10年は先行していると見られていました。当時の日米の製品性能差は，「テストするまでもなく［完成品企業の］購買担当者が見ただけでわかるほど」であったといいます。[14]村田製作所の創業者・村田昭氏も，米国視察の際に，飛び込み営業でRCA（当時，米国最大の電機メーカーの1つ）を回りましたが，技術や品質の歴然とした差から，取り合ってすらもらえなかったと述懐しています。[15]

それでもこの時期，日系コンデンサ企業は大きな成長を遂げました。松下電器（現，パナソニック）やソニーなど国内電機メーカーが毎年倍増近い成長を見せ，その旺盛な国内民生用電子機器の需要に応えるべく，生産能力を拡

13　『太陽誘電』28頁。
14　『TDK』89頁。
15　『村田製作所』67-68頁。

大していくことができたからです。この間，村田製作所やTDKは国内顧客からの要望に応えて，生産量の増大と，歩留まり（良品率）および品質の安定化に多大な腐心をしています。[16] 表3-1からは，1950年代後半に村田製作所・TDKの売上高が5年で5倍になっていることが確認でき，技術レベルはまだまだ追いつかなくとも，生産量では一定の成長を遂げていることが確認できるでしょう。

日米競争の始まり——1960年代

1960年からは，日米企業間での直接競争が始まります。この年，村田製作所が北米への直接輸出を開始します。さらに翌年には太陽誘電も，ほどなくしてTDKも輸出を開始し，[17] 日米のセラミック・コンデンサ企業が北米市場において直接的な競争を展開することとなりました。

村田製作所の米国進出の理由は，まず第1に，米国に存在する巨大な市場を獲得すれば大きな成長が見込める上，依然貧弱で変動の激しい日本国内市場だけに頼るリスクを抑えることができる，と創業者の村田昭氏が考えたためです。村田氏はまた，第2の大きな理由として，北米の先進的な市場で競争することで，技術力を高めて国際競争力をつけなければならないとも考えていたようです。[18]

1960年3月，米国ウェルズガードナー（Wells-Gardner Electronics）社からセラミック・コンデンサ30万個をはじめて受注したのを皮切りに，村田製作所はモトローラ（Motorola）やGEからもサンプルを認定してもらい，米国の民生品市場で少しずつ受注量を増やしていきました。値段は米国企業の同市場での価格よりも10％以上安くしていました。[19] 村田製作所を追うようにして参入したTDKも，廉価品市場を攻略して米国で一定の市場規模を獲得することに成功し，1967年には輸出貢献企業として日本政府から表彰されています。[20] こうして，1960年代には，GE・RCA・モトローラなどといっ

---

16 村田製作所については，政策研究大学院大学（2004）『村田昭（株式会社村田製作所名誉会長）オーラル・ヒストリー（C.O.E. オーラル・政策研究プロジェクト）』平成16年度文部科学省科学研究費補助金特別推進研究（COE）研究成果報告書（以下『村田昭オーラル』），111頁。太陽誘電については，『太陽誘電』28頁，TDKについては，『TDK』92頁に詳しい。

17 『太陽誘電』28頁。

18 『村田製作所』68頁。

19 『村田昭オーラル』89頁。

た大手ラジオおよびテレビ・メーカーの生産する廉価品枠を中心に，日本製コンデンサの採用が拡大していったのです。結果，1960年代の10年間のうちに，米国製ラジオに使われるコンデンサの20％が日本製になりました。[21]

　米国民生品市場で広く日本製コンデンサが採用された背景には，低価格であることと，品質の安定，そして何より安定供給が大きかったようです。前述のように，スプラーグら米国コンデンサ企業は，あくまで軍事用をメイン市場とし，民生品や産業用は周辺市場と位置づけていました。要求される技術レベルもはるかに高く，何より値段がまったく違いますから，それも経営判断としては妥当なことと言えるかもしれません。ともあれ，米国コンデンサ・メーカーの供給体制と事業戦略のもとでは，利幅の小さい民生品企業は手薄な対応しかなされていなかったのでした。それに対し，日本国内で民生機器メーカーによる旺盛な需要の成長に応えてきた日系コンデンサ・メーカーは，そこで培われた低コストや安定供給の能力を武器に，技術・仕様でこそ劣るものの，米国の民生機器メーカーの信頼を摑んでいったのです。[22]

　スプラーグをはじめとする米国コンデンサ・メーカーは，日本企業の民生品での攻勢に対し，むしろ市場を明け渡すようにして軍事用途と産業用途にターゲットを絞り込んでいきます。何と言っても，軍事用に出荷されるコンデンサは，民生用と比べて当時約4倍[23]の価格で取引されていたからです。しかも，その先端技術が高く評価されていることから，国への貢献が認められて表彰もされる[24]わけですから，民生用市場の成長で，全体に占める比率こそ減れども軍需は米国企業にとって理想的な市場だったのです。民生用市場に日本製品が利用されるようになり，そこで価格競争が始まると，スプラーグら米国コンデンサ企業は民生用への供給を縮小し，高機能・高付加価値の軍事・産業用市場へと事業を集中させていきました。

　もう1つ，米系コンデンサ・メーカーが日本製のセラミック・コンデンサに反撃しなかった重要な理由として，当時，いずれ半導体がコンデンサを代替していくことが確実と見られていたことも指摘できます。事実，この時期

---

20 『TDK』92頁。
21 『太陽誘電』第2章。
22 日本貿易振興会，前掲資料，158頁。
23 日本貿易振興会，前掲資料，154-155頁の，1967年におけるコンデンサ出荷量・出荷価格情報に基づいて計算。
24 *The Sprague Log*, Vol. 30-No. 4 (1968), p. 18, および, *The Sprague Log*, Vol. 32-No. 4 (1970), p. 15.

のコンデンサの供給量には，はっきりと集積回路の登場と発展の影響が出ています。1966 年，電卓には 600 個のコンデンサが利用されていましたが，1971 年に発売された半導体を用いた電卓では，コンデンサはわずか 5 個が利用されるのみとなっています[25]。当時，半導体の登場は，コンデンサ・メーカーにとって事業の急激な縮小を予想させるものだったのです（なお，実際には，コンデンサと半導体は棲み分けて電子回路内で共存する結果となっています）。

そこで，スプラーグをはじめとする有力米国コンデンサ・メーカーは，半導体への事業転換を視野に入れて，技術や生産能力への投資を行いました。当時もスプラーグの CEO であったロバートは，軍事・産業用市場向けコンデンサを第 1 の柱としつつ，次に育てる第 2 の柱としては，民生用途でのコンデンサ競争に資源を投ずるよりは，将来性の高い集積回路の研究開発に投資すべきと考えました[26]。実際，1962 年ごろからスプラーグは半導体の技術開発を開始し，1967 年までに 1000 万ドル以上を半導体技術に投資しています。その結果，1960 年代半ばには，半導体黎明期の雄であるフェアチャイルド（Fairchild）社と，ほぼ同数の特許を取得してもいます。さらに，1966 年には 700 万ドルをかけて半導体工場を建設，稼働させました。1970 年ごろには，売り上げの 10 ％程度が半導体によるものとなっています[27]。

一方，日本企業はこの時期，旺盛な民生需要に応えるようにして，技術で先を行く米国企業は追わず，ひたすら生産能力の増強と品質の安定に力を注いでいました。とりわけ村田製作所では，積極的に原料生産の内製化が進められ，原料からの品質向上と，垂直統合による効率化，品質安定化が図られます。「マトリックス管理」と呼ばれる，同社固有の非常に強力な管理会計の仕組みが導入されたのも，このころです[28]。

日本企業の価格攻勢は続き，1967 年ごろからは民生用市場においてスプラーグの収支が本格的に逼迫し始めます。1969 年には同領域で初の赤字を計上することになりました。こうした中，スプラーグは，民生用コンデンサからの撤退を決めます。そして，米軍や航空・宇宙産業企業に高性能コンデンサや半導体を出荷していくことを長期的な事業計画に据えるのです[29]。ロ

25　『電子工業年鑑』1974 年度版，844 頁。
26　*The Sprague Log*, Vol. 25-No. 7（1963）。
27　日本貿易振興会，前掲資料，229，236–237 頁。
28　『村田製作所』61–66 頁。
29　前掲，*The Sprague Log*, Vol. 30-No. 4, p. 3.

図3-4

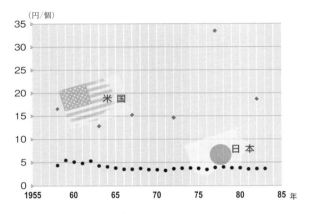

日本と米国におけるセラミック・コンデンサ単価の推移

出所：日本は「機械統計年報」(1958〜1983年)，米国は "Census of manufactures"(1958, 1963, 1967, 1972, 1977, 1982年)。

バートは，1969年に，軍事・航空・宇宙等の政策需要の動向を注視し，それに合わせた生産計画を立てると発表しています[30]。なお，米国内の競合他社，エリーやセントララブなども，同様に技術の高度化を進め，スプラーグと同じように軍事・産業用市場を確保するようになっていきます[31]。

両国の企業が市場を棲み分けていたことは，日本と米国におけるセラミック・コンデンサ単価の違いからも見て取ることができます。主力製品であるセラミック・コンデンサの価格推移を見ると（⊙図3-4），日本では1958年から1983年までの期間を通じて1個当たり5円程度であった一方で，同期間の米国ではおよそ15円となっています。いくぶん詳細に見ると，米国民生用市場において日米企業が直接競合するようになった後の1963年には，競争の影響からか，1958年と比較して米国コンデンサの単価が下落していることが確認できます。しかし，その後1967年には再び米国のコンデンサ単価は上昇しており，ここから，米国企業が日本企業との競合を避けて，より高価格の軍事用や産業用へとシフトを進めたことが示唆されます。後述しますが，同じことは1970年代後半にも行われたと考えられ，1977年にも米国のコンデンサ単価の急な上昇が確認できます。

---

30 前掲, *The Sprague Log*, Vol. 32-No. 4, pp. 3, 8.
31 日本貿易振興会，前掲資料，203-204頁。

以上のように，コンデンサ産業では，1960年代から1970年代初頭の間に，日本企業が民生用，米国企業が産業用・軍事用という棲み分けが形成されました。それは，コスト競争力と生産能力に注力した日本企業と，技術力を武器としたい米国企業の思惑が一致したために起こった出来事でした。

変わらない構図——1970年代

　1970年代になっても，日米競争の構造は基本的に変わりませんでした。1960年代，米国企業は自社の経営戦略に沿って日本企業との競合を避けた結果，米国の民生用市場をほぼ明け渡すことになりました。1970年ごろになり，米国企業は，このまま日本企業に市場を奪われていくことに危惧を覚えるようになります。依然としてスプラーグのCEOであったロバートも，このまま日本企業が成長を続けたら，米国の電子産業が崩壊してしまうという懸念を抱き，1970年に政府に対して以下のような陳情を行いました。同様の陳情が前後して相次いだことから，米国政府は，1960年代末ごろより，軍需をはじめとする官公需要について，米国製電子部品の高値買い支えを行うようになります。[32]

> 　私は，国家間の自由貿易というわが国の掲げる理念を信奉していますが，わが国の基幹産業の1つ，すなわち民生用電子機器やその部品産業への極端な低賃金を武器とする圧迫は，いかなる国であっても許されるべきではないと考えています。[33]

　ここで，ロバートが採用した戦略は，自社領域への日本企業の侵攻を食い止めるべく，技術的な障壁を築くことでした。ロバートは，自社の強みが技術力にこそあること，死守すべきは産業用市場・軍事用市場であることを，強く認識していたのです。[34] スプラーグはいっそうの製品高性能化を進め，日本企業に10年以上先んじて，早くも1960年代後半にはプリント基板への表面実装（コンデンサなど電子部品を基板上の正しい位置に設置する技術）に対応したチップ型コンデンサの生産を始めていたほか，[35] 1970年代前半には

---

[32] 日本貿易振興会，前掲資料，154-155頁。
[33] 前掲，*The Sprague Log*, Vol. 32-No. 4, p. 11.
[34] 同上。同様の記述は，日本側の資料：『電子工業年鑑』1986年度版，649頁，および，志村幸雄（1986）『電子部品』日本経済新聞社，などにも見られます。
[35] 日本貿易振興会，前掲資料，203-204頁；『村田昭オーラル』129頁。

誘電体を薄膜状に形成して積層する積層コンデンサに関し，また同年代半ばには電極のニッケル卑金属化に関し，いずれも世界に先んじて研究成果を発表，その後量産に成功しています。[36] 日本企業がこれらの技術革新を成し遂げるのは，いずれにおいても，およそ7年から10年ほど遅れてのことです。

こうした動きに対し，日本企業側がとった戦略も，以前と何ら変わりのないものでした。技術的に数年遅れながらも，安定的かつ大規模な量産体制を構築し，低コストと信頼性を武器に，要求技術レベルの低い領域から，少しずつ産業用市場に食い込んでいったのです。[37] チップ化に成功した1970年代後半から，日本企業はコンピュータ・医療機器などの産業用市場にも進出し，市場を広げていきます。市場価格は米国製のじつに10分の1以下でした。米国のコンピュータ・メーカーや医療機器メーカーは，高止まりする米国製コンデンサの価格や，不良品問題（後述）にも不満を持っていたことから，日本企業からの調達へと切り替えが進んでいきました。

ここで，少し話が逸れますが，技術的なギャップにもかかわらず，このタイミングで日系セラミック・コンデンサ企業各社がチップ化を果たせた成功の背景には，松下電器やソニーとの技術的連携が指摘されます。1970年代，日系電機完成品企業は，ラジオ，テレビ，オーディオなどの家電製品で「軽薄短小化」を製品差別化の手段としました。それを実現するための主たる方策の1つとして，電子部品の表面実装が注目され，とくに松下電器とソニーで盛んに研究開発が行われました。ところが，安定した表面実装を実現するには，実装プロセス装置以上に，部品の形状や品質・仕様が大切であることがわかったのです。そのため，松下電器やソニーはこぞって，従来は部品メーカーに委ねていた部品の形状や素材の検討を，部品メーカーと共同で研究しました。部品メーカーと完成品メーカーの協働によって，「部品に傷をつけないハンドリング方法」や「実装機が摑みやすい部品の素材・形状」などの課題が解決されたことで，村田製作所やTDKは安定した品質でチップ部品の量産を達成できたといいます。[38]

話を戻します。米国セラミック・コンデンサ企業は，1970年代に入って

36　小阪玄次郎・武石彰（2008）「TDK ──積層セラミックコンデンサの開発」IIR ケーススタディ #08-01。電極のニッケル卑金属化のイノベーション・プロセスと，その影響については，同論文に詳しく書かれています。

37　『村田製作所』192 頁，小阪・武石，前掲論文，および，『metamorphosis』（村田製作所）第4号（1998年），14-15 頁。

からは，軍需産業を軸に，関連産業である航空産業および宇宙産業という，3つの最高度ハイテク産業をメイン市場と位置づけ，そこで寡占体制を築いていました。その一方で，相対的に低い技術水準の製品が用いられ，結果として利幅の小さいコンピュータや無線通信機器などの産業用市場は，依然として副次的な市場と位置づけられていました。米国企業の社内の開発・生産体制は完全にこうした戦略を反映したものとなっており，技術開発では最先端の技術が次々に生まれ，それが短期間のうちに製品に反映されていきましたが，一方で品質や製造性の安定化，市場をカバーしうる量産能力の整備にはあまり資源が割かれませんでした。投資はもっぱら技術力の向上と最新鋭の製品の量産化に割かれたのです。当時，ある米国の工場を視察した村田昭氏は，その技術力の高さを称賛する言葉を残しているのですが，そこには上述のような米国企業の経営状況が端的に現れています。

> 不良品の中から良品を探しているような状態ながらも，たしかに［積層チップ・コンデンサが］生産できていることに驚いた。[39]

スプラーグにとっては，メイン市場である軍事や航空・宇宙産業では，政府による買い支え政策の影響もあって，コストダウンへの圧力はあまり高くなく，基本的には言い値で買ってくれるような状態でした。[40] そのため，不良品率低減にはあまり注意が向かず，もっぱら最先端の技術を実現することにだけ資源が投入されました。不良品の山の中からでも，選別して一定の数量を揃えれば，軍需が求める最先端品の納品要求には応えられていたのです。スプラーグでは，コンピュータ等の産業用途には，軍事・航空・宇宙領域に向けた出荷の残りの生産能力をあてた上に，価格も軍事用と同等で非常に高く据え置かれていました。[41] また，時には品質クラスの低い製品が出荷されることもあったようで，コンピュータ市場ではたびたび顧客の手元で不良品

38　以上の記述は，松下電器産業精機事業部編著（1999）『表面実装ポケットブック 部品搭載技術』日刊工業新聞社；山本芳夫監修／永田隆編著（1990）『SMTハンドブック』工業調査会；『村田製作所』224頁による。

39　『村田昭オーラル』129頁。

40　前掲，『電子工業年鑑』1986年度版，649頁，および，志村，前掲書。なお，この軍事用途の価格設定には，スプラーグ等の企業からの働きかけによる米国政府の国内産業保護の意図もあったと言われています（日本貿易振興会，前掲資料，154-155頁）。

41　『TDK』，102頁。1970年当時，セラミック・コンデンサの単価が2～3円の時代に積層セラミック・コンデンサは1つ2400円もしており，「とてもではないが民生用には利用できない状況」であったと伝えています。

問題を起こしていました。[42] そこが日本企業にとっての付け目となり，市場への侵攻を許すこととなったのです。

競争の終焉——1980年代

日本企業がコンピュータや通信機器への参入を進めてくると，スプラーグは再び，事業領域を先端品に絞り込む戦略をとります。スプラーグは，人員を削減したりオペレーションを止めるなどして当座のコストを低減させつつ生産数量を落としていき，不採算であるそれらの市場からの撤退を図りました。そして，自社の強みである技術力が活き，確実な出荷と利益が見込める軍事・航空等の分野に絞り込んでいったのです。[43]

スプラーグでは1981年に，創業者ロバートの息子であるジョン・スプラーグ氏（以下，ジョン）が社長に就任しました。ロバート同様に聡明な人物と評されたジョンは，社長就任前から構造改革に着手し，1980年代前半のうちにスプラーグの事業構造の変革を達成し，安定的に黒字を出していける状態を確立します。その手法は，採算性の悪い安価で競合の多い品目から完全に撤退し，依然として技術優位を保持し軍事・航空分野での信頼の厚い，タンタル・コンデンサなどの高性能コンデンサを出荷する企業として存続するというものでした。[44] また，その改革を成し遂げるための資金力を増強するため，1981年にはペン・セントラル（Penn Central）という会社に資本協力を仰ぎ，1992年には米国総合電子部品企業のビシェイ傘下の子会社となります。こうして存続を達成したスプラーグは，現在に至るまで，ビシェイの傘下で，日本企業には作れない軍事用・航空用のハイスペックなコンデンサを生産し続けています。

一方，米国企業が産業用市場から撤退したことで，1980年代には日本企業が世界シェアの大半を占めるようになりました。このころには村田製作所やTDKも相当程度の技術力を持ち始め，米国市場が保持していた市場を，コンピュータ，通信機器，医療機器と，1つずつ順に攻略していきます。こ

---

42 前掲，『metamorphosis』第4号，14頁。

43 この背景には，業績が低迷する中でレイオフが実施されたことで，労使関係が悪化し，従業員のモラールが下がって生産性が上がらなくなったことも指摘されています。1970年にはストライキも発生しており，スプラーグはやむなく操業を縮小した側面もあります。Marino, P. W., "Company Town" (http://paulwmarino.org/company-town.html, Retrieved 2015-03-20).

44 The Sprague Log, Issue 1 (1982), p. 1.

うして，1990年までには，TDK・村田製作所・太陽誘電の日系3社が，外交・国防問題とかかわってくる軍事用途や航空宇宙産業を除く，ほとんどのセラミック・コンデンサ市場を占有することになったのでした。[45]

● どうして，変われなかったのか ●

　以上が，コンデンサ産業で起こった，日米競争の顛末です。国際的な産業競争の割りには，なんだか，あっけない結末だと思われたのではないでしょうか。スプラーグは，一貫して高付加価値品市場に絞り込んで利益を確保していくという戦略をとり，コストを武器に生産を拡大しようとしてくる日本企業に市場を明け渡し続けました。スプラーグの様子は，後世の観点からはほとんど無抵抗であったかのようにすら見えます。

　しかし，ここではぜひ，当事者であるロバートやジョンの立場に立って，当時の状況をよくよく頭の中で再現し，考えてみていただきたいのです。

　1960年代，10年遅れの技術，ボロボロの品質で，日本企業が安価な製品を出してきました。自社のメイン事業領域ではない，ラジオなどの安価で技術水準も低い周辺市場で，その採用が進んでいきます。読者のみなさんなら，会社の経営資源を，どちらに使うでしょうか。A：周辺市場で日本企業と価格競争をするために使いますか，それとも，B：自社のメイン市場である，要求技術レベルも高ければ利益率も高い，航空・宇宙・軍事設備向けの製品を生産・開発するために使いますか（◐図3-5）。

　1970年代，1980年代とて同様です。状況は一貫して同じで，日本企業は安い価格で，技術的にも数年遅れの製品で周辺市場を脅かしてきます。日本企業にはできない先端品を作り，メイン顧客からはその技術力が高く評価されている状況で，プランA：周辺市場を死守しようとすることは，スプラーグのとるべき戦略として正しいのでしょうか。

　優秀で，合理的に判断ができる経営者であれば，プランBを採用する，ということに，気がつくはずです。どう評価しても，プランBのほうが望ましいのです。技術など自社の強みから評価しても，競争状況からしても，利益率からしても，リスクの面からも，何をとってもプランBのほうが，合理的な判断なのです。

45　新井光吉（1996）『日・米の電子産業』白桃書房。

図 3-5

スプラーグにとっての意思決定問題の構造

プランA	プランB
廉価品（周辺）市場で 海外企業と価格競争	高級品（メイン）市場での 地位を固める
自社の技術的強みは活きない 競合は手強い 利益率は小さい 失敗する可能性は小さくない	自社の技術的強みが活きる 競合はいない 利益率は大きい 失敗する可能性は小さい

　問題は，ここにあります。スプラーグは常に，合理的な思考のもと，最適な判断として，同じ戦略を採用し続けていたのです。ですが，その結果として，スプラーグは村田製作所ら日本企業に，市場を明け渡す結果となりました。

　この事例はまさに，優秀であるリーダーが，「長期にわたって戦略を変えられなくなった事例」なのです。ロバートもジョンも，上記のような冷静な状況理解に基づき，現状維持を選択して，その方向性で生き残っていくべく経営手腕を振るってスプラーグを導きました。決して，非合理的な判断をしたわけではなく，組織マネジメントに失敗したわけでもありません。自分たちの強み，競合の強み，市場の状況，ビジネスとしてのリターンとリスク，そうしたものを総合的に考え併せて，現状維持を選択していたのです。そこには一見，何の問題もありません。それにもかかわらず，コンデンサ産業の歴史は，彼らの判断が誤りであったと私たちに告げているのです。

　果たして，何が，問題だったのでしょうか。どうすれば，この未来を回避することができたのでしょうか。

　次章では，どうしてこうしたことが起こってしまうのか，その理由を理論的に探求していきたいと思います。しかし，その前に，ここでもう一度，図3-5の構図を見てみてください。これと同じ状況を，どこかで見たことがないでしょうか。

- 薄型テレビ産業における，韓国の攻勢にさらされた日本のテレビ・メーカー。
- スマートフォン市場における，アップルの攻勢にさらされた日本の携帯電話メーカー。
- 自動車産業における，中国やインド企業の攻勢にさらされている日本の自動車メーカー。
- ファスト・ファッションの攻勢を受けた，既存のアパレル・ブランド。
- インターネットなどのニュー・メディアに地位を奪われつつある，既存のマスメディア。

　おそらく，すぐに気づかれたのではないかと思いますが，あげればきりがないほど，スプラーグの状況は，日本企業がいま直面しているグローバル競争の状況と重なってくるはずです。——そして，日本企業が実施しがちな戦略も，やはりスプラーグと同じ，自社の強みが活きる領域に絞り，そこを堅守する，というものであることにも，気づかれたのではないでしょうか。
　新興企業の登場を受けて，既存のトップ企業が戦略転換に躊躇してしまうのは，スプラーグに限ったことではないのです。それは現代日本企業の重要課題でもあり，さらに言えば，こうしたことは世界中，時代を問わず見られることです。それほど戦略硬直化という現象が広範に見られるのであれば，その背後には法則性というべきか，何かしらそれが発生する理由が存在していると考えるべきでしょう。スプラーグの姿に現代の日本企業の姿を重ねつつ，何が問題なのか，どうやったらその問題を回避できるのかを，よく考えてみてもらえればと思います。

戦略硬直化の
スパイラルの原理

CHAPTER 4

● 理論のほうから，検討してみる ●

本章では，前章で取り上げたスプラーグ社の事例を素材に，企業のとる戦略が硬直化してしまう，その理由を，理論的に探求してみたいと思います。

私たちがスプラーグの事例で見たのは，経営者が常に合理的な判断として現行路線の維持を選び，その結果として会社が縮小の一途をたどってしまった，という状況でした。前章では，また，こうした状況はスプラーグに限らず，新興企業の攻勢にさらされた既存企業に広く見られるということも確認しました。したがって，こういったことがなぜ起こってしまうのか，その原因を探求することは，とても有意義であるはずです。

本章ではまず，「イノベーターのジレンマ」という概念を紹介し，経営者は合理的な意思決定をしたはずなのに，その決定が会社を危機に陥らせることがあることを説明します。その上で，スプラーグが陥った問題は，この概念だけでは説明しきれないことを議論します。そこで，さらに問題を深掘りして，経営者が「合理的だが失敗を導く」ような意思決定の背景には，そうならざるをえなくなるような負のスパイラル——戦略硬直化のスパイラルというものが存在している，ということを明らかにしていきます。

● イノベーターのジレンマ ●

合理的な判断が，変革を阻害する

前章で示したように，スプラーグが日本企業の攻勢に対して戦略を変更しなかったのはなぜなのかということは，ハーバード・ビジネススクールのクレイトン・クリステンセン教授が提唱した，「イノベーターのジレンマ」と呼ばれる有名な学説で説明できます[1]。その骨子は以下の通りです。

> ある産業における，大きな地殻変動は，常に産業の周辺的な市場から起こる。それは，従来のメイン顧客とはまったく異なるような顧客の，まったく異なるニーズに応えるものである。そのため，既存市場のメイン顧客の声を集約して，その求めに応じて技術力を高め，優れた商品を生み出すべく努力を重ねる企業（彼はこうした企業のことをイノベーターと呼びます）であるほど，周辺市場での動きへの対応が遅れてしまう（●図 4-1）。

---

1 クリステンセン，C.／玉田俊平太監修／伊豆原弓訳（2001）『イノベーションのジレンマ——技術革新が巨大企業を滅ぼすとき（増補改訂版）』翔泳社．

図 4-1

イノベーターのジレンマの骨子

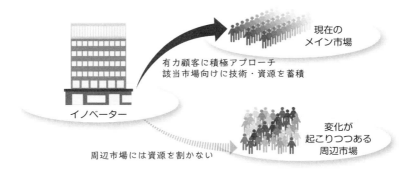

　イノベーターのジレンマの重要なところは，重要顧客の声を聴き，それに応じて技術・能力を磨く，というきわめて合理的な経営判断が，むしろ会社の変革を阻害することを警鐘している点です。これが深刻な問題であることは，以下の設問に取り組んでみれば，よくわかると思います。

> 　あなたは，今，45歳です。大学受験を控えた娘と，高校受験を控えた息子がいます。あなたは，とある日本の製造企業において，中核事業の1つで事業部長に抜擢されることになりました。これから先の戦略として，確実に利益が見込める国内事業を強化するか，廉価品が溢れる海外事業に打って出るかを判断しなければなりません。それぞれの事業成果の予測数値は以下の通りです。あなたは，どちらを選びますか。
>
> - 日本国内には，自社製品の性能を高く評価し，高付加価値の製品を購入してくれている顧客が多数いる。市場は成熟しており，大きく成長はしないが，急速に衰退もしない。少なくともこの先5年は，自社に確実な売り上げと利益をもたらしてくれる。
>   　　5年間の平均予想売り上げ：500億円（±100億円）
>   　　5年間の平均予想利益：100億円（±50億円）
> - 海外では，グローバル企業が販売する，自社よりも性能面で若干劣るが，値段は自社の半額以下，という製品が普及している。市場規模はすでに国内を上回っている上に，この先10年は2桁成長が続くと見られる。自社は海外事業を経験したことがなく，自社の高性能技術は，コスト重視の海外市場ではあまり評価されていない。成功するかどうかは五分五分であり，さしあたって参入

から数年は厳しい戦いが続くだろう。
　　5年間の平均予想売り上げ：400億円（±300億円）
　　5年間の平均予想利益：50億円（±100億円）

　45歳の事業部長の置かれた状況をよりリアリティをもって想像できる人ほど，前者が現実的であることに気づくでしょう。国内市場を選択すれば，会社は少なくとも5年は安泰，自分の成功も約束されたようなもので，さらなる出世への視界も開けてきます。部下たちの雇用も保証できるし，子どもたちの学費も心配ありません。

　これに対し，海外進出は非常にリスクの高い選択です。うまくいけば世界的なトップ企業に躍進することができるかもしれない反面，失敗すれば会社を潰すことにもなりかねません。自分の成功も約束されていないし，失敗すれば，自分だけでなく部下や家族が路頭に迷うことも考えられます。

　計算上も，国内市場のほうが合理的な選択だということは一目瞭然でしょう。平均値の大きさを見ても，リスク（分散）の小ささを見ても，国内市場のほうが望ましいと言えます。したがって，どのような観点から考えても，合理的で妥当な戦略は，国内市場で戦い続けるほうということになるのです。

　しかし，そこにあるリスクに，もう気がつかれていることでしょう。果たして，国内市場を守るという選択は，長期的な見地から会社にとって望ましいものなのか。そういう選択をし続けていると，気づいたときには，世界のトレンドから完全に取り残されてしまう結果になるのではないか。ある時点では合理的と思われた判断が，長期的に見れば，むしろ会社を危機に追いやってしまう。これが，イノベーターのジレンマという問題の本質です。

　私たちが第**3**章で見たコンデンサ産業も，ある一時点だけを切り取って観察すれば，起こっていることはまさしく，このイノベーターのジレンマです。スプラーグは，自社の技術力を高く評価し，高い利益率を約束してくれる軍事用市場を，自社のメイン市場と位置づけました。それはきわめて戦略合理的な意思決定です。日本からの輸入部品が溢れて価格競争が起こり，技術的にも陳腐化した製品が流通している民生用市場は，どのような観点から見てもスプラーグにとって望ましい市場とは言えません。一方で，軍事用ならば自社の強みが活き，高い利益率と安定した売り上げが約束されています。しかし，そうして周辺市場を明け渡していたがゆえに，日本企業の伸長を許す

結果を招いたわけです。

　一見すると，スプラーグが次第に衰退していった理由は，このイノベーターのジレンマの論理で説明がついてしまうように思われます。しかし，イノベーターのジレンマでは，じつはきわめて重要な要因が見落とされています。そして，それこそが，ここで考えるべき問題の本質なのです。

イノベーターのジレンマは1度の失敗の原因，ここで考えるべきは，繰り返される失敗の原因

　イノベーターのジレンマでは捉えきれておらず，しかしスプラーグの事例をはじめとしてさまざまな場面で起こっている戦略硬直化現象に関して考慮されなければならないことは，失敗が「繰り返されている」という側面です。

　人間は，失敗から学ぶ生き物です。ひとたび失敗をしてしまったとしても，そのとき何が悪かったのかを分析し，次回に反映させることができれば，同じ失敗は回避することができます。私たちはそのように多くのことを失敗から学び，成長するのです。

　経営学のさまざまな領域でも，失敗から学ぶことの大切さが指摘されています。優れたリーダーは，成功体験のみならず過去の大きな失敗からも多大なものを得て，自らのリーダーシップ・スタイルを確立するということも知られていますし[2]，成功するベンチャー企業家は，小さな失敗をたくさん繰り返し，その中から成功する道を見出していくことも知られています[3]。

　イノベーターのジレンマに関する議論も同様です。ある時点でイノベーターのジレンマに陥り，新興企業に市場を奪われてしまったとしても，その経験から学び，同じ轍を踏まないように戦略を変更すればよいわけです。次に活かされる限り，いかなる失敗も糧となり，恐れることではなくなります。もちろん，1度の失敗で致命傷を負わなければ，ですけれども。

　なお，念のために記しておきますが，私は何もイノベーターのジレンマを不完全な研究だと槍玉にあげて批判しているわけではありません。イノベーターのジレンマは，経営者が判断を誤る理由についての研究が導き出した，学術的にも実務的にも，とても意義のある概念です。この概念も踏まえた上

---

[2] 金井壽宏 (2002)『仕事で「一皮むける」──関経連「一皮むけた経験」に学ぶ』光文社新書。

[3] サラスバシー，S./加護野忠男監訳/高瀬進・吉田満梨訳 (2015)『エフェクチュエーション──市場創造の実効理論』碩学舎。

で，私が問題としたいのは，「1度の失敗」でなく「繰り返される失敗」なのだ，ということです。[4]

　第**2**章でも見ましたが，リーダーによる意思決定の「1度の」失敗を扱った研究には，たいへん豊富な蓄積があります。失敗学という分野まであり，書物も刊行されています。それらの研究成果に最大限敬意を払った上で，後進である私は，失敗から学べるはずなのに，なぜ同じ失敗を繰り返してしまうのか，を科学するという仕事に取り組むべきではないかと考えたのです。

　失敗学を学んだリーダーが，これまで以上に失敗せずに経営ができるようになる。それ自体は本当に望ましいことです。それまでなら失敗していたという事態を，学びの力で乗り越えたわけです。会社は傾かず，そこで働く人々にも辛い思いをさせずに済むでしょう。金融機関や取引先にも迷惑がかかりません。

　しかし，失敗をゼロにすることはできません。情報技術による第4次産業革命が進行していると言われる時代にあって，グローバルに見れば政治や経済も混乱しています。こうしたことにより，いつ産業のありようが大きく転換しないとも限りません。そのようなときに必要となるのは，「どうやったら失敗しないか」ではなく，「どうやったら失敗を繰り返さないか」に関する理論であるはずです。

● **コア能力の硬直性** ●

ロバートたちの現状維持戦略も，合理的な思考の結果だった

　さて，ここで再びスプラーグの事例に戻ってみましょう。ロバートやジョンは，なぜ戦略を変えなかったのか。その時々の意思決定を改めて見直すと，彼らが競争状況や自分たちの強みをよく理解した上で，現在の自社の方向を継続・強化していこう，と判断していたことがわかります。

4　なお，イノベーターのジレンマという学説を生み出したクリステンセンの研究内容に注目すると，繰り返される失敗という点に注目が向けられなかったのも無理はないことがわかります。クリステンセンは，1970~80年代のハードディスク・ドライブ（HDD）産業を研究対象としましたが，この産業では1回の戦略判断ミスが即座に撤退につながるほど激しい競争が繰り広げられていました。まさしく，「どうしたら失敗しないか」を研究するには，最適な素材だったと言えます。反対に，1度のミスで撤退に追い込まれる当時のHDD産業を分析していたのでは，ミスを反省して次に活かす方法は研究できません。だからこそ，クリステンセンの研究が残した課題として，繰り返される失敗の原因が解明される必要があるのです。

注目したいのは，彼らがそう意思決定せざるをえなくなるに至る，それまでの経緯です。スプラーグの従業員たちが生産や開発を怠けたり失敗したりしていたのなら，ロバートたちが積極的な変革策を打ち出せなくなっても無理はありません。あるいは，ロバートと従業員たちとの関係が悪化していて，ロバートの指示が届かない状況にあったというような場合も，戦略転換ができなくても仕方がなかった，ということになるでしょう。しかし，スプラーグでは，そうしたことはなかったのです。たしかに，労使関係は緊張感がある状況が続いていたようですが，スプラーグの技術者たちは先端的な製品を生み出し続け，生産・販売部門はそれを量産化し，高い付加価値で米軍や産業機器メーカー向けに販売することに成功していました。ロバートの意向に沿って，従業員たちが果たすべき役割をしっかり果たした結果，軍需には応えられるけれども民生用では戦えない，日本企業とは競争できない，という状況をつくり出してしまったのです。

　こうした状況を冷静に分析したとき，ロバートたちのとる戦略が「しっかり軍需を押さえよう」になったとしても，それは仕方のないことのように思われます。どうして，このようなことが起こってしまうのでしょうか。じつはここに，企業経営が宿命的に避けがたい問題，すなわち「コア能力の硬直性」という問題が存在しているのです。

自社のコア能力を育てるほど，環境変化には弱くなる

　「コア能力の硬直性」とは，簡単に言えば，企業がある事業環境下で業績を上げるためには，自社の中核をなす競争力（コア能力）を育てる必要があるけれども，そうすればするほど異なる事業環境に適応できなくなってしまう，という問題です。

　ある環境に適応するほど異なる環境に不適応となる現象は，もともと，生物学・進化論で見出され，過剰適応（overadaptation）と呼ばれています[5]。

　進化論では，ある生物種が特定の環境のもとで繁栄するのは，その環境に適応したことが理由だと考えます。かつて恐竜が繁栄したのも，地球全体が高温多湿であった時代においては，哺乳類などの恒温動物よりも恐竜など変温動物のほうが，エネルギー効率がはるかによかったため，と考えられてい

5　ダーウィン，C.／渡辺正隆訳（2009）『種の起源』上・下，光文社古典新訳文庫。
　なお，この用語は心理学でも用いられますが，「人間が，周囲の状況に合わせすぎて，逆にストレスを感じてしまう状況」を指す，少し異なる意味を持つ言葉です。

ます。また，大型化していったのは，大型種のほうが小型種よりも肉体的に強靱であったことが理由とされています。ジュラ紀・白亜紀の温暖な気候のもと弱肉強食の生存競争が繰り広げられる環境に適応していたからこそ，恐竜は大いに繁栄したのです。

しかし，周知の通り，恐竜は絶滅します。その理由は，急激な気候変動と氷河期の到来でした。白亜紀までの環境に高度に適応していた恐竜は，地表が寒冷化するとその巨体の体温を維持できず，必要なエネルギーを確保するための食料にも不足するようになりました。一方，少量のエネルギーで生存できる，より小型の生き物は，氷河期を生き延びることができました。とりわけ，気温が急激に変動する中でも安定的に活動できる恒温動物が，地上を支配していくことになります。

ここに，適応という現象の二律背反を見て取ることができます。一般的に，種として繁栄するには，現在の環境への適応度が高ければ高いほど有利であり，環境への適応度が低い種は淘汰されます。しかし，ある環境に適応しすぎると，それが激変したときに対応できなくなり，今度は逆に淘汰されることになってしまうのです。ある環境に高度に適応したがゆえに，他の環境では生きられなくなる……これが進化論で語られる過剰適応の理論です。

進化論のアイデアが経営学に導入されたのは1970年代のことでしたが[6]，1990年代にドロシー・レナード－バートンという研究者が，過剰適応のコンセプトを端的に「コア能力の硬直性」という用語にまとめました[7]。本能に従って半ば無自覚に自然環境へ適応したり淘汰されたりする生物の場合と違って，企業経営ではもっと意識的に，意欲を持って環境への適応が図られます。他社との競争に勝つため，株主の利益要求に応えるため，あるいは自社の理念・価値を信奉しそれを広く世に問うため，経営者も従業員も自社のコア能力を育てようとします。それはとても健全な経営のあり方です。しかし，みなが組織として一丸となって，自社の強みを伸ばし，上手に今の事業環境への適応を成し遂げていくほど，異なる事業環境ではその強みが活きなくな

---

[6] Hannan, M. T., and Freeman, J. (1977) "The population ecology of organizations," *American Journal of Sociology*, Vol. 82-No. 5, pp. 929–964 ; Nelson, R. R., and Winter, S. G. (1982) *An Evolutionary Theory of Economic Change*, Harvard University Press.

[7] Leonard-Barton, D. (1992) "Core capabilities and core rigidities: A paradox in managing new product development," *Strategic Management Journal*, Vol. 13-No. S1, pp. 111–125.

図4-2

コア能力の硬直性の論理

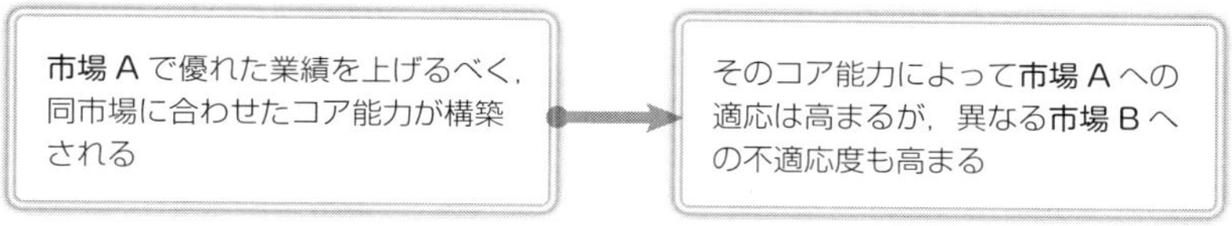

| 市場Aで優れた業績を上げるべく，同市場に合わせたコア能力が構築される | → | そのコア能力によって市場Aへの適応は高まるが，異なる市場Bへの不適応度も高まる |

ってしまいます。そうした回避しがたい宿命的な問題が，会社のコア能力というものには付いて回っているということを，レナード-バートンは議論したのでした（**◯図4-2**）。

　日本の携帯電話のガラパゴス化は，コア能力の硬直性の典型例でしょう。日本では，諸外国に先んじて通信技術が進歩しました。顧客はその通信技術を利用して，世界に先駆けた日本独自のインターネット・サービスや，テレビ視聴（ワンセグ），メールや音楽配信サービス，プリペイド機能などを楽しんでいました。日本の消費者の好みに合わせて大きく押しやすいボタンを配置する，カバンにしまいやすいように折りたたみ機能を付ける，かわいらしいカラー・バリエーションを揃える……そうして日本という市場に高度に適応した携帯電話，俗に言う"ガラケー"（ガラパゴス携帯電話）が生まれたのです。ガラケーは間違いなく，世界最先端の技術が詰め込まれた製品でした。

　しかし，ガラケーは，日本の消費者の嗜好や通信インフラの環境に，あまりにも適応しすぎていました。日本とは異なる通信インフラ環境のもと，消費者のニーズも日本人とは大きく違っていた諸外国では，出荷を伸ばしていくことができませんでした。そうこうしているうち，世界市場のニーズおよび通信インフラに配慮して生み出された新製品＝スマートフォンに，海外市場を押さえられ，ついには日本市場も明け渡すことになったのです。[8] そこに見られるのは，恐竜と同じ，環境への過剰適応です。

　スプラーグにおいても，この過剰適応が生じていたことに気づかれたことと思います。スプラーグは，軍事用市場の市場特性に合わせて，最先端の技術開発に資源を投じ，大ロットでの安定出荷よりも，先端品を小ロットで限られた顧客に提供していく事業体制を築きました。そしてその傾向は，日本

8　丸川知雄・安本雅典編著（2010）『携帯電話産業の進化プロセス——日本はなぜ孤立したのか』有斐閣。

企業との競争を避ける中で，年々強まっていきました。日本企業の攻勢が強まる中で，スプラーグは着々と日本企業との「違い」をつくり出そうとしました。すなわち，技術力を高め続け，顧客である政府との結びつきを強め続けて，自社の核たる事業領域を強化したのです。その結果，軍事用市場を死守することには成功しても，日本企業が活動する安価で大量に普及品を供給する市場で戦うことは，年々難しくなっていきました。ロバートやジョンは，そういった状況を冷静に分析した結果，戦略転換をリスクの高い選択と考え，現状維持を合理的な判断としたのです。

● 戦略硬直化のスパイラル ●

みなさんにはここで，図4-2にまとめたコア能力の硬直性が，リーダーが意思決定した後に起こる，組織としてのアクションの産物である点に，注目してもらいたいと思います。リーダーによってメイン市場に集中するという決定がなされ，それを受けて組織のメンバーが努力した結果として，メイン市場に適合したコア能力が構築され，同時に異質な環境への適応が困難になってしまいます。「リーダー」によるメイン市場への集中決定を受け，「組織」としてメイン市場堅守を実行し，その「結果」としてメイン市場に適応する（周辺市場に適応できなくなる），という順序で，ものごとが発生していることに注目してください。

一方，先述したイノベーターのジレンマは，会社のリーダーがなぜ判断を誤ってしまうのかという，意思決定をめぐる問題でした。この問題の構造も同様に検討してみると，顧客の声を聞いたり，現行路線で技術力を培ったりといった，組織としての動きが起点となり，それがリーダーの判断を誤らせる，という順序になっています。上と同じようにチャート的に書くなら，前段として現在の市場で最大限の成果を出そうとする「組織」の取り組みがあり，そのことでメイン市場への適応という「結果」を得ると，今後はそれが「原因」となって，「リーダー」によってメイン市場に集中するという意思決定が行われてしまうのです。

みなさんは，ここに，循環（スパイラル）構造を見出すことができるでしょう（●図4-3）。リーダーが現在市場を確保する戦略を採用すると，それに沿った組織メンバーの努力の産物として，その市場の要求に応えうるコア

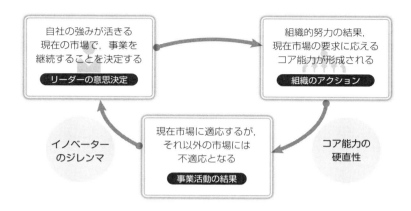

図4-3 戦略硬直化のスパイラル

能力が構築される。その結果、そのコア能力のお陰で、現在の市場には適応するけれども、他の市場にはむしろ不適応な組織になってしまう(コア能力の硬直性)。その状況を踏まえて、リーダーが次の意思決定機会に臨んだときには、コア能力が活きる現在市場を選択し続けることが合理的になる(イノベーターのジレンマ)……といった具合に、2つの現象は、互いに原因でもあり結果でもあるような関係となっているのです。

コア能力の硬直性とイノベーターのジレンマとが、相互に強化し合う関係にあるわけですから、ひとたびこの循環構造が回り出すと、企業はどんどん戦略を変更しにくくなっていってしまいます。現状維持が決断されて、時間が経つほど、コア能力は着々と現在のメイン市場向けに強化され続けていきます。その場を死守せんとし、そこで高い利益を上げようとすれば、なおさらです。競合他社との差別化を図り、参入障壁を構築するためには、他社には作れない製品やサービスを生み出すコア能力を高めることが、最善の方法だからです。そうしてコア能力が構築されていけばいくほど、他市場へ参入するという決断はリスクの高いものになっていきます。

この循環構造がゆえに、企業は現行路線を継続していては問題があるとわかっていたとしても、同じ戦略を採用し続けてしまい、失敗が繰り返されるのです。

本書は、この循環構造を「戦略硬直化のスパイラル」と名づけます。これ

こそが，スプラーグが長年日本企業へ積極的反攻をしなかった理由であり，そして，イノベーターのジレンマ研究の後に残されていた，失敗が繰り返されるのはなぜかという問題についての，本書なりの1つの回答です。ひとたび判断が下され，それに沿って組織が動き出すと，その判断を撤回して改めることは，前よりもいっそう困難になるのです。

　スプラーグで，戦略硬直化のスパイラルが起こっていたことを確認してみましょう。戦後のコンデンサ産業では，日本企業が民生用市場向けの生産能力や安定供給体制をコア能力とし，スプラーグら米国企業は高度な技術力をコア能力としました。両者が直接競合し始めたのは1960年，日本企業はこの強みを武器に米国民生用市場に参入し，スプラーグはコスト競争を嫌って民生用市場からの撤退を決断しました。それから10年後，スプラーグら米国企業はいっそうコア能力である技術力を高め，日本企業もいっそう供給能力とコスト競争力に磨きをかけました。そうして日本企業が再びそのコスト競争力を武器に産業用市場へと侵攻を開始したとき，ロバートは彼我の強みと弱みをよく分析した上で，軍事用市場を固めるという現状維持の判断を下し，コンピュータや無線通信機器などの産業製品から順次撤退していく判断を下しました。そのことで日本企業がまた出荷量を伸ばし，供給量を増やしていったところ，ロバートの後を継いだジョンの時代のスプラーグには，もはや日本企業と直接競争する体力はなく，先端特殊品で軍事用市場を確保するほかはなくなっていたのです。

　スプラーグは，社内に蓄積された，日本企業にはない技術力という強みを，コア能力として一貫して伸ばし続けていました。そしてロバートとジョンは，その強みに依拠して，軍事用市場を死守するという戦略を採用し続けました。そこには，コア能力の蓄積が，繰り返されるイノベーターのジレンマ的な現状維持の意思決定に，一貫して影響を与え続けていた様子を見て取ることができます。

戦略硬直化のスパイラルは，リーダーとメンバーがベストを尽くした結果である

　企業が慢性的に戦略を変えられなくなるのは，組織のリーダーとメンバーがそれぞれに果たすべき役割を果たした結果である。この意味で，私は，スプラーグで起こった戦略硬直化のスパイラルという現象が，本当に重要な問題であると考えます。

リーダーは，会社が置かれている状況を冷静に分析し，リスクとリターンとを計算して，確かな成功を約束してくれる決定を下しています。この現状維持という意思決定を，私たちは決して，なんと弱腰か，じつにリスク回避的な態度だ，とは責められません。組織に集った多くの仲間たちの生活を背負って，彼らの力が活きる仕事をさせて，企業としての成功を請け負わねばならない人間として，おそらく現状維持は最も確実な結果をもたらす戦略でしょう。これに対して，変革するという意思決定は，敗色濃厚な戦いに背水の陣で挑むようなものです。策略がよほどうまく練り込まれ，幸運にも恵まれれば，見事にやり遂げられるかもしれませんが，自分たちが不得意な領域で手強い相手に挑んで失敗するリスクはあまりにも大きいのです。状況を冷静に分析し，合理的に判断できるリーダーであればあるほど，「このままではダメだとわかっていたとしても，変えられない」という状況が発生します。

　ここにはまた，会社に集ったメンバーについても，リーダーの決断に100％応える仕事をすると，変革のための能力を喪失していく，という状況が見出せます。仕事に手を抜かず，顧客の要望に応え，会社へ利益をもたらすように最大限の努力をすれば，他社にはないその会社だけの強固なコア能力がつくられます。しかし，そのコア能力は，他の市場では十分に活かせないものなのです。実直な努力が，会社としての選択肢を奪っていく結果につながってしまうわけです。

　このようにして，リーダーと組織メンバーが，それぞれベストを尽くした結果として，変われなくなる悪循環が巻き起こされている点が，この現象の恐ろしいところなのです。一見，安全策をとったつもりの現状維持の意思決定が，長期的な視野に立てば，現行路線での硬直化を促進する，非常にリスクの大きな一手であることが，ここまでの分析からわかったと思います。

これまでの研究成果と，どこがどう違うのか

　戦略硬直化のスパイラルのキーポイントは，「リーダーの意思決定」と「組織のアクション」という，レベルの異なる2つの出来事が相互作用している，という点です。

　これまでの研究では，リーダーの意思決定の際に生じる，判断を誤らせる理由や，組織というものが動作するときに生じる，固有の変化を嫌う性質が解明されてきました。これに対し，本書が見出したのは，この2つの事象の

間を結ぶ線が存在し，それが循環構造をつくっていることにこそ，長期的に企業が変われなくなる原因があるということです。実際，イノベーターのジレンマも，コア能力の硬直性も，単体としてはすでに1990年代には発見されていた現象です。しかし，このそれぞれが独立に作用するだけなら，誤りを認めて個別対応しさえすればよいのです。

問題はまさに，循環構造が形成されているという点にこそあります。リーダーによる現状維持の決定は，現在の組織の能力を強化するような組織メンバーの行動を引き出す。一方，メンバーによる現行路線での能力強化は，リーダーに現状維持の決定を促すという，双方向の矢印が存在しているということが，スプラーグの事例が私たちに教えてくれたことであり，私がここで警鐘を鳴らしたいことなのです。[9]

追試の必要性

さて，本章で進めてきた，スプラーグが陥った長期的な戦略硬直の原因を探求する作業は，ひとまずここまでです。本章で私は，スプラーグの事例を素材にしつつも，それを抽象化・一般化することを心がけ，企業経営のさまざまなシーンで起こりうる問題として議論をしてきました。しかし，この戦略硬直化のスパイラルという現象が，スプラーグだけに起こった非常に特殊な現象なのか，それとも一定の再現性がある現象なのかは，時を変え場所を変えた別の事例や，多数のサンプルを集めた統計分析で検証をしてみる必要があります。そこで，次章ではもう1つ別の事例を紹介し，戦略硬直化のスパイラルが再現性のある現象なのかを確認しつつ，それがなぜ発生してしまうのか，いかに恐ろしいことなのか，学びを深めていきたいと思います。

---

9 なお，リーダーの意思決定と組織の挙動との相互関係にこそ問題があるのでは，という分析視点自体は，21世紀に入ってからの経営学のトレンドであり，本書を待たずとも優れた研究成果は多数発表されています（つまり，本書もそうした近年の研究トレンドの中に位置づけられるものです）。

組織の硬直化というテーマについては，Gilbert, C. G. (2005) "Unbundling the structure of inertia: Resource versus routine rigidity," *Academy of Management Journal*, Vol. 48-No. 5, pp. 741–763 が，意思決定と組織の行動の関係を明らかにした優れた研究として知られています（本書第2章参照）。また古くは，経営学の古典と言われる，マーチ, J. G. = サイモン, H. A. ／高橋伸夫訳 (2014)『オーガニゼーションズ（第2版）――現代組織論の原典』ダイヤモンド社にも，意思決定と組織の行動との関係に関する基礎的な議論が見られます（原著1976年刊）。

こうした中で，戦略硬直化のスパイラルの特徴は，現状維持という方針がとられた場合には，リーダーの意思決定とメンバーの行動が直接的に相互強化する関係になるという，これまで指摘されていなかった関係を見出している点にあります。

カリスマ型リーダーの功罪

シャープはなぜ危機に陥ったのか

CHAPTER 5

● 第2の事例分析 ●

戦略硬直化のスパイラルの再現性を検討する

　本章では、第3章で見たコンデンサ産業に加えて、もう1つ長期的な戦略の硬直化に陥った事例を取り上げ、これもまた戦略硬直化のスパイラルとして説明が可能なことを確認します。具体的には、日本の有力電機メーカーであった、シャープの盛衰を振り返っていきます。[1] シャープは、2000年代初頭に町田勝彦氏という稀代のリーダーに恵まれ、当時の日本を象徴する1社に数えられるほど大きな成功を収めました。しかし、町田氏の引退後、同社は、その偉大な町田路線からの脱却に苦しみ、ついにはそれを果たせず、倒産の危機を迎えるに至ります。この事例を通じて、改めて戦略硬直化のスパイラルがどのような現象なのかを確認するとともに、1人のカリスマに頼る経営に潜む危うさについても学んでいきたいと思います。

　この章は、学術研究にとってとても大切な役割——再現性の確認——を担う章です。ここまでの本書の流れを振り返ると、まず第3章でコンデンサ産業という1つの事例を分析し、次の第4章でその事例を理論的に考察しました。そこから、戦略硬直化のスパイラルという現象が発見されるに至っています。しかし、このままでは、せいぜい1つの事例から、一般化できる可能性のある現象を発見したに過ぎません。戦略硬直化のスパイラルという現象が、企業経営でたびたび起こりうる、再現性ある「理論」であるかどうかは、まだ検証できていないのです。[2]

　経営学などの社会科学において、現象の再現性を確認する方法は大きく2つあります。第1は、多数のサンプルを無作為に集めて、統計的に検証する方法、第2は、もう1つ別の事例を精査して、同じ因果関係でものごとが起こっていることを明らかにする方法です。第1の統計的検証は、多くのサンプルを用いて、数値で厳密にものごとの関係性を検証するという、きわめてストレートな再現性の確認方法です。本書では、戦略硬直化のスパイラルを

1　本章は、Nakagawa, K., and Matsumoto, Y. (2015) "Issue selection flexibility and strategic rigidity: Lessons from Sharp's crisis," Discussion Papers In Economics and Business, Graduate School of Economics, Osaka University, No. 15-24、および、中川功一・松本陽一・坪山雄樹（2014）「シャープはなぜ経営危機に陥ったか――『柔らかい周囲が硬い中心を守る』仮説の提示」Discussion Papers In Economics and Business, Graduate School of Economics, Osaka University, No. 14-28 をもとに、再構成したものです。

「打破するための方策」の有効性と併せて，第**7**章でこの検証作業を実施します。

そして本章では，別の事例を精査するという第2の方法で検証を行います。この方法だと，わずかに1件のみでしか再現性を確認できませんが，この作業はとても大切な意味を持ちます。1つの事例を深く丁寧に探求していく中から，最初の事例と同じ因果関係が存在しているかを確認することで，「理論そのものが妥当かどうか」が検証されるからです。じつは，多数のサンプルを集め，数量データを分析しただけでは，その理論自体が合っているのか，本当にはわからないのです。

どういうことなのか，例をあげて説明しましょう。たとえば，「照明の明るさ」と「製造現場の生産性」との関係を検証したいとします。この2つの間の関係を調べるには，何ワットの照明を使ったかというデータと，その日の生産量のデータをとって，関係があるかどうか突き合わせてみる，という方法を簡単に思いつくことでしょう。そうして，そこに，「照明を暗くするほど生産性が高まる」という関係を発見したとします。――この関係は，人間社会の真理を突いた理論だ，と声高に主張できるものでしょうか。

じつは，これは1920年代に行われた，ホーソン工場実験と呼ばれる有名な研究です。研究者たちは，この実験の途中で，「照明と生産性に関係がある」という考え方自体が間違っていることに気がつきました。そこで，何が起こっているのか，現場をさらによく観察し始めたところ，照明の明るさなどは無関係で，高名な学者の調査に参加していることが，職場の人々の意欲

---

2 私はここで理論という言葉を使いましたが，社会科学ではこの言葉について少し注意をする必要があります。なぜならば，有象無象，神羅万象，さまざまな要因が作用する現実の世の中では，物理現象や化学実験のように，同じことをやれば常に同じ結果となることは絶対にありえないからです。フランス革命について学び，同じことをしようとしたところで，私たちは同じようにフランス革命を再現することはできません。現代にはナポレオンもいなければ，マリー・アントワネットもいないからです。ましてや，ビジネスや競争の世界では，こうすれば成功するという「理論A」がつくられた瞬間，その理論は研究の対象となり，いずれ研究され尽くして，ライバルによって「理論Aを破る理論B」がつくられるでしょう。そうなると，もはや理論Aは成功を約束してくれなくなってしまいます。

そんな諸行無常な現実社会の中でも，もし1回でも，同じような因果関係の出来事が時を変え場所を変えて起こったなら，それは「人間社会の1つの真理を捉えている，再び起こりうる可能性のあること」として，社会科学において「理論」だとされるのです。常に成り立つとは，決して言えないけれども，きちんとした理由があって，人間社会の中で繰り返し起こりうる関係性。それが，社会科学における（本書における）理論です。なお，社会科学のこうした性質を探求した研究として，沼上幹（2000）『行為の経営学――経営学における意図せざる結果の探究』白桃書房が，充実した考察を行っています。

を高め,加えて,優れた職場のリーダーによる鼓舞・統率もあって,実験が繰り返されるに従って生産性が高まっていったのだ,ということがわかりました。この結果から研究者たちは,「生産性には,人間関係や,集団の心理が強く作用する」とする,新たな理論を生み出しました。[3]

これが,事例分析による「理論そのものが正しいかどうか」の検証です。たくさんサンプルを集めて統計分析をすれば,たしかに数字を用いた厳密な検証ができますが,そこで見ることができるのは,あくまでも数値と数値の関係のみです。照明の明るさと生産性のデータに見かけ上関連があったとしても,そこに本当に因果関係があるかは,出来事そのものをよく観察しなければわかりません。だからこそ,事例分析をもう1回行って,理論そのものの因果関係が正しいかどうかを確認することは有意義なのです。[4] 統計分析と事例による追試の両方が果たされて,はじめて,それは一定の再現性のある理論である,と言うことができます。

前置きが長くなりました。ここで述べたように,理論そのものの確からしさを確認するための作業として,本章では,シャープの事例をつぶさに見て,そこに戦略硬直化のスパイラルが起こっていたことを確認します。同時に,この事例分析を通じて戦略硬直化のスパイラルという現象の恐ろしさを再度噛みしめ,なぜこうしたことが起こってしまうのか,そして,スパイラルを避けたり脱したりするにはどうしたらよいかといったことにも,思考をめぐらせていきたいと思います。

分析対象——シャープ株式会社,1998〜2016年

さて,上述の通り,本章で取り扱うのはシャープという会社です。つい2012年ごろまでは日本を代表する電機メーカーの1つと見なされていましたが,現在は,一般の消費者の立場から見ると,かつてほどの勢いは感じら

---

3 Mayo, E. (1949) "Hawthorne and the Western Electric Company," *The Social Problems of an Industrial Civilization with an Appendix on the Political Problem*, Routledge and Kegan Paul. 日本語では,野中郁次郎(1982)『組織と市場——組織の環境適合理論』千倉書房(初刷1974年刊)に,詳細な経緯が記されています。

4 事例を通じた因果関係の検証と,その再現性を確認することの大切さや,具体的なやり方については,Eisenhardt, K. M. (1989) "Building theories from case study research," *Academy of Management Review*, Vol. 14-No. 4, pp. 532-550 が,決定版として知られています。日本語訳されているものとしては,イン,R. K./近藤公彦訳(2011)『新装版 ケース・スタディの方法(第2版)』千倉書房が,詳細に議論しています。

れなくなってしまったブランド名かもしれません。同社は倒産の危機を迎え，2016年に台湾の鴻海(ホンハイ)精密工業に買収されました。2019年現在も，同社は鴻海の傘下で経営再建に取り組んでいます。

シャープが危機を迎えるに至った理由の分析は，すでにいくつも発表されています。[5] 内部での主導権争いや，血縁に長年依存していた企業体質，好調だった実績への過信がもたらした驕り高ぶり，政府による政策のミスなど，さまざまな理由が議論されてきました。本書はそれらの知見を否定はしません。いずれの分析も，シャープを経営危機に追い込んだ重大な原因を明らかにするものとして尊重したいと思います。しかし，本書では，既存の分析とはまた別の視点からシャープの事例を掘り下げ，新しい知見を得ようと考えます。

シャープは，20世紀末から21世紀初頭にかけて，町田勝彦氏という，時代を代表するような突出した才能を持つリーダーに率いられました。氏の在任中，シャープは毎年のように過去最高の売り上げと利益を計上し，同社の売り上げ規模は年間2兆円から3兆円へと増加しました。当時，シャープという会社が，日本を代表するメーカーの1つと見なされるまでになったのも，氏の功績による部分が大きいと言えます。

しかし，後を継いだ者たちにとっては，この大躍進がむしろ重い足枷となりました。氏の遺産に縛られ，後代のシャープの経営陣は，目の前に迫りくる危機に対して，うまく舵取りができなかったのです。

本章では，町田氏が社長となる1998年から，氏の退任する2007年を折り返し点として，シャープが独力での再建を断念する2016年までの期間を分析します。この事例から，稀代のカリスマ型リーダーという存在が，企業組織にとって，功罪相半ばする両刃の剣であることが理解できるでしょう。そして，この両刃の剣の負の側面に作用するものこそ，戦略硬直化のスパイラルなのです。[6]

---

5 代表的なものとして，日本経済新聞社編（2016）『シャープ崩壊——名門企業を壊したのは誰か』日本経済新聞出版社；中田行彦（2016）『シャープ「企業敗戦」の深層——大転換する日本のものづくり』イースト・プレス，など。

● シャープの盛衰史 ●

前　史──創業から町田社長就任前まで[7]

　それでは，事例に入るにあたり，シャープという会社の概要を知るためにも，まずは町田氏が社長になるまでの同社の歴史をひもといてみることにしましょう。

　シャープは，1912年に創業した歴史の長い会社です。早川徳次氏によって，はじめ金属加工を行う会社として創業しました。以来，早川氏は，ベルトに穴を開けずに使えるバックル「徳尾錠」，社名の由来となったシャープペンシルなど，常に新規製品を開発・販売することで，事業を拡大していきました。発明家であった創業者・早川氏の基本精神は，今日に至るまで「いたずらに規模のみを追わず，誠意と独自の技術をもって，広く世界の文化と福祉の向上に貢献する[8]」という経営理念に息づいています。

　関東大震災を経て大阪に移り，そこでラジオ生産を開始したことが，総合電機メーカーとしてのシャープの基礎になっています。とくに，1960年代から電卓事業に参入し，そこで成功を収めたことが，その後の大きな発展の

---

[6] ここでの事例分析に用いたデータの出所を明らかにしておきます。本章のシャープの事例を構築するにあたっては，すべて公表データを用いることにしました。その理由は，一連の出来事が，1998〜2016年ごろに起こった，当事者にヒアリングするには「新しすぎる失敗」だからです。出来事の中心にいた人物へのヒアリングも，そうした人々の立場上ほとんど困難である上，もしヒアリングできたとしても，その発言は自己や他者の弁護や，思い込み，意見などに強く影響されていることが多く，信憑性に疑問が残るからです。こうした場合，インタビューは必ずしも望ましい手段ではありません。

　そこで今回は，事実関係や，その背後にある考えが語られている，当時の公刊された資料だけを情報源とすることにしました。具体的には，①会社として公表している有価証券報告書，株主総会資料，アニュアルレポート，各種プレスリリース，②雑誌や新聞の記事：日経BP社の各種ビジネス誌より668記事，『週刊ダイヤモンド』より74記事，③ルポや本人の回想記録などの書籍：当時のシャープの状況を内外からレポートした4冊の本（このうち1冊は町田氏が会長当時に著したもの）の3種類です。

　公刊資料だけを利用する方法は，客観性を担保しながら事例を構築するために有効な方法です。有価証券報告書など，企業が一般公開する資料では，企業として発言に責任を持つことが求められます（一部の資料には虚偽情報であったとしたら罰則が科されるものもあります）。同様に，新聞や雑誌に書かれた内容も，発言者や執筆者がその内容に責任を持つものです。したがって，数量的なデータで裏づけながら，公式の文書を土台に事例を構築するという方法によって，研究者としてニュートラルな立場を堅持しながら，当時誰がどのようなことを考え，行動したのか，一定の信頼性のある事例記述をすることができます。

[7] 本項の内容は基本的に，シャープ株式会社『シャープ100年史──「誠意と創意」の系譜』に基づきます。

[8] 同上書より。

契機となりました。

　とりわけ，電卓開発に利用された新技術・液晶ディスプレイは，テレビ事業で苦戦していたシャープの経営陣に強い期待を抱かせました。1986年に社長に就任した辻晴雄氏は，「液晶のシャープ」を標榜し，液晶応用製品であるビデオカメラ「液晶ビューカム」や小型情報端末「ザウルス」などを成功させていきます。次に町田氏が社長に就任するころには，部品としての液晶ディスプレイの売上高は約3000億円，応用製品の売上高も携帯電話やPCなどを含めて約3500億円にまで達していました。

　すでにこの時点で，シャープは約2兆円の売上高を誇る国内有数の電機メーカーに成長しています。当時の売上高の内訳を見ると，全社のトップであったのはLSIなど半導体事業で計約4000億円，白物家電が約2000億円，ブラウン管テレビや音楽プレーヤーなど液晶関連を除くAV機器で約3000億円，情報機器も計約4500億円と，同社がバランスよく多角化した会社であったことがわかります[9]。後にシャープは液晶へとひたすら傾注していきますが，この時点では必ずしも液晶だけに依存する経営ではなかったのです。

町田社長就任と液晶テレビ事業への挑戦

　1998年6月，営業出身で，前社長と縁戚関係にあった町田勝彦氏が社長に就任します。町田氏は就任とともに，明確に液晶に絞り込んだ事業戦略を提示しました。このとき町田氏は，各方面へ，以下のように語っていました。

> ［シャープは］ブランド・イメージが低い。（中略）連結売上高2兆円弱の会社ですから[10]，顔を明確にせにゃいかんと。液晶技術をコアにして，オンリーワン企業になることだと。（中略）すべて液晶から派生した物の考え方を全社員に徹底する。商品戦略では液晶デジタル・ネットワーク。（中略）1番わかりやすいのは，2005年までに国内でつくるテレビは全部液晶に変えるよと。それが社員に対する最大のメッセージ。（中略）液晶テレビも，実はブランド戦略なんです。ブラウン管というキー・デバイスをシャープは他社から買っています。そ

9　網倉久永・新宅純二郎（2011）『経営戦略入門』日本経済新聞出版社，による推計値をもとに，2000年度・2001年度有価証券報告書，2001年度決算短信の商品別売上高を用いて修正した値。なお，これ以前についてはシャープが個別製品の売上高を開示していないため，把握できていません。

10　2兆円という売上高は，大多数の会社からすれば非常に大規模でしょうが，当時の家電メーカーの中では中堅に位置づけられます。パナソニック（当時，松下電器産業），ソニー，日立，東芝といったトップメーカーは6兆〜8兆円の売り上げがありました。

れでは，なんぼいいテレビをつくっても評価してもらえない。（中略）結局，ブランド・イメージを変えるには，キー・デバイスから自分でやらにゃいかん。だから，液晶テレビをやる。家電の王様はテレビなんです。テレビがイメージをつくる。（中略）松下電器産業［現，パナソニック］にしてもソニーにしてもテレビが強い。（中略）2000 年 8 月には，シャープにとってすごい液晶の工場（三重県）が動きます。もちろん世界一の工場で，新しい生産設備を入れてやる。これがうまくいけば，2005 年の液晶テレビ化も近づくし，いろいろな意味での分岐点になる。（中略）建物を入れて 600 億円強かかる。しかし，その工場の魅力は生産の仕方です。[11]

　町田氏は以上のような構想のもと，明確に液晶に集中した資源配分を行いました。当時，テレビ市場ではブラウン管のテレビがほとんど 100 ％を占めており，液晶テレビは市場がまだ立ち上がってはいませんでした。したがって，シャープはこの時点で液晶テレビ市場への事実上唯一の参入企業となり，町田氏の液晶テレビというイノベーションへの挑戦が始まったのです。

　液晶テレビ事業は，シャープの社運を賭けた挑戦でした。資源配分という観点からは，2000 年度・2001 年度の 2 年間で，液晶パネル生産ライン建設費として結果的に 700 億円以上が新設の三重・多気工場に，約 460 億円が既存の奈良・天理工場に投資されることになりました。この 2 年間の全社設備投資総額は 3050 億円でしたから，およそ 40 ％が液晶パネルの生産能力増強にあてられたことになります。シャープにはそれまで「投資額は，売上高の 1 割以内，設備の償却額は内部留保の範囲内，フリーキャッシュフローを常にプラスに保つ範囲で決定する」という投資基準があったのですが，このときの投資は，はじめてキャッシュフローの範囲を超える（フリーキャッシュフローをマイナスにする）償却負担を抱えることになる規模のものでした。[12]

　一方，市場戦略としては，国内テレビ市場を主たるターゲットに，2001 年 1 月に 20 インチ型液晶テレビ「AQUOS（アクオス）LC-20C1」を投入しました。AQUOS は希望小売価格 22 万円（従来品は同サイズで 35 万円）で，同社の大型液晶パネル生産能力を活かした低価格設定でした。[13] また，テレビと並ぶ液晶の応用製品として，携帯電話事業にも大きな力が注がれまし

---

11 『週刊ダイヤモンド』2000 年 1 月 15 日号。
12 シャープ経理本部長・佐治寛氏（『週刊ダイヤモンド』2001 年 10 月 13 日号）。
13 『日経エレクトロニクス』2001 年 1 月 15 日号。

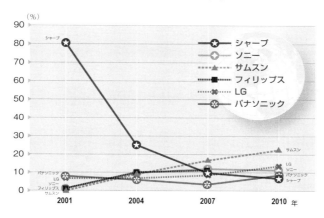

液晶テレビの世界シェア推移

た。国内携帯電話市場をターゲットに、高精細カラー液晶を用いた携帯端末J-SH05が、2000年12月に発売され、大きな成功を収めました。[14]

液晶ディスプレイは、単体の部品としても販売されました。小型ゲーム機向けなどの高精細・高品位が評価される「小型システム液晶」として発売され、他社を凌駕する技術力で安定的な地位を築きました。なお、このときに新規発足した小型システム液晶事業部の部長には、後に町田氏に後継指名されて社長となった片山幹雄氏が、当時44歳で抜擢されています。[15]

この液晶事業への注力は、見事な成功を収めます。液晶テレビ事業に対し、競合他社がその市場性・収益性を疑問視して参入を躊躇する中、シャープは2001年度には売上高450億円、80％以上の市場シェアを獲得しました（◐図5-1）。[16] 2002年度には年末商戦に向けてソニーや東芝が参入したものの、シャープはそれら国内大手と競合する中でも市場シェア50％を確保、[17]売上高も889億円へと増進させます。携帯電話事業が2001年度1576億円、2002年度2430億円と伸びを見せたほか、液晶パネル単体も同時期に3111億円、5288億円と成長しました。シャープはまさに、町田社長のもとで液晶の会社として大きく羽ばたき出したのです。

---

14 『日経エレクトロニクス』2001年3月12日号。
15 『日経ビジネス』2002年5月20日号。
16 『週刊ダイヤモンド』2002年2月16日号。
17 『日経エレクトロニクス』2002年10月21日号。

2002年には試練も訪れましたが，町田氏に率いられたシャープは，これも見事に乗り切りました。当時，シャープや他の先行する日本企業を追いかけて，台湾からAUOやCMOなど数社が，韓国からもサムスンとLGが，液晶パネル生産に参入し，急速に出荷を伸ばしてきました。その結果，液晶パネル生産では，2002年に日本・韓国・台湾3カ国の生産シェアが，ほぼ拮抗するまでになったのです。[18] 同時期に起こった世界的な不況（ドットコム・バブルの崩壊）もあいまって，液晶ディスプレイの需給バランスは崩壊し，業界全体として年率30％にも及ぶ価格下落が起こりました。

　しかし，シャープはそんな中でも業績を伸ばします。[19] シャープ製の液晶テレビは高付加価値品としてあまり値崩れすることなく，安定的に出荷を伸ばしていきました。また，シャープ製の外販液晶ディスプレイも，他社の作れない高スペック品として，やはり値崩れが小さかったため，売上額・利益ともに伸ばすことができていました。

　こうした逆境下での好業績によって，町田氏は液晶技術で先行していくという戦略への自信を深め，それを「キー・デバイスによるオンリーワン戦略」という言葉に結晶化させます。

　　［シャープの］資産は，創業者（早川徳次）の「他社が真似する商品を創れ」というDNAでしょうね。二代目（佐伯旭）が「需要創造」，三代目（辻晴雄）は「ユーザーの目線にあった独自商品」という言い方で引き継ぎ，四代目の私［町田氏］は「オンリーワン商品」と言っている。違う表現をすれば，規模を追わずに独自技術を追求する。（中略）テレビ事業部長時代に，痛恨の思いをしているんです。映りもきれいで，特許も取って，シェアも上がったけど，一位にならない，イメージが上がらない。キーディバイスのブラウン管がないから。販売店さんは，「それで，ブラウン管はどこの？」と聞く。ショックだったのは，1980年ごろの中国でも，同じことを聞かれたとき。そこが問題なのか，そこから始まるのか，と思い知らされた。ある社員からメールが来て，「池袋のカメラ店で，シャープの液晶テレビは他社より高かった。店員は，液晶はシャープです，だから高いのは当り前ですと，説明していた。それを聞いて，社長の言っていることの意味がよくわかった」と書いてありました。うれしかったですよ。狙っているのは，こういうことなんです。[20]

---

[18] 『情報通信白書（平成19年版）』。2002年時点における，日本，韓国，台湾の国別シェアは，それぞれ30.9％，29.8％，27.6％となっています。

[19] 『日経ビジネス』2002年4月8日号。

[20] 『週刊ダイヤモンド』2002年7月20日号。

分岐点──亀山工場への投資

シャープの未来を決めた最初の分岐点は，2001年度中に意思決定された，液晶パネルとテレビの一貫製造工場「亀山工場」の建設です。1工場のみで10万坪，当初計画で総額1000億円（最終的には約1500億円）という，それまでのシャープでは考えられない，莫大な投資になりました。液晶テレビという新たな製品分野を創造し，そこで圧倒的なシェアを獲得した，シャープと町田社長の次なる挑戦でした。

この投資が必要とされた背景として，町田氏は第1に，グローバル競争上の要請をあげています。海外ではサムスンとLGが液晶テレビへの本格参入を決め，シャープを上回る設備投資を行って，急速にキャッチアップしてきていました。また国内でも，ソニーなど大手電機メーカー各社が本格参入を表明したほか[21]，パナソニックは対抗技術となるPDP（プラズマ・ディスプレイ）での参入を決定していました[22]。いずれも，シャープを上回る投資体力，ブランド力，販路，ディスプレイ生産量を誇る会社です。こうした動きに対して，シャープは，他社にない，長年の蓄積で築き上げた技術力を武器に，最新鋭の工場を建設することにしたのです。

この工場へ投資するにあたって，町田氏を中心とした同社経営陣は，他事業への投資を抑え，液晶に資金を集中させるという意思決定を行います。町田氏や同社経営陣は，その必要性を次のように説明しました。

> 液晶にはこだわり続けたい。だから液晶は，開発から生産まで，全部を自社でやります。ただし，液晶と半導体の二つは追いかけられません。両方には投資できないので，液晶に集中します。液晶の設備投資はドンドン実施します。（中略）全体で1000億円を投じても問題ありません。従来の延長上の考え方でお金をかけていたらダメです。延長上の生産技術で投資額が膨大になることは認めない。（町田氏）[23]

> ［液晶事業は投資のタイミングが重要なので］タイミングのためなら，手元流動性資金を取り崩すこともいとわない（経理本部長・佐治氏）[24]

---

21 『日経マイクロデバイス』2003年7月号。
22 『日経マイクロデバイス』2003年1月号。
23 『日経マイクロデバイス』2002年3月号。
24 『週刊ダイヤモンド』2003年2月1日号。

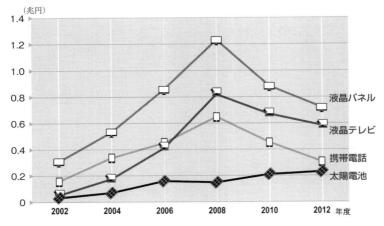

図5-2 シャープ主要製品の売上高推移

注:1) 液晶パネル売上高には内部販売額が含まれる。
　　2) 図の期間において，単年度でも売上高1500億円を超えた他の製品分野は存在しない。
出所：シャープ株式会社有価証券報告書。

　このようにしてシャープの命運を賭けたプロジェクトとして進められた亀山工場は，当初の予定を4カ月前倒しし，2004年1月5日に稼働しました。同工場のために全社から集中された投資額は，シャープ史上例を見ない約1000億円という規模に上り，さらに追加で500億円が生産能力増強のために投資されることも決定されました。これによりシャープは，世界最大サイズの液晶パネル生産を可能にするとともに，生産能力でも再び世界トップに並ぶ規模を擁することとなりました。

　亀山工場は，シャープにいっそうの成功をもたらしました。シャープは同工場で生産された液晶パネルを用いて，同年から40型以上の大型液晶テレビを発売し，競合が本格参入する中にあっても，国内で50％，世界で25％のシェアを引き続き確保しました。ブラウン管テレビの最大サイズが36型であり，それまで40型以上のサイズはパナソニックのPDPでしか本格生産されていなかったため，シャープによる40型以上の液晶テレビの量産は画期的なことだったのです。[25] 液晶テレビの売り上げは，2004年度には約2000億円に達しました。また，液晶パネルの外販事業も，他社にはない高品質が武器となり，引き続き堅調に推移していました（○図5-2）。

---

25 『週刊ダイヤモンド』2004年6月26日号。

亀山工場は，稼働とともに，「オンリーワン商品」を掲げるシャープのシンボルとなっていきました。新製品のパンフレットには「亀山工場」という工場名が明記され，高品質を象徴するキーワードとしてブランド力向上に活用されています。[26] 同工場にはまた，外壁一面に自社製の太陽光発電パネルが取り付けられており，シャープの環境先進性も強調されました。「亀山工場は省エネルギーで創エネルギー」というキャッチフレーズがつくられたりもしています。これらの取り組みがセンセーショナルな話題を呼び，シャープと町田社長は，時代の寵児となったのです。

投資競争

それからの数年間で，シャープと町田社長はさらなる成功を手にします。亀山工場の稼働以降，シャープの売り上げ規模は年間 1000 億円を超える勢いで成長し，毎年，最高売り上げと最高益の記録を更新し続けました（◐図5-3）。ただし，市場競争はその様相を変えつつあり，シャープの液晶集中戦略の雲行きが怪しくなってくるのも，この時期です。しかし，飛ぶ鳥を落とす勢いのシャープと町田氏は，そのリスクを理解しながらも，当初の路線を継続していくことになります。

液晶テレビ事業は，旺盛な需要の伸びに支えられて売り上げを順調に拡大し，日本国内では圧倒的な支持を集めていました。しかし，国内市場のシェア確保に力を割いたことで，より安価な製品を求める海外市場では，生産・物流・販売の能力差から，市場を競合に明け渡すことになっていきます（◐表5-1）。シャープは 2005 年第 4 四半期に，液晶テレビ出荷としては，はじめて世界シェアトップを明け渡し，ソニー，サムスンに続く 3 位に後退しました。[27] その後も世界市場では安値攻勢をかける競合企業がシェアを獲得し，シャープは価格下落を嫌って国内および海外の大型高級モデルに絞るという構図ができ上がります。[28]

急激な成長を見せる液晶テレビ・パネル産業は，この時期から，生産および販売能力拡張への投資競争の様相を呈し始めます。韓国のサムスンと LG，台湾の AUO と CMO の 4 社は，シャープを上回る規模で毎年 1000 億円以

---

26 『日経ビジネス』2004 年 2 月 2 日号。
27 『日経マイクロデバイス』2006 年 7 月号。
28 『日経エレクトロニクス』2005 年 2 月 14 日号。

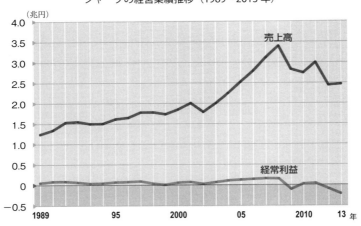

図 5-3 シャープの経営業績推移（1989〜2013 年）

注：各年 3 月時点。
出所：シャープ株式会社有価証券報告書。

表 5-1 液晶テレビの各国別市場シェア（2006 年）

（単位：％）

	日本	米国	欧州	中国	世界全体
シャープ	41	11	7	3	10
ソニー	19	13	13	5	12
サムスン	0	12	20	5	17
フィリップス	0	13	19	3	11

出所：『日経エレクトロニクス』2007 年 3 月 26 日号。

上の投資を行い，急拡大する需要に応えようとしました。また，対抗技術である PDP を擁するパナソニックも，毎年数百億〜1000 億円を超える投資を行いました。こうした投資競争の中で，電機メーカーとしては相対的に規模が小さかったシャープは，少しずつ生産量で差を付けられていくようになります（◐図 5-4）。

こうした状況下，シャープの経営陣は，技術力で違いをつくり出し，差別化された製品によって利益率を追求する方針を，いっそう鮮明にします。規

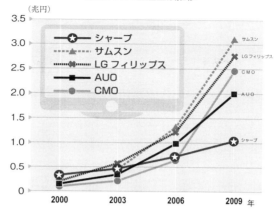

図5-4

液晶パネル生産金額推移

注：サムスンの2000年の出荷量は不明。
出所：2000年・2003年・2006年は『日経エレクトロニクス』2007年3月26日号，2009年は『日経ビジネス』2010年12月13日号。

模や流通網に優れたソニーやサムスンなどの競合企業と量で競争するのは分が悪く，また過当競争気味で利益率も悪くなる。これに対し，シャープの技術的なリードを活かせば，利益を上げやすいと考えたのです。

　それでも，投資競争にもある程度は乗らなければどんどん差を付けられてしまう一方ですから，シャープの投資規模は増大していきました。亀山工場の稼働と同時に，さらに投資規模を拡大させた亀山第2工場の建設が決定され，そこには総額3000億円が投じられることになりました。

　　［韓国や台湾のライバルメーカーとは］生産技術で2年，開発力ではそれ以上の差が開いている（中略）日本のシェアが後退している，というデータは，あくまでも汎用品のパソコン用液晶に限った話です。高精細できれいな動画をなめらかに映し出すテレビ用の液晶は，パソコン用とは比較にならないくらい，高度な技術を求められている。（中略）テレビ用とパソコン用は，同じ液晶と言っても全く別の代物なんですよ。（中略）これだけ伸びているテレビ用液晶で，シャープは金額ベースで世界シェアの半分を確保する。パネルの半分は他のテレビメーカーさんにお売りするとして，液晶テレビでも20％を超えるシェアを守りたいと思っています。そのためにも，今のままでは絶対的にパネルが足りません。まず第一に，32インチ換算で月産10万枚の能力を持っている亀山工場を増強し，

図 5-5

シャープの液晶テレビおよび液晶パネルの売上高合計と全社売り上げ比率

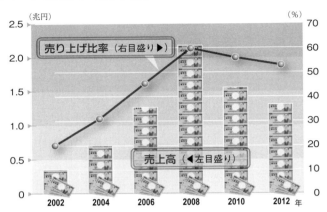

注:各年3月時点。
出所:シャープ株式会社有価証券報告書。

図 5-6

シャープの液晶テレビ・パネル関連事業所の簿価総額および固定資産に占める割合

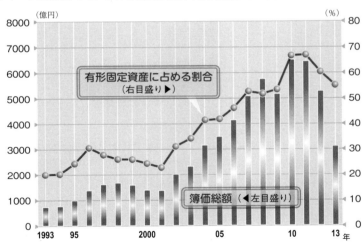

注:各年3月時点。
出所:シャープ株式会社有価証券報告書。

図5-7

シャープの資産総額・負債総額の推移

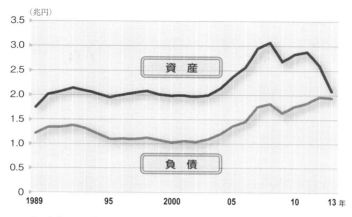

注:各年3月時点。
出所:シャープ株式会社有価証券報告書。

　第3次までの投資で現在の3倍に当たる月産30万枚まで生産能力を引き上げる。これだけで打ち止めにするつもりはありません。(中略)ここに第2工場を立ち上げる。(中略)シャープは拡大拡大で走り続けます。(町田氏)[29]

　液晶事業で生じる莫大な設備投資費用に対応するため、シャープはこの時期から、他の有望分野を切り捨ててでも液晶に資源を集中させるようになっていきます。同社は、半導体や家電、パソコンやOA機器などの分野でも利益を上げており、スチーム・オーブン・レンジ「ヘルシオ」や空気清浄機「プラズマクラスター」などのヒット商品も出していました。しかし、液晶に集中するために投資は振り向けられず、これらの事業の売り上げは液晶の10分の1にも満たない水準にとどまっていました。投資はもっぱら液晶事業に向けられ、2006年度には売り上げと資産簿価の両方で液晶関連事業の比率がシャープ全社の50%を上回ります（◐ 図5-5・図5-6）。同社は名実ともに「液晶のシャープ」となっていったのです。

　　白物家電は工場を海外に持っていくといったレベルの問題ではない。本当の意味で革新的な技術をもった製品を生み出さなければ、もはや事業を継続するかど

---

29 『日経ビジネス』2004年1月5日号。

うかを検討しなければならない時期にきている。パソコンはなかなかもうからない。もう，拡大策を採ることはやめた。これからはラインアップを整える程度にしていく。（町田氏）[30]

またシャープは，不足する投資資金を銀行借り入れで賄うようになります。負債総額は毎年 1000 億円を超えるペースで増大していきました。この財務政策は，滞りなく返済していけることを前提としており，ひとたびキャッシュフローが滞ればすぐさま倒産の危機に陥りうると評価されるようなものでした（◉図5-7）。ソニーやサムスンといった自社の数倍の経営規模を有する企業との市場競争を継続していくべく，シャープは自らの経営規模に見合わない投資を強いられる状況に追い込まれていったのです。

絶頂の中での世代交代

2007 年 4 月，絶頂期の中で町田氏は自らの後継者として育ててきた片山幹雄氏に社長の座を譲ります。片山氏は液晶の技術者で，1990 年代末に大型液晶テレビを作るための「畳プロジェクト」で実績を上げ[31]，その後，前述の通り 2002 年に 44 歳で小型の高性能液晶の事業部長に抜擢されました。華麗な実績とキャリアから，社内や業界では「液晶のプリンス」と呼ばれていました。町田氏も，片山氏の技術者，また経営者としての才能を早くから見出し，帝王学を叩き込んでいったと言われます。こうして 2007 年 4 月に，町田路線の明確な継承者として，片山氏が 49 歳の若さで社長に抜擢されることになりました。同時に町田氏は，若い片山氏をサポートするためにシャープ史上はじめて代表権のある会長職に就任し，二人三脚での経営体制を構築しています。

> この業界はスピードが速い。すべて 1 人で決めるとミスも出てきます。二人三脚でできる心強いパートナーができたと思っています。（中略）［代表権を持った会長となるのはシャープの歴史ではじめてだが］仕事は全面的に任せます。僕は陰でサポートする。（中略）分けるようなことをすると甘えが出る。［片山氏を 9 年間かけて育成したことについて］液晶事業は当時赤字で大きな課題でした。

---

30 『D&M 日経メカニカル』2004 年 2 月号。
31 『日経ビジネス』2005 年 9 月 19 日号。畳サイズの液晶パネルを作ろうという掛け声のもと，「畳プロジェクト」の名でスタートした開発プロジェクトで，片山氏が中心的な役割を果たしていました。

若かったが，片山に事業部長をやらせてみようと思いました。（中略）その時は将来の社長にという意識はありませんでしたが，1人の候補とは考えてきました。ずっと手腕を見てきたが，期待を裏切りませんでした。最後の見極めが，デバイス［部品］だけでなく完成品である液晶テレビを担当させたことでした。テレビさえこなせれば，どんな商品もこなせるからです。予見力，構想力，実行力を仕事をさせながら確かめ，安心感が出てきました。（町田氏）[32]

しかし，この片山体制における最初の仕事が，シャープの命運を決定づけることになります。片山氏が社長に就任して最初に行わなければならなかった意思決定は，それまでの町田体制でもなかった，4000億円規模という未曾有の投資判断でした。シャープの負債総額は，亀山工場の建設を開始した2001年から，すでに6000億円も増加していました。その中で，さらに4000億円もの資金を銀行から借り入れ，生産拠点設立に投資しようというのです。大阪府堺市で，127万平米の敷地に部品・材料・設備の供給業者を集積させ，あたかも「コンビナート」のように運営して，誰も作ったことのない超大型ディスプレイ「第10世代液晶」の量産を立ち上げるという，壮大な計画でした。

同工場の設立については，シャープ経営陣の間でもそのリスクはよく認識されており，慎重な意見もあったといいます。4000億円もの投資が本当に回収できるのかや，液晶テレビをこれ以上大型化して果たして市場性があるのかといったことが，懸念されていたのです。もし順調に売れなければ，シャープにはそれまでに積み上がってきた負債もあるため，一気に倒産のリスクが高まります。このため，投資をするにしても，新技術を導入した「第10世代」ではなく，旧来の技術・規模の生産ラインにして金額を抑えようという意見も出ていました。[33] 町田氏ですら，次の工場建設への展望については，以下のようにリスクを認識し，時期や規模の決定に慎重な姿勢を見せていたのです。

> これは需要をよく考えなければなりません。例えば第10世代ガラス基板だと60型台といった大型が得意なサイズになります。そうしたサイズに対する需要についてしっかり見定める必要があります。次に新たな工場を立ち上げるとすれば2009年ころになるでしょうから，そのころに世界の需要がどうなっていく

---

32 『日経ビジネス』2007年3月19日号。
33 『週刊ダイヤモンド』2007年5月26日。

のか，キチンと推測していかなくてはなりません。技術的に面白いからとか，大型化に自信を持ったからとか，そうした延長で決断するものではありません。[34]

一方，片山氏は第10世代推進派でした。後世から見た結果論を言えば，この投資判断にゴーサインを出したことがシャープの命取りとなるのですが，片山氏の判断だけを責めるのは酷でしょう。それまでのシャープと町田氏の栄光の足跡をたどれば，リスクを恐れず新技術・新事業に挑戦することは，組織の方向性としてほとんど既定路線でした。技術・製造・営業いずれの部門でも，次世代液晶に向けて，期待は高まっていました。会社の大勢は，堺工場建設を既定路線として動いていたのです。

　　　第8世代［亀山第2工場］のガラス基板の立ち上げが順調だったことから現場の技術者の士気は上がっています。「もっと大きなガラス基板でも大丈夫だ」と（町田氏）[35]

　　　次世代テレビの本命は，有機ELディスプレイでなければならないのだろうか。液晶の次は，次世代液晶でやる。現時点でこれ以上の映像デバイスはない。（片山氏）[36]

まして，片山氏は抜擢されたばかりの若き新社長です。後継者として，町田氏がつくり上げた事業と組織のリーダーと認められるためには，液晶で挑戦する姿勢を示すことは必須でした。現場から次世代工場への挑戦に対する熱い思いが寄せられる中，[37] それに応えるようにして片山氏は堺工場への投資を決断しました。

　　　［部品工場とインフラを集積させた堺の新工場は「21世紀型コンビナート」であるとして］複数の企業が別々に工場を構える場合に比べ，産業全体の投資額を圧倒的に抑え込める。こうしたコスト低減こそが，次世代の勝負のカギを握る。（片山氏）[38]

34　『日経エレクトロニクス』2006年9月25日号。

35　同上。

36　『週刊ダイヤモンド』2007年9月8日号。

37　同上。

38　『日経エレクトロニクス』2007年8月13日号。

このように不安のある意思決定から始まった片山体制でしたが，幸いにも就任初年度にあたる 2007 年度は，液晶テレビとパネル事業の好調から，シャープ史上最高の売上高と利益を計上しました。片山体制 1 期目の売上高 3 兆 4177 億円・純利益 1019 億円という業績は，町田体制 1 期目の 1999 年度決算に比して，いずれも倍増しています。液晶テレビの売上高は 8141 億円，外販液晶パネルの売上高も 1 兆 2341 億円と，この 2 事業で合計 2 兆 500 億円に達し，全社売上高のおよそ 6 割が液晶パネルおよびテレビ事業によるものでした。液晶に引っ張られた好調な業績，そして町田氏の路線をさらに前進させた液晶への挑戦によって，片山氏はシャープの若き象徴として，人々から厚い支持を集めました。

限界の露呈と部分的な改革

　しかし，町田路線の限界は早々に訪れました。翌 2008 年度は，リーマン・ショックに端を発した世界的な不況により，世界全体で電子機器の需要が大きく落ち込みました。また液晶産業でも，ついに各社の供給量が世界需要に追いつき，品のだぶつきが生じました。急速な液晶パネルおよびテレビの市場縮小を受け，シャープの売上高は前年比 5700 億円減の 2 兆 8472 億円となり，1258 億円の当期純損失を計上する事態となりました。同社の損失計上は，1956 年に東証に上場して以降はじめてのことでした。

　ここで注目すべきは，この苦境において，片山氏を軸としたシャープの新経営陣は，非常に鋭く町田氏の戦略が抱える問題点を分析し，のみならずその問題を解決するための改革案を実行していたということです。町田氏にその才覚を見出された片山氏は，やはり非凡な人物だったのです。

　片山氏が実施した改革案は以下の通りです。まず，だぶついた供給に対応しつつ，当座の資金を確保するため，シャープは確実に売れる分だけの生産量を残して，古い工場から順に閉鎖・売却し，コスト構造を改善していくことを決めました。[39] 手始めに，亀山工場以前に建てられて陳腐化の進んだ三重・多気と奈良・天理の工場を閉鎖集約し，それに伴って非正規雇用を 1500 人削減，また 500 億円を構造改革費用として計上しました。[40] 片山氏たちはさらに，「液晶のシャープ」の象徴たる亀山第 1 工場のラインすら，

39　『日経ビジネス』2009 年 2 月 18 日号。

40　同上。

2009年8月に中国の南京パンダ社への売却と技術指導契約を決定します[41]。この象徴的な行動は，社内外にシャープの戦略修正を知らしめるものでした。
　それだけではありません。片山氏らは，それまでの，自社単独で資金を賄い，技術を開発するという，シャープの一匹狼的な経営戦略についても問題提起しました。そして，外部企業とパートナーシップを結ぶ方針をとることとしたのです[42]。シャープはそれまで，テレビ用の液晶パネルだけは，品質・機能面の差別化のため，ほとんど外販しませんでした。しかし，需要が停滞する中で，自社のディスプレイの生産量を安定させるためには，他社製テレビ向けにディスプレイを外販するという，思い切った路線転換が必要だと踏んだのです。つまり，技術的に差別化されたテレビで勝負するという方針を捨て，テレビ用の液晶ディスプレイの外販メーカーになるべく戦略修正を行ったわけです。
　シャープは，まず2007年9月にパイオニアと[43]，同年12月には東芝と[44]，さらには2008年2月にソニーとも提携することを決め[45]，液晶ディスプレイを長期安定的に供給する契約が結ばれました。
　後継者である片山氏が，町田路線からの転換を明言し，実行しようとしていたことの証左として，この時期の片山氏の発言には注目すべきです。以下に，いくつを取り上げてみることにします。

亀山工場設備の南京パンダ社への売却に際して
　我々はこのビジネスモデルはおかしいことに途中で気づいたんです。液晶テレビを日本で作って世界中に売るのは無理があると。だから3年前に世界5極体制でテレビを生産することを打ち出したのです。ただ，この論理も矛盾していた。国内に液晶パネル生産を残していたからです。物流コストは小さくまとめれば安いとか，飛行機なら在庫を抑えられるとか言い訳をしてきたが，今回の不況で，矛盾がそのまま出てきたんです。世界中にばらまくなら，コスト抑制のために船で送る必要がある。すると1カ月以上の船上在庫を持ってしまい，これがすべて価格下落の波にのまれるんです。だから，早く「地産池消（現地で部品調達から生産，販売までを手がけること）」にしなければならない。今後，最も伸びる

41　『週刊ダイヤモンド』2010年6月5日号．
42　『週刊ダイヤモンド』2008年1月26日号．
43　『週刊ダイヤモンド』2008年3月15日号．
44　『日経マイクロデバイス』2008年2月号．
45　『週刊ダイヤモンド』2008年3月8日号．

市場は中国です。地産池消の考えならパネル工場は中国に作る必要がある。[46]

　今後は，部材の調達から生産，販売までを消費地域内で完結させる"地産池消"型のビジネスモデルを展開する。[47]

　日本国内の工場からデバイスを輸出するビジネス・モデルは，もはや最先端の製品であっても，事業として立ち行かない状況にある（中略）従来のビジネス・モデルを変える以上，われわれが従来，こだわってきた垂直統合型の事業ではなくなる[48]

独立の方針を止め，他社との提携に乗り出したことについて
　これから世界の巨大マーケットである液晶テレビのパネル工場を作る上で，シャープ１社でするよりもソニーと組むほうが投資しやすくなると意識した。液晶テレビで世界ナンバーワンのソニーと組むことで，工場の安定操業という面で心強いパートナーが得られるため，今回の［ソニーからの］出資を受け入れた。[49]

　東芝，ソニーとの提携交渉は，社長に就任した直後の 2007 年春に始めた。大阪，堺市に設立する液晶パネルの新工場への合計 3800 億円の設備投資を決めるまでに，液晶パネルの外販先を獲得しておく必要性があったからだ。［液晶］パネルメーカーとしては当然，規模の経済を追わなければならない。新規の設備投資を渋った時点で負けが決まる。最新鋭の技術を獲得し続けるためにも，堺への投資は不可欠だった。液晶パネルへの投資を加速するうえで，ソニーが資金拠出するという担保がどうしても欲しかった。[50]

テレビでの差別化戦略を止め，テレビ用液晶パネル供給を主軸とすることについて
　会社の方針は全く何も変わっていません。シャープはいつもコア技術を追いかけています。しかし，パネルの生産増加に見合うだけ，シャープが液晶テレビのシェアを高めることができるとは考えていません。テレビ事業で 20 ％，30 ％というシェアを世界で確保しようというのは無理があるビジネスモデルですから。液晶テレビは，最低 10 ％のシェアは確保したい。しかし，15～20 ％にする資金的な余裕は到底ありません。ソニーや東芝と組んで先頭を走り続けることで，コスト力や技術力がついてくるのです。[51]

46　『日経ビジネス』2009 年 7 月 6 日号。
47　『週刊ダイヤモンド』2009 年 5 月 23 日号。
48　『日経マイクロデバイス』2009 年 5 月号。
49　『日経マイクロデバイス』2008 年 4 月号。
50　『週刊ダイヤモンド』2008 年 4 月 5 日号。

このようにして，片山氏は就任早々から，先代の町田社長の方針の問題点を解消すべく戦略を修正していたのです。町田社長の提示した方針をすべて鵜呑みにして追従するといったことはなく，後を引き継いだ経営陣は，冷静な思考に基づいて経営上の意思決定をしていたと考えられます。

　しかしながら，「液晶一本で戦い抜く」という，根本的な戦略方針にまでメスが入れられることはありませんでした。片山氏たちが問題としたのは，あくまでも「液晶での戦い方」でした。他の有望領域をほとんど育ててこなかったシャープには，「液晶でいくか，それとも他事業に軸足を移すか」ということは，もはや問えなくなっていたのです。

小康状態から破局へ

　液晶事業の戦略修正により，シャープは翌2009年度に黒字回復を果たし，2年間は小康を得ることができました。[52] 日本政府の景気刺激策「家電エコポイント制度」によって，テレビの国内需要が掘り起こされたことも，当時のシャープにとっては大きな恵みでした。

　片山氏たちはこうした小康状態にも決して甘んじることなく，政策終了後の国内需要の減退に備えて，海外市場の獲得に重点的に取り組みました。[53] 中国で自社ブランド展開を試みて積極攻勢を仕掛け，2009年度には中国市場で金額シェアトップの15％を獲得，数量ベースでも約10％を占めて上位に食い込みました。[54] 北米でも60型以上の高級大型液晶テレビを展開し，同サイズでは北米市場の60％という圧倒的なシェアを記録しています。

　［エコポイント］制度が終了する直前の今年［2010年］11〜12月にかけて，需要は一気に高まると予想しています。その後は［2011年7月に予定されている地上波のデジタル放送への完全移行による需要の高まりも収まれば］，特需の反動減でテレビ市場が冷え込むでしょう。国内のテレビ出荷台数は市場全体で年間2000万台の規模から1000万台程度に落ち込むかもしれません。（中略）

51　『日経ビジネス』2008年4月7日号。

52　この2年間は，政府政策によって助けられた側面もありました。2009年度から2年間，テレビの地上デジタル放送への移行と，同時に実施された景気刺激策「家電エコポイント制度」のため，日本国内において液晶テレビの需要が急拡大したのです。競合他社に比べてテレビ事業の日本国内市場依存割合が高かったシャープは，最もこの恩恵に与る形となりました。

53　『日経ビジネス』2011年1月31日号。

54　『週刊ダイヤモンド』2010年4月10日号。

中国で当社の液晶テレビを扱う販売店の数を現在の約5000店から今年中に1万店に，さらにその後2万店に増やします。中国をはじめとする新興国での販売を増やして，国内市場の冷え込みをカバーしたいと思っています。(片山氏)[55]

しかしながら，このように液晶事業の立て直しには余念のなかったシャープ経営陣の目が，液晶以外の事業を伸ばす方向に向くことはありませんでした。液晶以外に柱となりうる事業は見出されず，投資は引き続き液晶事業に集中される形が続きました。[56]

液晶に賭けて活路を見出そうという戦略は，2012年3月，ついに破局を迎えます。この期の決算は，シャープにとって危機的なものとなりました。2011年3月に起こった東日本大震災の影響から，日本の国内経済が大幅に減退したことが，残念ながら直接の原因ではあります。シャープの液晶テレビは，その売り上げの6割を国内市場で上げていたため，他社よりも大きな影響を受けることとなったからです。とはいえ，シャープの業績不振は震災という外的かつ不回避の要因だけで片づけられるものではありません。液晶テレビ市場は，日本のみならず世界でもすでに成長が鈍化し始めて有望な市場ではなくなっており，にもかかわらずシャープにおいて液晶以外の事業が育っていなかったからこそ，震災が同社の経営を直撃したのです。高価格なシャープ製のテレビとディスプレイは，そもそもリーマン・ショックで景気が悪化したころから世界市場では売れにくくなっており，シャープの世界シェアは6.4％の5位に沈んでいました。堺工場の稼働率は常時50％程度にまで落ち込み，莫大な償却費負担に耐えられるだけの稼働を維持できない状態となっていたのです。[57]

2012年3月期の決算では，売上高は最盛期の2008年から1兆円減の2兆4500億円程度にまで下がり，3760億円の最終赤字を記録しました。純資産が少なく，銀行借り入れに頼る経営をしてきたシャープの財務状況は，この巨額赤字によって一気に倒産リスクを抱える状況に陥りました。奮闘を続けてきた片山氏たちでしたが，事実上，巨額赤字の責任をとる形で，多くの役員が辞任，片山氏は代表権のない会長に，町田氏も実権のない相談役に退く

---

55 『日経ビジネス』2010年8月30日号。

56 前掲，『日経ビジネス』2011年1月31日号。

57 同上。

結果となりました。

打開策は見出せず

　町田路線を引き継いだ片山体制は5年で終止符が打たれ，後任には，液晶事業から距離のある，調達部門出身の奥田隆司氏が就任しました。[58] 奥田氏を社長に推薦したのは町田氏でした。町田氏は，実権のない相談役といいながらシャープ本社に席を持ち，経営に関与し続けていたのです。[59]

　奥田氏は，社内外で現行路線からの転換を求められていましたが，結局は片山氏の路線を踏襲することとなりました。すなわち，あくまで液晶に軸足を置き，技術力を武器にしながら，財務構造やビジネスモデルの修正を図っていくことにしたのです。奥田氏が就任会見で何を語ったのか，見てみることにしましょう。

> 　3月のはじめに「次を頼む」と片山社長から打診された。驚きのあまり言葉を失い，本当に自分ができるかどうかずいぶん悩んだが，［片山氏から］「シャープの成長にはビジネスモデルの変革とグローバルで戦う仕組みづくりが不可欠だ。私もバックアップするから思い切ってやれ」という言葉をかけられ，社長就任を決断した。これまで自分は国内外のさまざまな部署で，現場に入り込み社員の創意を引き出してきた。その姿勢を新社長になっても心がけていきたい。
>
> 　シャープには液晶，太陽電池，プラズマクラスターなど強みを有するデバイスが複数ある。独自技術を生かしたこれらの製品に，新しいビジネスモデルやグローバルで戦える仕組みを合わせて，市場創出型の商品を作り出したい。業績を回復し，信頼を取り戻すために，片山と二人三脚で粉骨砕身，努力してまいりたい。[60]

　奥田氏は，引き続いて液晶パネルの開発生産に資源を集中し，新事業分野の創出については，パートナー企業と連携するという戦略をとることにしました。この戦略は，シャープの強みと弱みをよく理解した上でのものと評価できます。シャープの強みは，まさに液晶の技術力と，堺工場の生産能力とにありました。他方で，当時のシャープが苦しんでいたのは，世界市場でのマーケティングや，テレビ以外の新用途開発です。そこで，自社の技術力を

58　『週刊ダイヤモンド』2012年3月24日号。
59　『週刊ダイヤモンド』2013年5月25日号。
60　『東洋経済オンライン』2012年3月15日。

活かせる新用途を,アップル,任天堂,ソニーといった他社との協業で開発していこうと考えたのです。

しかし,すでに気がついている読者も多いと思いますが,この状況は「戦略硬直化のスパイラル」そのものです。自社でチャレンジすべき課題や変革の可能性をどんどん放棄し,自社の得意なことだけに絞り込んで,変化ができなくなっている状況が,奥田氏のコメントから見て取れます。結局のところ,奥田氏たちが打ち出した方針は,液晶パネルの技術開発に専心し,よい液晶パネルを世の中に提供していくという,これまでの路線をいっそう純化させたものとなっているのです。

ともあれ,奥田氏たち経営陣は,生き残りのためには液晶パネルに賭けるしかないと決断し,そのための体制整備に取り組みました。まずは,当座の運転資金を確保するため,シャープの技術に興味のある提携先を幅広く模索し,また国内金融機関を足繁く訪れ,支援を要請していきます。奥田氏は,この提携交渉や資金繰りに高い遂行能力を発揮しました。まず,社長就任とともに台湾の電子機器製造大手・鴻海との提携を締結します。[61] これは,資金のみならずさまざまな面で鴻海がシャープの経営を支援することを取り決めたもので,将来的な経営統合の可能性を含んだ包括的なものでした。この提携契約により,鴻海から堺工場へ約650億円が出資されたほか,シャープの保有する複数の海外製造拠点が鴻海に売却されることになりました。[62]

奥田氏は続けざまに,2012年夏にはアップルから1000億円,[63] 同12月に通信用デバイス大手のクアルコムから99億円,インテルからも約100億円,[64] 翌2013年3月にはサムスンからも104億円の出資を取り付けています。[65] これらの出資は,それによって当座の資金を得ると同時に,出資先へのパネルの安定供給を約束するものでした。一方,金融機関との交渉のほうは,みずほ銀行や三菱東京UFJ銀行など国内の大手銀行から総額3600億円を,再建計画書の提出と引き換えに獲得しました。こうした取り組みにより,当面の資金繰りや,液晶パネルの売り先には目処が立ちました。[66]

---

61 『日経ビジネス』2012年5月21日号。
62 『週刊ダイヤモンド』2012年12月8日号。
63 『週刊ダイヤモンド』2013年3月30日号。
64 『日経ビジネス』2012年12月17日号。
65 『週刊ダイヤモンド』2013年3月16日号。
66 『週刊ダイヤモンド』2012年10月13日号。

奥田体制下ではまた，リストラによってコスト削減と人員数の適正化が図られました。かつての労働争議の経験から，シャープ内で人員削減は事実上のタブーとされていたため，じつに62年ぶりの断行でした。5万6756人の人員を抱えていたところから，定年退職に伴う自然減，希望退職，海外子会社の売却等で8000人規模の人員削減を行う案が作成され，[67]最終的には希望退職者が予想よりも多かったことで1万1000人を削減するに至りました。[68]

　以上の通り，2012年度に奥田氏たちは，現行路線の継続のため資金繰りに奔走し，また会社規模の適正化を推し進めました。その成果は，前年比800億円のコスト削減に結実します。[69]しかし，外販液晶ディスプレイの売れ行きに依存する経営体制は変わらず，市場成長が鈍化する中で売上高は前年と横ばいの2兆4700億円にとどまった反面，リストラに伴う特別損失などが影響し，当期純損失は5453億円にも達しました。当面の資金はほぼ底を突き，倒産が眼前に迫りました。こうした業績状況を受け，奥田氏はわずか1年強の在任期間で，2013年5月8日をもって退任することになりました。またこのとき，隠然たる影響力を有していた町田氏も，ついにシャープの経営から排除されることとなりました。[70]

独力での再建断念

　2013年度からは，白物家電部門出身の高橋興三氏が社長となり，一新された経営陣のもとでシャープの抜本的な経営再建が始まりました。[71]業績は依然として外販液晶パネルの売れ行きに依存していたものの，高橋氏は「当社の原点である"誠意と創意"をはじめとする創業の精神以外は，すべてを変える覚悟」で，次なる主力事業を打ち立てるべく邁進し，また技術と製造の自前主義からの脱却を宣言しました。[72]液晶事業については，設備投資を段階的に抑制していき，2015年度には投資額を200億円の水準にまで引き下げるとされました。

67　『日経ビジネス』2012年9月3日号。
68　『週刊ダイヤモンド』2012年10月13日号。
69　2013年3月期アニュアルレポート。
70　前掲，『週刊ダイヤモンド』2013年5月25日号。
71　『日経ビジネス』2013年5月20日号。
72　『日経ものづくり』2013年6月号。

> 液晶事業は今後もシャープの中核事業と位置付ける。ただし，自前で投資しなくても，やりようはあると考えている。近年の巨額投資が，莫大な赤字の原因となったことは確かだからだ。(高橋氏)[73]

　次なる柱とする新規事業としては，ヘルスケア，ロボティクス，スマートホーム，車載，オフィス，食・水・空気の安心安全，教育といった分野が指摘されました。これからターゲットとしていく市場も，これまでの国内依存を見直すばかりか，競争の熾烈な米国・中国もターゲットからは外し，相対的に競争圧力の小さいASEANが最重点地域に位置づけられました。アジア地域（中国以外）の売上高構成比を，2012年度の21％から2015年度には31％に伸ばし，米国を上回る最大売り上げエリアへと拡大していくという計画で，テレビだけでなく，冷蔵庫，洗濯機，エアコンといった分野に改めて力を入れて，市場獲得を狙っていくこととされたのです。[74]

> 「いたずらに規模のみを追わず」「誠意」「和」「礼儀」「創意」「勇気」など，シャープの経営理念，経営信条の一言一句には，「創業以来の不変の精神」が込められています。業容が順調に拡大する中にあって，私たちはこの精神を忘れ，「チャレンジ精神の低下」「顧客志向の欠如」「驕り」「高ぶり」といった，いわゆる大企業病に陥り，これが今日の経営不振を招く一因となったものと考えています。中期経営計画の遂行に当たっては，経営理念，経営信条の精神以外，全てを変える覚悟で，全力で新生シャープを築き上げていきます。[75]

　しかし，シャープの路線転換は一筋縄ではいきません。シャープは一度，液晶にすべての資源を絞り込んでしまっています。そのため，さまざまな事業を再度立ち上げようと思っても，技術も人材も欠けている状態でした。上述の改革の成果は，2016年3月時点で，当初目標の半分ほどを達成という水準で，依然として売り上げの多くは液晶ディスプレイの出荷で稼いでいる状況だったといいます。またその間も，慢性的な赤字が続いていました。
　シャープは結局，独力での経営再建を諦めることになります。2016年3月，シャープは，以前から資本提携を結んでいた鴻海からさらに約4000億円の

73　同上。
74　前掲，2013年3月期アニュアルレポート。
75　同上。

追加出資を受け入れました。これによって鴻海はシャープの株式の66％を取得することになり，シャープは鴻海の子会社となります。2016年8月から，鴻海の名経営者テリー・ゴウ（郭台銘）氏の右腕である，副社長の戴正呉氏がシャープの社長に送り込まれました。こうしてシャープは，台湾・鴻海傘下で，再建を継続していくことになったのです。

● 戦略硬直化の深淵をのぞく ●

シャープの事例の中に見出された，戦略硬直化のスパイラル

　事例としては少し長かったかもしれません。紙幅の都合上，また読者のみなさんの負担を避ける意味でも，本節では，この事例を詳細に吟味することはしません。ごく簡単に要点を確認していきましょう。

　シャープの事例の中にも，戦略硬直化のスパイラルを見出したことと思います。町田氏の時代に液晶へと資源を集中する戦略方針を打ち出し，その方向性で成功を収めた結果，シャープはコア能力の硬直性に陥りました。液晶で勝ち抜くために他事業の縮小・撤退を進めたシャープは，液晶以外の事業を展開していく力を，年々失っていったのです。最後には，その液晶分野においてさえ，ディスプレイを開発する技術力はあっても，応用製品を新規に生み出す力は失ってしまっていました。

　リーダーたちは，そうしたシャープの競争能力を冷静に判断した上で，液晶でいく，という戦略を踏襲しました。ここにはイノベーターのジレンマが見て取れます。彼らは決して思考停止に陥って前任者の路線をなぞったわけではありません。むしろ，自社のメイン市場をしっかり押さえるか，新規事業でいくか，検討した上で同じ戦略を継続していたのです。彼らは前任者の残した課題をよく認識しており，解決のために策を練り，また惜しみなく労を払いました。[76] それでも，片山，奥田，高橋と3代を経てなお，液晶を軸足とする経営は変えられませんでした。シャープの持てる強みと弱みとを冷静に分析すれば，抜本的な変革の必要性はわかっていたとしても，現実的に

---

[76] 町田氏の後を継いだ経営者たちが，的確に軌道修正していったがゆえに，液晶に依存する経営への抜本的な解決案が打ち出されなかった，という見方もできます。一次的な止血策による延命が果たされてしまったがために，液晶以外の事業の育成が遅れ，その後の破局を迎えたとも考えられるのです。こうした可能性については，Nakagawa and Matsumoto，前掲論文で，議論しています。

は液晶で売り上げを上げていくほか、彼らに策はなかったのです。

　ともあれ、私たちは当初の狙い通り、戦略硬直化のスパイラルが一定の再現性を有しているということを確認することができました。この現象は、スプラーグだけに起こった特殊なものではなかったのです。シャープの事例でも、スプラーグの場合と同じように、リーダーの意思決定と組織的な能力構築との相互強化作用が確認されました。つまり、組織の向かうべき方向がリーダーによって力強く決断され、それが組織のメンバーたちの熱心な努力によって実行に移されたとき、企業はみな戦略硬直化のスパイラルに陥る可能性がある、ということが、本章から確認できたのです。

カリスマ型リーダーの光と影

　シャープの事例はまた、人々をある方向へと力強く導いていくカリスマ型リーダーが、非常に危うい側面を持った存在だということを、私たちに教えてくれます。人々を魅了し、彼らに未来の明確な方向性を指し示してくれるカリスマ型リーダーは、組織を推進するエンジンとしてきわめて有効です[77]。しかし、ひとたびカリスマを戴き、その方向性で組織が走り出してしまったら、跡を継いだ次のリーダーがその路線を否定するのは至難の業です。カリスマが掲げた魅力的な戦略を、的確に、かつ決然と否定した上で、別の優れた代替案を打ち出さなければなりません。名経営者その人を信奉する人、その戦略を正しいと信ずる人、彼に恩義がある人たちの中からは、新しい路線への反発も生まれるでしょう。そして何よりも、カリスマのもとで磨き抜かれ育て上げられた競争能力が、実際にでき上がってしまっているわけですから、それを放棄するよりも、積極活用するほうが、少なくとも短期的には収益はよくなるはずなのです。カリスマを戴いた組織においては、何か特別な手立てを講じない限り、その後に戦略硬直化のスパイラルに陥る可能性は非常に高まってしまうと言えるでしょう。

戦略硬直化は、追われる側の立場で起こりやすい

　戦略硬直化のスパイラルは、グローバル競争下の日本企業においては、シャープのみならず、さまざまなところで起こりがちな問題であるように思い

---

[77] カリスマ型リーダー、およびその他のタイプのリーダーの功罪については、日野健太（2010）『リーダーシップとフォロワー・アプローチ』文眞堂、が詳しいです。

ます。近年，新興国市場が大きく勃興し，そこで巨大企業が成長していく中，日本企業がうまくその変化を捉えられない状況が伝えられています。[78] あるいは，日本市場だけで活動しているうちに世界市場の動きから取り残されて，国際展開の機会を逸してしまう，ガラパゴス化問題。[79] AI，ロボット，シェアリング，その他諸々の環境変化への対応の遅さ。日本企業の多くが，まさしく今，変更の必要性に気づきつつも，従来の強みに依存した戦略から脱却できず，ドラスティックな改革に逡巡しているように思われます。

戦略硬直化のスパイラルは，自社がひとたび何かの領域のチャンピオンとなり，防衛をするときに起こりがちです。磨き抜かれた明確なコア能力があり，またリーダーもそれまで成功を収めてきた戦略にプライドを持っているようなときには，勃興する新しい動向に目を背けがちです。そうこうしているうちに，取り返しのつかないほど戦略が硬直化し，危機を迎えてしまうかもしれないのです。

本章を通じて，戦略硬直化のスパイラルという問題の深刻さを，よく実感していただけたと思います。そんな重大な問題に対し，何の解決案も出さずに終わってしまっては，本書は無責任の烙印を押されてしまうでしょう。本書には，いかにして戦略硬直化のスパイラルを脱するかを議論する義務があります。次から始まる後半の各章では，戦略硬直化のスパイラルに，対症療法ではなく根源治療を施すためには，何が大切なのかを，考えていきましょう。

---

[78] 天野倫文・新宅純二郎・中川功一・大木清弘編（2015）『新興国市場戦略論――拡大する中間層市場へ・日本企業の新戦略』東京大学ものづくり経営研究シリーズ，有斐閣．

[79] 宮崎智彦（2008）『ガラパゴス化する日本の製造業――産業構造を破壊するアジア企業の脅威』東洋経済新報社．

問題の真因探求

CHAPTER 6

● ドクターとして，病理を探求する ●

　本書もいよいよ後半です。前半では，企業がなぜ長期にわたって変われなくなるのかを探求し，その理由が「戦略硬直化のスパイラル」という現象にあることを突きとめました。リーダーによる合理的な思考に基づく現状維持の意思決定と，それに沿ったメンバーによる現行路線に則った能力構築への努力が積み重なって，企業は次第に変化のための力を失っていくのです。もちろん，これが企業が変われなくなる原因のすべてではないでしょうが，さまざまな状況で生じうる，重要な原因の1つではあるでしょう。

　本章以降の後半では，この戦略硬直化のスパイラルを脱するための方策を考えていきます。まず必要となる作業は，このスパイラルを引き起こしている真因を探ることです。医学・薬学のドクター（博士）たちが，心血を注いでガンやアルツハイマー病などさまざまな疾病の根源治療法を探すように，私のような経営学の"博士"がやるべき仕事も，やはり企業の疾病の根本原因を突きとめ，それに対する特効薬を探し出すことです。シャープの事例で見たように，その場しのぎの対症療法を続けているうちに，企業の抱える病気を重篤なものにしてしまうことは，避けなければいけません。

　そこで，戦略硬直化のスパイラルの模式図を振り返ることからスタートしましょう（⊂図6-1）。この図の中には，「リーダーの意思決定」「組織のアクション」「事業活動の結果」という3つの要素があり，その間にそれぞれの関係を示す矢印が3本描かれています。この悪循環を止めるには，どこかで連鎖の矢印を断ち切ればよいはずです。「イノベーターのジレンマ」も，「コア能力の硬直性」も，1回発生しただけなら，長期的な不調にはつながりません。1度のミスなら，そこから軌道修正できれば，戦略硬直化のスパイラルに陥ることはないのです。

　したがって，この連鎖こそが病気の根本原因であり，その連鎖構造を変えることこそが問題の解決になるのでは，と考えられます。すなわち，リーダーの意思決定がメンバーの行動（組織のアクション）を引き起こす，あるいはメンバーの行動がリーダーの意思決定に影響を与えるという，互いに影響を与え合っている相互作用をなんとかできれば，戦略硬直化のスパイラルから脱することができる，と仮説を立てられるのです。ここに注目して，問題の構造を探り，その解決方法を探していくことにしましょう。

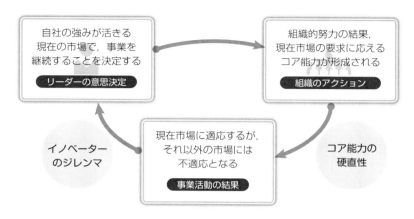

図6-1 戦略硬直化のスパイラル（図4-3の再掲）

● センスメーキング ●

　リーダーから「戦略Aを実行せよ」という指示が出て，組織のメンバーたちが戦略Aを実行する。——企業組織の中では当たり前のことのように思われます。また，メンバーたちが戦略Aを実行する能力に長け，戦略Aを通じて企業が利益を上げているのであれば，リーダーが「このまま戦略Aでいこう」と決定するのも，自然な成り行きに見えます。

　しかし，そこに負のスパイラルが生じてしまう原因は，まさにこれらのことが「自然な成り行き」になってしまっているからです。であるならば，まず考えるべきは，リーダーの決めた通りにメンバーが行動することが，またメンバーが得意なことを続けられるようにリーダーが決定をすることが，なぜ「自然な成り行き」となるのかでしょう。

　じつは，これらが自然な成り行きとなることは，ある理論で説明することができます。それは，アメリカの経営学者カール・ワイクが，半世紀もの昔，1960年代に提唱した「センスメーキング」と呼ばれるものです。[1] センスメーキングという言葉を聞いたことのある読者もない読者もいると思いますが，言葉自体の意味は後で説明します。この理論は，言葉の意味から入ると，逆

1　ワイク, K. E.／遠田雄志・西本直人訳（2001）『センスメーキング イン オーガニゼーションズ』文眞堂。

にわかりにくくなるからです。そこで、言葉の意味はさておき、内容そのものを説明していきましょう。

状況を意味づけ、それを他者に伝える「センスメーキング」

センスメーキング理論の土台となるのは、人間は、それなりに重要なものごとを決定したり実行したりするときは、まず自分なりに状況を解釈してからそれをスタートする、ということです。もちろん、歯を磨いたり布団に入ったりトイレに立ったりといった日常生活の中では、状況解釈するなどということはなく、無意識のうち、あるいは深く考えずふいに思い立って行動するほうが大半でしょう。しかし、自分や仲間たちにとって重要なこと、思考を要する難しいこと、達成に時間がかかる継続性が必要なことに対しては、よく分析し、自分なりに状況を解釈してから、決定したり行動を起こしたりするのです（◯図 **6**-2）。[2]

企業の中でも、この原則は変わりません。個人は、共通の目的に向かって走っていく組織の中でも、そこで自分が何を求められているのか、自分がそこにいる意味は何なのか、自分なりに状況解釈をして、行動しているのです。たとえリーダーからの強い指示があったとしても、メンバーがどのくらいその指示に対して活発に取り組むかは、そのメンバー個人が状況を自分なりにどう解釈したかにかかっています。その指示内容やリーダー自身の状況解釈に心から納得し、理解できたならば、積極的に行動し、創意工夫を試みたりもしますが、納得のいかない部分や不満があれば、行動は緩慢なものになり、積極的に工夫したりもしなくなります。時には、従わないときの罰の重さ次第で、指示を無視したり、そこから外れた行動をとることもあるでしょう。

したがって、組織のみなが同じ方向を向いて行動していけるかどうかは、リーダーの示した状況解釈に、メンバーがどのくらい肚落ち（はらお）するかにかかっている、ということになります。過去の研究成果に基づいて、もう少し精確に表現すると、リーダーの示す状況解釈に対する納得度と理解度の両方が高いときに、組織は一丸となって行動できます。納得度とは、すなわち、リーダーの状況解釈や指示内容に対してメンバーがどのくらい共感し、受け入れられているかです。他方、理解度とは、リーダーの状況解釈や指示内容を、

---

2 サイモン, H. A.／二村敏子・桑田耕太郎・西脇暢子・高柳美香・高尾義明訳（2009）『経営行動——経営組織における意思決定過程の研究（新版）』ダイヤモンド社。

図6-2 人は状況解釈してから決定したり行動したりする

メンバーが自分の中で正しく再現できているかどうかを意味します。リーダーが示す状況解釈へのメンバーの納得度・理解度が高ければ，組織は大きな力を発揮し，同じ方向へと一気に動いていきます（◉図6-3(a)）。納得度が低いときには，足並みを揃えて行動することは難しくなり，一生懸命取り組む人もいれば，不活発にしか動いてくれない人も出てくるでしょう（◉図6-3(b)）。一方，理解度が低いときには，多くの人が誤った行動をとってしまい，やはり組織として同じ方向に進んでいくことはできないでしょう（◉図6-3(c)）。[3]

このように考えると，リーダーの意思決定が，メンバーの組織的行動へとつながるのは，決して当たり前でないことがわかります。リーダーの示す方針が，組織メンバーたちに納得的に受け入れられ，正しく理解されたとき，はじめて，組織的にまとまった行動がとれるのです。

ここで注目すべきは，リーダーの決定の通りにメンバーが行動を起こせるかは，リーダーではなく，メンバーの側の納得と理解に決定的に依存しているということです。毎日の業務をきちんとこなしていく上では，指示・報告・連絡の伝達経路という「ハードウェア」がきちんと整備されているかが問われます。ところが，集団としてまとまって大がかりな戦略的行動をとろうとするときには，人々の心理という「ソフトウェア」の統一が問われるのです。たとえ上司から非常に強い命令として伝達されたとしても，受け手も人間ですから，心理的に受け入れられなければ，前向きには取り組みにくいものなのです。

---

[3] Weick, K. E., Sutcliffe, K. M., and Obstfeld, D. (2005) "Organizing and the process of sensemaking," *Organization Science*, Vol. 16-No. 4, pp. 409–421.

図 6-3
リーダーの状況解釈と組織メンバーの行動

(a) リーダーの状況解釈をみなが納得・理解すれば，組織は同じ方向に力強く動く

(b) リーダーの状況解釈への納得度が低いとき，組織は推進力を失う

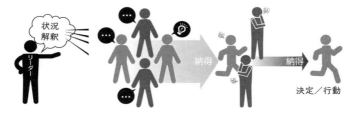

(c) リーダーの状況解釈への理解度が低いと，多くのメンバーが誤った方向に動いてしまう

　だからこそ，戦略がうまくいくかどうかには，その内容の論理的な正しさや，策略としての見事さも大切ですが，それ以上に，実行を担うメンバーみんなに心理的に受け入れられるかが強く作用します。そこでは，知的な鋭さよりも，わくわくするような魅力的な話しぶり，納得感のある説明，心を打つ説得が求められるのです。リーダーその人の魅力，人格，倫理観，行動や発言への信頼感なども，そこに作用してくることが明らかになっています。[4]

発言への共感と理解が組織や社会を動かす。このことを最大限に理解し，活用したのが，アップルの元 CEO，故スティーブ・ジョブズ氏です。彼が，会社の将来方針や新商品を発表するプレゼンテーションの世界発信に，並々ならぬ準備をしていたことはよく知られる事実です。[5] 彼は少し先の未来がどのような社会になるかについて魅力的に話し，そこではどのような製品やサービスが求められるかを語ります。彼自身の描くビジョンへの共感と理解が高まれば高まるほど，従業員は自分がアップルにいる意味を見出し，動機づけられ，よりよく働けるようになります。それのみならず，彼は，こうしたプレゼンテーションで，投資家たちも納得させ，顧客の獲得すらも成し遂げてしまうのです。

　「センスメーキング」という言葉は，このような，誰かが他の誰かに納得的な状況解釈を提供することを指します。センスメーキングという言葉を，直訳すると，センス（sense）＝意味を，メーキング（making）＝つくる，となります。ここで，意味とは，まさしく状況解釈のことです。状況解釈とはつまり，自分たちを取り巻いている世界がどういうものなのか，現在の状況に意味づけをする作業だからです。そしてその状況解釈を，他人に働きかけて，その人の心理の中にも同じ状況解釈を「つくり出す」ことから，センスメーキングと呼ばれるのです。

　リーダーの役割とは，メンバーたちにセンスメーキングをすることにほかなりません。リーダーは，魅力的・説得的に自らの状況解釈を語り，それを巧みな手段で伝えることで，メンバーたちを同じ方向に導いていくのです。

センスメーキングから見た世界——予言は自己成就する

　前項で，スティーブ・ジョブズ氏の例をあげ，彼のセンスメーキングによって，実際にものごとが成就していたことを確認しました。これは，センスメーキング理論から導かれる「予言の自己成就」（self-fulfilling prophecy）という非常に興味深い現象です。以下では，過去の事例をもう１つひもといて，これがどういう現象なのかを見ていくことにしましょう。

4　小野善生（2013）『最強の「リーダーシップ理論」集中講義——コッター，マックス・ウェーバー，三隅二不二から，ベニス，グリーンリーフ，ミンツバーグまで』日本実業出版社，および，渕上克義（2009）「リーダーシップ研究の動向と課題」『組織科学』第 43 巻第 2 号，4-15 頁。

5　ガロ，C．／外村仁解説／井口耕二訳（2010）『スティーブ・ジョブズ 驚異のプレゼン——人々を惹きつける 18 の法則』日経 BP 社。

……現に今日正午頃において，渡辺銀行［東京渡辺銀行］がとうとう破綻を致しました。これも誠に遺憾千万に存じますが……

　1927（昭和2）年，日本。折からの不景気のもとで，時の大蔵大臣・片岡直温は，経済立て直しのための金融改革に奮闘していました。国会質問に立った彼は，国民の不安を払拭すべく計画中の政策を説明している中で，その必要性を強く訴えようとするあまり，上述のような発言をしてしまいます。しかし，実際に片岡の手元に入っていた情報は，「政府の救済がなければ東京渡辺銀行が支払停止する恐れがある」ということで，その時点では東京渡辺銀行は破綻していたわけではなかったのです。片岡は，国民の不安の払拭と経済の立て直しを図ろうと政策の採択を焦るあまり，事実と異なることを発言してしまいました。その結果，片岡の思いとは裏腹に，この発言が国民の不安を煽ることになっていきます。

　片岡の発言がマスメディアを通じて人々に伝わると，預金者は東京渡辺銀行へと殺到しました。じつは，このときすでに東京渡辺銀行は資金繰りに目処をつけ，破綻を回避できていました。ところが，片岡の発言を受け，預金者が多量の引き出し請求を行ったことで，結局同行の現金資産は底を突き，本当に破綻することになってしまったのです。そして，同行の破綻がいっそう人々の不安を煽り，日本中で取り付け騒ぎが発生，日本経済を危機に向かわせた昭和金融恐慌が起こってしまいました。[6]

　これが，社会学者ロバート・マートンの提唱した，「予言の自己成就」と呼ばれる現象です。これは，発せられた言葉が真実かどうかにかかわらず，その言葉が人々の行動に作用することで，それが現実のものとなってしまう現象です。もし社内の有力な人物が「この新規事業はうまくいくはずがない」と発言したら，そのことは社内での資源配分に反映されるでしょうし，それに取り組む従業員のモチベーションも低下させることになり，結果としてその新規事業は，実際にも失敗してしまいます。また，ある二国間で，互いに戦争が不回避だと信じられているとき，その確信から両国の代表者たちの感情がますます離れ，相手に攻撃されるかもしれないという不安にそそのかされて，予想通り戦争という結末をもたらしてしまうこともあるのです。[7]

6　高橋亀吉・森垣淑（1993）『昭和金融恐慌史』講談社学術文庫。
7　マートン，R. K.／森東吾・森好夫・金沢実・中島竜太郎訳（1961）『社会理論と社会構造』みすず書房。

こうした予言の自己成就の背後に働いている力が，センスメーキングであることに，みなさんはもう気づかれていると思います。社会的に影響力のある人物が，自らの状況解釈を他人に伝えた結果，人々がその解釈に沿って行動を始め，実際にそれを引き起こしてしまうのです。

センスメーキングの作用により，リーダーの決定はメンバーの行動になる

　ここまでの議論で，リーダーの決定がメンバーの具体的な行動に結びつくのは，センスメーキングという事象を介してであるということを，理解できたのではないかと思います。リーダーの指示がそのまま，「自然な成り行き」として，メンバーの行動に直接変換されているわけではないのです。メンバーは，リーダーの指し示す方針，彼／彼女の語る状況分析，あるいは彼／彼女自身の人格やこれまでの行動などを総合的に検討して，自分なりの状況解釈をつくり出します。その上で，その状況解釈に基づいて，次なる行動を起こすのです。——もし，本当に「自然な成り行き」がごとく，リーダーの決定とメンバーの行動とがほとんど直線的に結びついているということがあるとすれば，それは，メンバーが自分なりに思考せず（できず），リーダーの描く状況解釈を無批判にそのまま受け入れる姿勢ができ上がってしまっているためなのかもしれません。この点については，後ほど議論を深めたいと思います。

リーダーもまた，組織メンバーからセンスメーキングを受ける

　先述のように，人間は，決定や行動に先立って状況解釈を行います。もちろん，組織を率いるリーダーとて例外ではありません。リーダーもまた，組織を取り巻く人々から，センスメーキングを受けているのです。

　意思決定をするとき，人間は，完全に客観的に現状を把握することはできません。誰しも，現状はこうなっているのだと，自分なりに解釈しているに過ぎないのです。リーダーの戦略的な意思決定ですら，その例外ではありません。どんなに有能で判断力に優れたリーダーであろうと，状況を完全に客観的には捉えられず，[8] 自社や自部門の置かれた状況を，自分の興味関心の濃淡に基づいて，きわめて主観的に解釈しています。[9]

8　サイモン，前掲書。

9　Ocasio, W. (1997) "Towards an attention-based view of the firm," *Strategic Management Journal*, Vol. 18-No. S1, pp. 187-206.

リーダーが戦略を決定する，そのとき眼前に広がる世界では，自分の部下たちが，日々，生産，販売，開発，調達などの，さまざまな活動に取り組んでくれています。彼らが何を得意とし，何を苦手としているか，リーダーには非常によく見えています。リーダーはもちろん組織外のことにも目を向けているでしょう。ライバルや顧客の動向，取引先の状況などを視野に入れて戦略を策定します。それらの要素すべてが，少しずつ，リーダーにセンスメーキングしています。リーダーはそれらの要素から影響を受けながら自分なりの状況解釈をつくり出し，戦略を決定するのです。

　このような，戦略策定にあたってリーダーが目の当たりにしている事業状況は，組織のメンバーたちがこれまで奮闘してきた結果として生じたものです。メンバーたちがうまくやり遂げたことからは，高い成果が得られます。逆に，彼らがうまく果たせなかったことからは，低い成果しか得られません。そうしたメンバーたちの達成状況を踏まえて次の判断をしているという構図は，リーダーもまたメンバーたちからセンスメーキングを受けている，ということだと考えることができるでしょう。[10]

戦略硬直化のスパイラルの本質

　以上のように，センスメーキングが媒介となって，リーダーの決定からメンバーの行動へ，そしてそのメンバーの行動から再びリーダーの決定へと，戦略硬直化のスパイラルの循環構造ができ上がります（◐ 図 6-4）。

　まず，リーダーが状況解釈「戦略 A が現状では望ましい策である」を打ち出します。そのリーダーの打ち出した戦略 A が，一定の合理性を持ち，メンバーにも納得的であったとき，メンバーはその状況解釈を共有し，戦略 A を成功させるために一生懸命取り組みます。それがうまくいけばいくほ

10　何が起こっているのか，事実確認という作業をしたとしても，人間に心理がある以上，決して「事実」を確認することはできず，各自の頭の中での「状況解釈」を整理し再構築するに過ぎません。今日では，そのことをむしろ積極的に評価し，経営や個人の自己成長に活用する術が議論されています。たとえば，企業については，Sonenshein, S. (2007) "The role of construction, intuition, and justification in responding to ethical issues at work: The sensemaking-intuition model," *Academy of Management Review*, Vol. 32-No. 4, pp. 1022-1040；Whittington, R. (1996) "Strategy as practice," *Long Range Planning*, Vol. 29-No. 5, pp. 731-735．個人の学習・成長については，Rudolph, J. W., Simon, R., Dufresne, R. L., and Raemer, D. B. (2006) "There's no such thing as 'nonjudgmental' debriefing: A theory and method for debriefing with good judgment," *Simulation in Healthcare*, Vol. 1-No. 1, pp. 49-55 など。

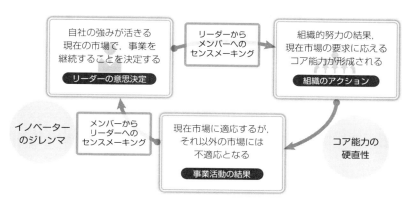

図6-4
センスメーキングが駆動する戦略硬直化のスパイラル

ど、予言の自己成就的に「戦略Aが成功する」事業活動の結果を得ます。

　続いて、その事業活動の結果を受けて、リーダーが次なる判断を下します。このとき、リーダーは現在の事業活動の結果からセンスメーキングを受け、自分が打ち出した戦略Aへの確信を強め、現行路線維持の決定を下します。それが自らの自信とリーダーへの信頼を深めたメンバーの間で共有されると、戦略Aはいっそう熱心に実行に移され、企業に成果をもたらします。こうして、リーダーが状況解釈を固め、メンバーがそれを実行し、成果を得る……という循環が繰り返される中で、戦略Aを変えることがどんどん難しくなっていくのです。

　このことはつまり、戦略の硬直化とは、リーダーとメンバーの「状況解釈」の硬直化だということを意味します。戦略Aを変えられなくなるのは、まさに、「戦略Aが私たちにとって望ましい」という状況解釈が、リーダーとメンバーの間で固まってしまうからなのです。

　だからこそ、優秀で合理的で、しかもメンバーの心を動かせるような、優れたリーダーが、戦略硬直化をもたらしてしまうのです。シャープの町田勝彦氏は間違いなく時代を代表する経営リーダーでした。彼が打ち出した戦略は当時において的確なもので、また彼の人心掌握術も見事なものでした。それゆえに、シャープは全社一丸となって液晶テレビのイノベーションを成し遂げ、新しい市場を創出できましたが、それは同時に、シャープの社内に非常に強い「私たちは液晶技術のトップ企業である」という状況解釈を生み出

しました。その状況解釈に導かれて、シャープは液晶事業から逃れられなくなってしまったのです。

　誤解のないよう強調しますが、仲間の思いをまとめられる、説得的で魅力的なリーダーシップは、先のスティーブ・ジョブズ氏の例で見たように、よいマネジメントの条件の1つです。[11] しかし、私たちは同時に、センスメーキングに長けたリーダーが組織を率いたとき、その組織はリーダーの思いの通りに「しか」行動しない、1つの考え方だけに囚われがちな集団となってしまうリスクもはらんでいるということも、知っておかなければならないということです。

　リーダーのあり方のみならず、組織のほうにも、戦略硬直化に陥りやすい集団的特徴が存在します。みなが一丸となって行動できる組織とは、同じ価値観を持つ人がたくさん集まり、みな同じような考え方のできる組織です。それは、1つのものごとを短期間に成し遂げうる、よい組織の特徴でもあります。とはいえ、その反面、ある1つの考え方にみなが同意・納得しやすく、考え方が硬直的になりがちです。そうした集団は、みなが同じ解釈を共有することに重きを置くばかりに、違う解釈を拒絶する傾向があり、結果として判断が固定化してしまいがちなのです。[12]

　こうした理由で、優れたリーダーが率い、メンバーがその意を汲んで力強くものごとを推進するほどに、「組織の中で状況解釈が固まって」、戦略の硬直化が進んでしまうのです。

● いかにしてスパイラルを脱するか ●

　私たちは、戦略硬直化のスパイラルの根本原因が、センスメーキングという、人々の心理作用であることを突きとめました。ここにメスを入れていけば、戦略の硬直化を脱することができるはずです。「現状こそが望ましい」とする状況解釈を揺さぶることができれば、企業は再び変化の力を取り戻す

11　渕上、前掲論文や、日野健太（2011）『リーダーシップとフォロワー・アプローチ』文眞堂；金井壽宏（2005）『リーダーシップ入門』日経文庫、などを参照。

12　Ashforth, B. E., Harrison, S. H., and Corley, K. G. (2008) "Identification in organizations: An examination of four fundamental questions," *Journal of Management*, Vol. 34-No. 3, pp. 325-374 や、Bouchikhi, H., and Kimberly, J. R. (2003) "Escaping the identity trap," *MIT Sloan Management Review*, Vol. 44-No. 3, pp. 20-26 など。

ことができるはずなのです。すなわち，リーダーが「断固として現状を変えるべきだ」という状況解釈の転換ができれば，彼／彼女は一見うまくいっている現状を変える，という英断を下すことができます。また，組織のメンバーのほうが，「断固として現状を変えるべきだ」と状況解釈すれば，みなそちらに向かって動き出すことになるでしょう。何度も述べてきたように，状況解釈こそが人間の決定や行動を左右するものなのです。ですから，以前と異なる状況解釈を手に入れることで，人々の決定や行動は変わってくるのです。

反省という思考

　幸いにも私たちは，これまでの議論ですでに，状況解釈を変える術を見つけています。それが，「反省」(reflection) という思考技術です（❷図 **6**-5）。第**2**章において，人間が何度も同じ過ちを繰り返してしまうのは反省が機能しないからである，ということを議論しました。自分たちのこれまでと現在とを批判的に捉え，そこに問題があるのではないか，と思考することで，行動を是正する。——以上のフローが反省です。これを機能させることで，状況解釈を改めることができれば，もはや失敗が繰り返されることはないはずです。

- 失敗は成功のもと（ことわざ）
- 私は，決して失望などしない。なぜなら，どんな失敗も，新たな一歩となるからだ。(トーマス・エジソン)
- 私のやった仕事で本当に成功したものは，全体のわずか1％にすぎない。99％は失敗の連続であった。(本田宗一郎)
- 唯一，本当の失敗とは，そこから何も学ばないことだ。(ヘンリー・フォード)

　万国共通のことわざでもあり，また多くの偉人が名言を残しているように，ひとときの失敗は，成功を摑むための大きなステップです。人はその失敗の経験を深く心に刻み，次には同じ失敗をしないように多くのことを学び取ります。ただし，より正確には，反省は失敗経験だけでなく成功経験に対しても機能します。失敗・成功を問わず「経験をよく分析・反芻し，学びを得る」ことに対して，反省という学術用語が使われています。[13]

　組織のリーダーやメンバーが反省し，このままでは問題があるという批判

図 6-5
「反省」が果たす重要な役割（図 2-1 の再掲）

人間は失敗から反省することができる生き物である。
⇒長期にわたって考えを改めないとしたら，「反省」が機能していないときだと考えられる。

的な視点で現状を捉え，「今の戦略 A のままでは，望ましくない」という状況解釈を得られたならば，その企業のリーダーとメンバーは変革へと力強く動いていくことができます。リーダーの決定は「戦略 A から戦略 B に変更する」に変わるでしょうし，それを納得的に受けとめたメンバーのほうでも，「戦略 A を止め，戦略 B に切り替えよう」と行動を起こすでしょう。そうして，新しい状況解釈に沿った決定と行動が積み重ねられていくことで，予言の自己成就的に，リーダーとメンバーは自分たち自身で新しい事業状況をつくり出していくことができるのです。反省を通じて新しい状況解釈を得たことを起点に，今度は戦略変更のほうへと，スパイラルが回っていくことになるわけです（◯図 6-6）。

以上の議論からわかるように，センスメーキングは，硬直化を引き起こす原因にもなり，また硬直化から脱する術にもなるのです。現状が正しいとする状況解釈に沿って行動を起こすか，現状は誤っているという状況解釈に沿って行動を起こすかが，予言の自己成就という現象を介して，実際に組織の未来がどちらになるかを決めることになるわけです。

13 ショーン，D. A.／柳沢昌一・三輪建二監訳（2007）『省察的実践とは何か――プロフェッショナルの行為と思考』鳳書房．

図6-6

戦略が硬直化するか，変革が成し遂げられるかは，状況解釈のあり方次第

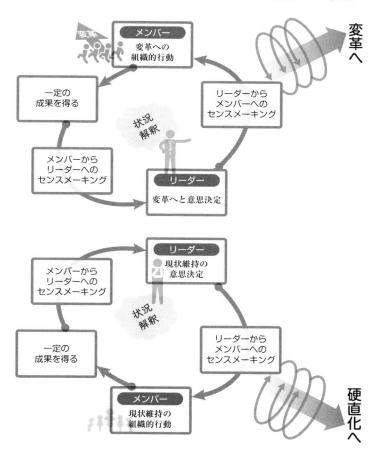

「今が正しい」を疑うこと

　ここでの議論から私たちが学べる教訓は，「合理的に考えて，今の自分たちは正しい」と思ってしまうことこそが，硬直化をもたらすのだということです。この状況解釈は，いかにそれが正しくとも，企業から変革の力を日々奪っていってしまうのです。自分たちの得意領域で事業をして，実際に利益も上げているわけですから，現状を正しいと思うのは人として合理的な発想であり，自然なことです。ですから，この「合理的に考えて，自分たちの現

状は正しい」と見える状況にこそ，企業が長期的には身動きがとれなくなっていってしまう深刻なリスクが潜んでいるのです。

　この意味で，本書をここまで読み進め，戦略硬直化のスパイラルという現象を知ってもらったこと自体が，じつは戦略硬直化のスパイラルから脱する術になります。この現象がなぜ起こるのか，いかに恐ろしいものなのかを，よく噛みしめた今となっては，みなさんは現状維持という決定にこそ危険があり，それがよいことなのかを思慮深く考えなければならないことが理解できているはずです。みなさんの状況解釈は，もう変わっているのです。みなさんはもはや，自らが積極的に戦略硬直化のスパイラルを回してしまうことはしないでしょう。

　戦略硬直化のスパイラルを知る。——それは，シンプルに言えば，「今が正しい」ということを疑うことです。合理的に考えて現状維持が正しいから，リーダーはそれを決定し，メンバーも無批判にそれを受け入れて邁進し，身動きがとれなくなってしまいます。そんな，誰もが正しいと思えてしまう状態にこそ，戦略硬直化のスパイラルの危機が潜んでいます。さまざまなことを勘案し，冷静・合理的に考えても，現状はなかなかうまくいっている，とあなたが感じたときにこそ，戦略硬直化に向けた歯車は回り出すのです。

状況解釈の転換，2つの起点

　それでは，新しい状況解釈を得て，戦略硬直化のスパイラルを脱する起点は，どこにあるのでしょうか。ここでの議論を踏まえると，人間は誰しも状況解釈を持つわけですから，その企業に集ったすべての人がスパイラル脱却の起点になりえます。とはいえ，組織内での権限の強さから考えれば，第1の起点はやはりリーダーの状況解釈転換であり，第2が組織メンバーが集団となって行う状況解釈転換だと言えるでしょう。

　リーダーの状況解釈が持つ役割は，よくペンギンの例で説明されます（◐図6-7）。流氷の上にいるペンギンの群れは，常に誰かが先陣を切って海に飛び込んでくれるのを待っています。流氷の上からは，海中が小魚の宝庫なのか，天敵であるアザラシが潜んでいる危険な状態なのか，本当のところはわかりません。飛び込むかどうかは，もっぱら，最初に行動を起こすペンギン自身が，安全と思うか危険と思うかに，かかっているわけです。リーダーがやるべき行動は，最初に海に飛び込んで見せて，後続の者たちに海は安全

図 6-7

同じ環境でも，状況解釈が変われば行動が変わる

であると知らしめる（センスメーキング）ことなのです。リーダーが先んじて変化を起こせば，メンバーは彼／彼女を信じて行動を変化させます。こうした側面を捉えて，組織のリーダー・社会のリーダーは「ファースト・ペンギン」たれ，といった表現も使われます[14]（本書では，リーダーを起点とした状況解釈転換による変革の事例を，第**8**章で紹介します）。

しかし，メンバーのほうとて，決してリーダーの意思決定を待つだけの迷える子羊，もとい迷えるペンギンではありません。上層部の腰が重くても，現場やミドル層のレベルから変革を起こしていき，そこで結果を出して上層部の状況解釈を揺さぶっていく，ということも可能なはずです[15]。ただし，大きな組織を動かさなければならないときには，1人でできることは限られます。小さな運動から少しずつ仲間を得て，運動を拡大していく中で，組織を転換させることになるでしょう。ともかくも，ここで強調したいこと

---

14 2015〜16年に放映されたNHK連続テレビ小説『あさが来た』で，俳優ディーン・フジオカ氏演じる五代友厚（明治維新期の大阪財界の立役者）が，主演の波瑠氏が演じる白岡あさ（史実の広岡浅子。大同生命創業者，明治を代表する女性実業家）のことを「ファースト・ペンギン」と評し，話題となりました。広岡のような時代を先駆ける人はまさにファースト・ペンギンの好例です。

15 Isabella, L. A. (1990) "Evolving interpretations as a change unfolds: How managers construe key organizational events," *Academy of Management Journal*, Vol. 33-No. 1, pp. 7-41. ボトムアップ型の状況解釈転換に端を発する組織変革について，日本語で書かれたものとしては，安藤史江・杉原浩志（2011）「組織はどのようにアンラーニングするのか？——社会福祉法人X会にみる，段階的な組織アンラーニング」『組織科学』第44巻第3号，5-20頁，などが参考になります。

は，そうした転換の起点――仲間たちに新しい方向を示すファースト・ペンギン――に，組織内の誰もがなりうるのだということです（本書では，第**9**章で，地域のメンバーたちがセンスメーキングしながら変革を成し遂げていった事例を紹介します）。

統計的検証へ

本章で私たちは，人々がどのような状況解釈を持つか＝センスメーキングのされ方が，硬直化をもたらす原因ともなり，それを脱する手段ともなりうるものであることを議論してきました。しかしながら，ここまでの議論は，あくまで理論の中でのみ検討されてきた，ある意味では「机上の空論」に過ぎません。これまでの議論が実際の企業経営に適用できるものなのかどうかは，実際にデータを集めて，検証作業をしてみる必要があります。すなわち，実際に変革が求められている現場で，それを成し遂げようとするとき，センスメーキングが中核的な役割を果たしているのかを，実証する必要があるのです。

そのような現場として，私は新興国ビジネスに注目しました。新興国とは，現在勃興しつつある新しい経済圏のことで，東南アジアや，東欧，南米，アフリカといった地域を指します。そこには，多種多様な文化，商慣行，法規制や，新たなライバルたちが存在しており，企業は日々これまでのやり方を見直し，変化していく情勢に適応しなければならない状況に置かれています。そこにおいて，人々はどのような状況解釈に基づいて行動し，どのような経営成果を得ているのか――。次章では，私たちが実施したアンケート調査に基づいて，これを検討してみたいと思います。

統計的検証

新興国における日本企業と,
ジャスミン革命ただ中の
チュニジア企業

CHAPTER
7

● 統計分析の意義 ●

　組織内の人々が，現状に対してどのような状況解釈をするかが，組織が戦略転換を成し遂げられるか，それとも戦略硬直化に陥ってしまうのかを分ける要因である。――前章では，センスメーキングの理論に基づいて，この仮説を導出しました。しかし，理屈の上で正しくとも，現実にものごとがその通りになっているかどうかは，調べてみるまでわかりません。そこで，本章で，本当にセンスメーキングが現状打破の鍵となるのかどうか，データを集めて統計的に検証する作業を行います。

　ここでは，別種のデータを用いて，2 回の検証作業を行います。第 1 ラウンドは，前章の最後に述べた「日本企業の新興国ビジネス」を対象とするもので，これがメインの調査になります。ただし，この 1 回の検証だけでは，たまたま日本企業でのみ仮説が成り立ったという可能性を否定できません。別の対象に対しても，同様の仮説を検証してみる価値はあります。そこで第 2 ラウンドとして，2011 年に起こったジャスミン革命直後のチュニジアの地場企業を対象にしたインタビュー調査で，追試を行いました。政治・経済・文化・宗教・民族のいずれもがまったく異なっている中で，仮説が再検証されれば，前章での主張はかなり妥当なものと考えることができるでしょう。

　なお，以下では，回帰分析という統計分析手法を用いて検証を行います。これは，研究者の世界では非常によく使われるものですが，こうした手法になじみの薄い読者もいると思いますので，本書ではなるべく込み入った記述は避け，分析の要点だけを直感的にわかりやすく説明することを心がけました。それでもなお，一部どうしても難しい表現や，専門用語を使わなければならない箇所がありましたが，それらもできる限り平易に解説するよう努めました。……ここまでと比べるとやや読み進めにくいところがあるかもしれませんが，ぜひ本章も引き続き，私と歩みをともにしていただけたらと思います。

　そのためにも，本章では，少しページを割いて，統計手法の説明をします。これは学術書としての作法でもあるのですが，今日においてはそれ以上の意味があると考えられます。というのも，本章の手法がおおよそ理解できれば，近年重要度を増しているデータ・サイエンスや AI（人工知能）の内部で行われていることを理解することにもつながるからです。ここでの内容は

ごく初歩的な統計分析にとどまっていますが，より高度なデータ・サイエンスやAIの内部で行われていることも，基本は同じです。ここで行っているようなことを，より洗練された統計モデル，より大規模なデータで計算しているに過ぎません。したがって，データ・サイエンスやAIがどのような計算をしているかを学ぶ意味でも，統計分析の基本を理解することは有意義であると言えます。こうした観点からも，本章をまた1つの新たな学びと捉え，読み進めていただけたら幸いです。

● 日本企業の新興国ビジネス──分析の第1ラウンド ●

なぜ，日本企業を，新興国ビジネスを，対象とするのか

早速，本章の中核をなすメインの統計分析，日本企業の新興国ビジネス調査に進んでいきましょう。[1]

統計分析を行うときに，最初に大切なのは，調べたい事項が観察できる対象を選ぶことです。今回，調べたい事項は，「戦略の変更が必要とされる場で，状況解釈の変化はそれに貢献しているのか」です。

日本企業の新興国ビジネスは，まさにこれを検証するのに最適であると考

1　本節と次節は，私が共同研究者と発表した2本の論文と2度の学会報告がもとになっています。光栄にも学会報告はどちらもBest Paper Awardを受賞しました。共同研究者の法政大学・多田和美先生，日本大学・中川先生，一橋大学・福地宏之先生，同・佐々木将人先生のご協力に感謝いたします。当該の論文・学会報告は以下の通りです。

・論文

　Nakagawa, K., Nakagawa, M., Fukuchi, H., Sasaki, M., and Tada, K. (2018) "Japanese management styles: To change or not to change? A subsidiary control perspective," *Journal of International Business and Economics*, Vol. 6-No. 2, pp. 1–17.

　Nakagawa, K., Tada, K., and Fukuchi, H. (2017) "Organizational cultural crossvergence and innovation: Evidence from Japanese multinationals in emerging markets," *Cross-cultural Management Journal*, Vol. 19-No. 1, pp. 47–57.

・学会報告

　Nakagawa, K. (2016) "Balancing formal and social influences toward organizational cultural crossvergence," Presentation at 33rd Euro-Asia Management Studies Association Annual Conference 2016 (October 29th 2016, Suzhou, China), EAMSA Best Paper Award 2016.

　Nakagawa, K., Nakagawa, M., Fukuchi, H., Sasaki, M., and Tada, K. (2016) "Should Japanese multinationals change their original business style in emerging markets?" Presentation at 29th Association of Japanese Business Studies Annual Conference 2016 (June 25th 2016, New Orleans, US), AJBS Best Paper Award 2016.

えられます。その第1の理由は,新興国では,これまで通りの戦略では日本企業はうまくいかないということが,おおむね明らかになっているからです。[2] 日本と共通の商品コンセプトやマーケティング戦略を採用して成功したヤクルトなどの例外もありますが,[3] 多数の事例研究が積み重ねられてきた結果,日本とはまったく異なる事業環境にある新興国では,多くの場合,現地に合わせた戦略変更が有効であることがわかってきているのです。まったく異なる競争環境に直面して,戦略変更の必要性が叫ばれている。本書における実証研究の対象としては,申し分ないでしょう。

加えて言うと,日本企業にはおしなべて,自分たちらしい考え方——価値観——を大切にし,それがメンバーに共有されていることをよしとする風土があります。就職活動期には企業のビジョンや雰囲気を志望理由の1つとして行動し,入社してからは配属部門の雰囲気をよくすることに腐心し,ミドル・マネジャーは社風の維持や改善を重要テーマとし,トップ・マネジャーは会社を貫く企業理念の設定とその完遂を目指します。組織の価値観に合わなければ社内で疎外感を感じ,離職の大きな原因にもなります。違う考え方をすると,時には「空気が読めない」と失笑されたり叱責されたりもします。日本企業は,リーダーから末端のメンバーに至るまで,同じ価値観や考え方——すなわち同じ状況解釈——を持っている集団であるということを,とても重視するのです。[4]

---

[2] 天野倫文・新宅純二郎・中川功一・大木清弘編(2015)『新興国市場戦略論——拡大する中間層市場へ・日本企業の新戦略』東京大学ものづくり経営研究シリーズ,有斐閣;多国籍企業学会／安室憲一・大石芳裕・田端昌平・桑名義晴監修(2012)『多国籍企業と新興国市場』文眞堂;臼井哲也(2015)「リソース・リポジショニング・フレームによる新興国市場戦略の分析視角——本国資源の企業特殊優位化の論理」『国際ビジネス研究』第7巻第2号,25-45頁,など。また,ここでの私たちの実証研究でも,同様に戦略変更が業績を押し上げることが検証されています。

[3] 今川智美(2018)「ヤクルトレディはなぜ新興国で有効なのか——制度の隙間の視点から」『国際ビジネス研究』第10巻第2号,39-58頁。

[4] Jaeger, A. M. (1983) "The transfer of organizational culture overseas: An approach to control in the multinational corporation," *Journal of International Business Studies*, Vol. 14-No. 2, pp. 91-114 や, Ouchi, W. G. (1981) *Theory Z: How American Business Can Meet the Japanese Challenge*, Avon Books, など。日本語文献としては,手前味噌ながら,私の既発表論文が,日本企業の組織文化の濃さとその海外移転について論じています。中川功一・国際ビジネス研究学会関西部会(2017)「クロスバージェンス経営の実現に向けて——東南アジアと日本企業の関係を見つめ直す」『世界経済評論』第61巻第5号,100-107頁,および,中川功一・佐々木将人・今川智美(2017)「組織文化の海外移転について,我々が知り得ていることと,これからの方向性」『組織科学』第50巻第4号,21-30頁。

日本ではこうしたことは当たり前かもしれません。しかしながら,「会社は,自らの能力を発揮して職務を遂行し,見返りに対価をもらう場」であると考え,それ以上は個人の考え方に踏み込まない他国から見ると,これらはきわめて日本に特有の感じ方・考え方のようです。その善し悪しは,場面によりますから,ここでは議論しません。ともあれ,ここで大切なのは,濃淡はあれども上記のことがごく当たり前に感じられるほどに,日本企業では仲間同士で同じ考え方ができているかを重視しているということです。状況解釈がその企業らしい社風で固まってしまっているのか,それとも,現地で新しい解釈を獲得できているのか,それを調べる上でも,日本企業は最適な対象であると言えるでしょう。

具体的なサンプルとデータ収集方法

　続いて,調査の概要を説明します。調査は,2014年8月から10月にかけて,日系製造業の海外販売拠点に対し,紙ベースの質問票を配布して行われました。なお,これに先立って,新興国ビジネスを概観すべく,3カ国・19の日系製造業海外法人に対し,訪問・ヒアリングによる事前の確認調査も行いました。

　質問票の配布先は,『海外進出企業総覧 2014（週刊東洋経済 臨時増刊）』から選択しています。[5] まず,親会社は,25年以上の社歴を持つ,上場企業に限定しました。すでに日本で一定の成功を収め,企業理念や価値観も確立されていると考えられる企業に絞り込むためです。次に,進出先の新興国としては,世界銀行が発表した当時最新の基準＝1人当たり GDP が1万2746米ドル以下を満たす国を選びました。さらに,海外法人サイドの条件としても,創業から3年以上,従業員7名以上の会社に絞っています。問われるのが内部の人々の状況解釈である以上,それがつくり出されるには,一定の年月と人員が必要だと考えられるからです。

　さらに,サンプルを製造業企業の海外販売子会社に絞り込むことにしました。なぜならば,現地市場を相手にビジネスをしていないと,新興国の事業環境の影響が限定的になるからです。もし製造拠点を対象にすれば,現地で生産した品目は,日本あるいは他の先進国で販売されるかもしれません。こ

5　同誌は,日本企業の海外法人3万社以上が収録された,日本企業の海外活動に関する最大のデータベースの1つです。

のような場合は，たとえ新興国で事業を行っていても，現地の文化の影響は限定的になります。一方，現地で販売活動をしていれば，日本とは大きく異なる市場環境・競争動向の中に身を置くこととなり，そうした異質な市場に対応するために，戦略変更が必要とされるでしょう。[6]

　また，製造業を選んだのは，次のような理由からです。実際に形のある「モノ」を作らなければならないとき，その変更には，一般に無形のサービスよりも多くのコストや時間が必要となります。材料1つ・部品1つ変更するにも，図面の描き直し，不具合がないかどうかの検証作業，生産ラインの見直しなどを行ってからでなければ市場に投入できないのが，製品というものです。もちろん，小売業や金融業などで無形のサービスを提供する場合も，その変更には少なからぬコストがかかるでしょうが，コストをかけてでも異なった設計の商品を試してみるかどうか，その判断のシビアさには少し違いがあります（製造業の場合よりも，いろいろと変えて試してみることが容易です）。この違いによる影響をなくすために，本研究では製造業だけに絞ることにしました。

　以上の条件を満たす企業に絞り込んだ上で，国・産業がバランスよく含まれるように調整し，ランダムに選択した1017社を，質問票の配布先としました。英語と日本語の2つのバージョンを封入し，先方の社長ないしはCEO宛てに送付しました。最終的に175社から回答をもらい，このうちデータに欠損や疑義の含まれない162社がサンプルとなりました（有効回答率15.9％）。[7]

　サンプルの概要は，表7-1の通りです。幸いにも，多様な国・産業から調査協力をいただくことができ，バランスのよいサンプルができ上がりました。アジアが多く，アフリカが少なめになっていますが，そもそも日本企業の海外進出は半数以上がアジア圏であり，アフリカは全体の1％程度となっていることを考えれば，[8] おおむね2014年時点の日系海外現地法人の概要を捉えることができたのではないかと思います。

6　天野ほか，前掲書。

7　有効回答率15.9％というのは，国際的な質問票調査では「かなりよい」数値です。過去の研究により，国際質問票調査の回答率は，多くの場合6％から16％の間にとどまることが明らかになっています（Harzing, A-W. (1997) "Response rates in international mail surveys: Results of a 22-country study," *International Business Review*, Vol. 6-No. 6, pp. 641–665）。

8　『海外在留邦人数調査統計（平成29年要約版）』。

表 7-1

日系新興国子会社調査のサンプル概要

(a) 国・産業の分布

国	観測数
マレーシア	31
タ イ	21
ブラジル	20
インドネシア	18
中 国	18
インド	11
ベトナム	11
フィリピン	8
南アフリカ共和国	5
チ リ	4
コロンビア	4
パキスタン	2
アルゼンチン，バングラデシュ，ケニア，モロッコ，ナイジェリア，パナマ，ベネズエラ，ウガンダ，ザンビア	それぞれ1（計9）

産 業	観測数
消費者向け（B to C）	計53
消費財，飲料食品	24
耐久消費財	29
法人向け（B to B）	計109
部 品	44
素 材	31
設備・工場	20
その他	14

(b) 企業の概要

項 目	最小値	最大値	平均値	標準偏差
子会社側の情報				
従業員数（人）	7	7,800	553.30	959.45
資本金（百万米ドル）	0.05	487	19.63	53.71
操業年数（年）	3	79	19.90	14.70
親会社側の情報				
資本金（百万米ドル）	1	5,882	563.62	918.69
海外子会社数（社）	1	182	33.79	29.19

注：総サンプル数＝162。

　調査で調べた事項は，大きく4つのセクションからなります。第1は，業種，子会社の規模や操業年数，親会社の情報など，企業としての概要を訊くものです。第2セクションとして，戦略変更の程度を尋ねる質問を準備しました。第3セクションでは，その戦略変更に影響を与えていそうな企業内外の各種要因を，センスメーキングに関する質問を含めてさまざまに尋ねまし

た。最後に，第4セクションとして，子会社の経営業績を尋ねました。

準備——統計分析結果の見方を学びながら，戦略変更度と子会社業績との関係を確認する

回帰分析

それでは，調査結果の検討に入っていきましょう。まずは，この調査の前提となる，戦略変更度と海外子会社経営業績との関係を調べます。状況解釈の変化が戦略変更にもたらす効果を調べる前に，そもそも戦略変更が新興国ビジネスで必要とされている，という前提が成立しなければ，ここでの問いは不毛なものになってしまうからです。先述の通り，これまでの研究でも，新興国で日本企業は従来のやり方を見直すべきだということは再三指摘されてきています。しかし，多量のデータを集めて統計的に検討した調査はほとんどないので，ここで再度それを確認しておくのは有益なことと言えます。

併せて，本項で，回帰分析という統計分析手法の学習もすることにします。次節で取り上げる状況解釈と戦略変更との関係を調べたメインの分析に入る前に，一通りの要点を摑んでもらいたいと思います。

分析の第一歩となるのが，戦略変更度と海外法人の経営業績という2つの項目を，適切に測定することです。分析するのは現地市場向けのマーケティング戦略なので，これをいくつかの要素に分解して，もともと日本で実施していた戦略から，どの程度変更がなされたかを測定することにしました。[9] 具体的には，マーケティング部門を対象に，①製品戦略，②販売促進戦略，③流通・販売方法，④購買戦略，⑤営業管理の手法，⑥市場分析から戦略立案までの手法，という6項目に関し，もともと日本で実施していたものからどのくらい変更がなされたのかを尋ねました。[10] 回答は，(1) まったく変更していない，から，(5) 完全に別のものに変えている，までの5段階としました。

一方，新興国子会社の経営業績については，以下の3つの項目の平均値を利用することとしました。すなわち，①総資産利益率（ROA：return on

---

[9] 学術研究では，何かを測定するときに過去に確立されている尺度を用いることが，とても重視されています。ここでは，下記の2つの研究などで用いられて，その有効性が確認されている，戦略の変更度合いに関する質問を使いました。Harzing, A.-W. (1999) "An empirical analysis and extension of the Bartlett and Ghoshal typology of multinational companies," *Journal of International Business Studies*, Vol. 31-No. 1, pp. 101-120，および，Venaik, S., Midgley, D. F., and Devinney, T. M. (2005) "Dual paths to performance: The impact of global pressures on MNC subsidiary conduct and performance," *Journal of International Business Studies*, Vol. 36-No. 6, pp. 655-675.

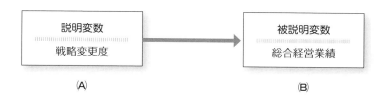

図 7-1

日系新興国子会社の業績と戦略変更度の関係についての回帰分析モデル

asset)，②売上高，③数値に現れない経営状況の総合評価という3点を，当該子会社のトップ・マネジャーに評価してもらいました。当初に目標とした水準よりも優れていたかどうかを基準に，5段階で評価してもらっています（(1) まったく達成できなかった〜(3) ほぼ目標通りだった〜(5) 目標を大きく上回った）。私たちはこれを，総合経営業績指標[11]と名づけました。

それでは，総合経営業績と，子会社における戦略変更度との関係を，単回帰分析という統計手法を用いて調べてみることにします。単回帰分析とは，AはBにどのくらいの影響を与えるか（A→B）という関係を，数値で測定する手法です。今回の場合，Aが戦略変更度で，Bが総合経営業績です。戦略変更度で，どれくらい総合経営業績が「説明できるか」と考えることから，Aのことを説明変数と呼びます。他方，総合経営業績のほうは戦略変更度によって「説明される」ことになるため，Bは"被"説明変数と呼ばれます（◐図7-1）。変数という言葉を聞き慣れなくても，あまり気にする必要はありません。統計の世界では，単に「値」あるいは「もの」というほどの意味です。説明変数は説明しているもの（値），被説明変数は説明されているもの（値）。統計学者には怒られてしまうかもしれませんが，これくらいの意味で理解しておけば，ここでは問題ありません。なお，図7-1のようなフ

---

[10] 今回のように，複数の質問項目を用いて何か1つのものごとを測ろうとするときには，それら複数の質問が同一のものを指し示していることが非常に重要です。最初の質問はある現象Aについて訊いていて，次の質問は別の現象Bについて尋ねていたのでは，それらの回答を合計してものごとを測る尺度にすることはできないからです。統計の世界では，「クロンバックのα（アルファ）」が，複数の質問が同じものを指し示しているかどうかを検討するための尺度として知られています。クロンバックのαは，0と1の間の値をとり，数値が高いほど，複数の質問が同じものを指し示している可能性が高いと考えます。一般に0.7程度であればよく，0.8以上であることが望ましいとされます。ここで用いている戦略変更度のクロンバックのαは0.80でした。

[11] クロンバックのαは0.94でした。

表 **7**-2

日系新興国子会社の総合経営業績に対する単回帰分析

	回帰係数	有意確率
定数項	2.565	0.000***
戦略変更度	0.182	0.037*
修正済み決定係数		0.021
F 値の有意確率		0.037

注：総サンプル数＝162。有意確率につき，＊は5％未満，＊＊＊は0.1％未満であることを表す。

ローチャートで表される関係は，統計モデルなどと呼ばれます。

　数学的な分析プロセスの詳細は省略しますが，[12] 図**7**-1の統計モデルの単回帰分析結果は，表**7**-2のようになりました。

　この表の見方を説明します。この分析でいちばん知りたいことは，戦略変更度の総合経営業績への効果です。そこで，まず戦略変更度の行を眺めると，回帰係数という値が0.182，有意確率は0.037（3.7％）となっています。回帰係数とは，説明変数が1増加したときに，被説明変数がどれくらい増加するかを表す数値です。企業経営において，実行すれば確実に業績が上がる施策など，そうはありません。したがって，戦略変更度が5段階評価で1増加したとき，総合経営業績指標も5段階評価でおよそ0.182高まるのであれば，企業経営に関する施策としてはそれなりに有効だと評価できます。

　また，有意確率とは，「じつは今回の分析結果はたまたま出たもので，本当は2つの変数の間に関係はない」という可能性が何％あるかを意味する数値です。この値がわずかに3.7％ということは，戦略変更が総合経営業績を高めるという関係にある可能性は，きわめて高いと考えられるわけです。一般に経営学では，有意確率が5％よりも低ければ関係は確からしいとすることが多く，表でも数値に「＊」を添えるなどして区別したりします。[13]

　なお，本来この表に示すべきとされる数値や，併せて掲載すべき表が，ほかにもいくつかあります。[14] しかし，本書では読みやすさを優先して，それらを省略しました。とはいえ，またどこか別の場所で類似の統計分析を見か

12　統計分析の過程で具体的にどういう計算をしているのかを学びたいのであれば，森棟公夫・照井伸彦・中川満・西埜晴久・黒住英司（2015）『統計学（改訂版）』有斐閣，などを参照。

けた際も，基本的には，ここで説明した「係数」と「有意確率」を見れば，主要な結果は理解できるということは，覚えておくとよいでしょう。

定数項とは，説明変数（戦略変更度）がいっさい作用しなかったと想定した場合の，総合経営業績の推定値です。すなわち，戦略変更度の影響が0だとしたら，総合経営業績はおよそ2.565になると推定されるわけです。有意確率は 0.000 ですから，[15] これはきわめて信憑性が高い数値だと言うことができます。

また，表の下段に示されているのは，この単回帰分析の結果全体に関する評価を表す数値です。修正済み決定係数とは，被説明変数が，今回の説明変数でどのくらい説明できたのかを表し，0から1（0％から100％）までの値をとります。表に示された 0.021 とは，つまり，子会社の総合経営業績のうち，戦略変更度だけではわずか 2.1％しか説明できていないということを意味しています。正直なところ，決して高い数値だとは言えません。しかしながら，経営業績は本来，幾千幾万ものさまざまな要因が作用して決まってくるものです。とりわけ新興国では，物価の変動，制度の変更，消費者の所得水準や消費性向の変化などの影響が，より大きくなります。それらの不可抗力がさまざまに作用する中で，戦略変更したかどうかが業績の 2.1％までを説明していることがわかったわけです。このことをまったく知らずに経営をするのか，たとえ 2.1％であっても，たしかに業績を改善できる要素があると知っているのかは，大きな差だと言えます。[16]

最後に，F 値の有意確率とは，この統計モデル全体が成立しているかどうかの信頼性を調べた数値です。[17] それぞれの係数についての有意確率と同様に，「このモデルが成立していない確率」を意味する値です。単回帰分析の

---

13 本来は，もう1つ，標準誤差という数値を紹介するのが，統計学ではより正しいと考えられています。標準誤差とは，回帰係数の値がどれくらいの範囲でばらつく可能性があるかを示すものです。有意確率は，この標準誤差の値をもとに計算して求められます。ただし，ここで分析結果を理解するのには，回帰係数と有意確率を見れば十分であるため（標準誤差についても説明すると，複雑になりすぎるため），本書は標準誤差を省略しました。大学へ提出する論文・レポートや学術誌に掲載する論文などでは，標準誤差も示すのがもちろん一般的です。

14 相関表などを省略しています。詳しくは元論文を参照してください（Nakagawa, Tada and Fukuchi, 前掲論文；Nakagawa et al., 2018, 前掲論文。いずれもオープン・アクセスになっています）。

15 有意確率 0.000 とは，0 を意味しているわけではなく，0.001 以下ということです。統計学では，その可能性は限りなく低いとしても，2つの数値が無関係である可能性を決して捨てきれないのです。

図 7-2

日系新興国子会社における，総合経営業績と戦略変更度の関係

(a) 国・産業・操業年数制御前

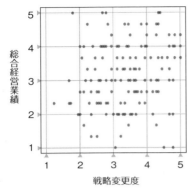

(b) 国・産業・操業年数制御後

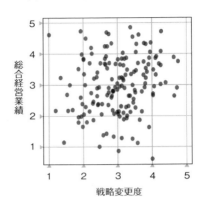

注：総サンプル数＝162。

場合は，原理的に，説明変数の有意確率と同じ値になります。今回の場合は 0.037（3.7％）で，5％よりも低いので，この統計モデルは信頼が置けるものと言えるわけです。

ただ，このように数字だけ並べられても，総合経営業績と戦略変更度がどう関連しているのか，実感が湧かないのではないでしょうか。それは私たち学者も同じで，こうした分析のときには，散布図も眺めて，関係があるかどうかを視覚的に確認します。図 7-2(a) は，総合企業業績と戦略変更度の値に基づいて各サンプルを配置した散布図です（(b) 図については後述します）。両者に緩やかながらも右肩上がりの関係があることが見て取れます。散布図を見ると，決定係数 2.1％という数値から受ける印象以上に，2つの変数の間に関係のあることがわかるでしょう。ここまで来れば，総合経営業績と戦

---

[16] さまざまな業界の企業を対象に，経営業績を高めるための要因を分析すると，個々の要因の効果は同様に 1〜2％程度となることが多いようです。経営学の場合，業績への効果が高すぎる（修正済み決定係数が高すぎる）ときは，むしろ分析の正しさが危ぶまれます。もし決定係数が 0.8 にもなる要因が見つかったら——つまり，業績の 80％がその要因で決まるとしたら——，それは，森羅万象が作用するビジネスの世界にあって，どんな業界の，どんな会社でも，ほぼ確実に成功させる手法が見つかったということになるでしょう。本当にそうであれば素晴らしいのですが，ほとんどの場合（というよりも，事実上すべての場合），そのような結果が出たときには，分析で何かミスを犯しているに違いありません。

[17] F 分析と呼ばれる手法を用いて，統計モデル全体の確からしさを確認します。森棟ほか，前掲書，を参照。

略変更度の間には，緩やかではあるけれども正の関係性があるということが，信じられるようになってくると思います。

■ 重回帰分析へ

しかし，単回帰分析だけで，経営業績と戦略変更度との間に正の関係があると結論づけるのは性急に過ぎます。なぜならば，先にも触れたように，新興国ビジネスでは，1社ではどうにもならないさまざまな要因が，業績により強い影響を与えるからです。まず，国によってビジネス環境が大きく違っていますから，収益を上げやすい国と，そうでない国とがあるはずです。産業によっても儲かりやすさは違ってくるでしょう。現地での操業経験の長さなども，業績に効いてくるはずです。先ほどの単回帰分析では，そうした他の要因の影響を無視していました。これらの要因をなるべく調整した上で，経営業績と戦略変更度との関係を調べる必要があります。

そこで有用なのが，さまざまな説明変数を同時に検討することができる，重回帰分析という手法です。重回帰分析は，基本的には単回帰分析と同じ発想で，説明変数が被説明変数に与える影響を調べる手法です。両者の違いは，単回帰分析が1つの説明変数の効果を調べるのに対し，重回帰分析では被説明変数の値に影響を与えていそうな複数の変数を同時に統計モデルに導入できるところにあります。重回帰分析を用いれば，国の違い，産業の違い，操業年数の違いなども考慮した上で，経営業績と戦略変更度との関係を調べることができるのです。なお，このように本当に関係性を調べたい説明変数以外の要因を考慮することを，統計の用語で「制御する」と言い，これら制御すべき諸条件に関する項目は，説明変数と区別されて「制御変数」と呼ばれます。再びモデルを図示すると，**図7-3**のようになります。

分析結果は，**表7-3**の通りです。項目が増えただけで，見方は先ほどの単回帰分析の場合と同じです。復習のつもりで自分でも読み解いてみてください。

主な結果を確認していきます。戦略変更度の効果（回帰係数）は0.193，有意確率は4.0％となりました。有意確率はほぼ変わらず，回帰係数は前よりも大きくなりました。業績に影響を与えそうな他の要因を制御してみたところ，戦略変更の業績向上効果が当初の推定よりも大きかったことが判明したわけです。このことは，各種要因を制御した後の散布図・**図7-2**(b)のほうが，制御前の同(a)よりも，右肩上がりの関係をさらにはっきりと見て取れ

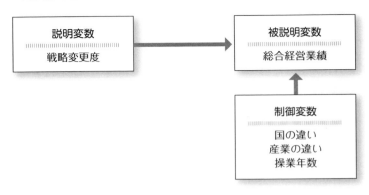

図 **7**-3

日系新興国子会社の業績と戦略変更度の関係についての重回帰分析モデル

表 **7**-3

日系新興国子会社の総合経営業績に対する重回帰分析

	回帰係数	有意確率
定数項	2.113	0.000***
戦略変更度	0.193	0.040*
国の違い（文化差）	−0.011	0.026*
産業の違い（B to B か否か）	−0.090	0.581
操業年数	0.011	0.029*
修正済み決定係数	0.057	
F 値の有意確率	0.010	

注：総サンプル数＝162。＊は 5 ％未満，＊＊＊は 0.1 ％未満を表す。

ることからも，わかると思います。

　その他の数値が意味するところも，さほど難しくなく読み解けるはずです。定数項は前より小さくなって 2.113 で，先ほどの分析では他の要因の影響で見かけ上大きくなっていたということがわかります。他の説明変数を見ると，日本との文化差が小さい国の子会社ほど，業績がよいという結果が出ています。ここでは文化差を 100 ポイントで評価していますが，文化差が 1 ポイント縮まるごとに 0.011 業績が向上するという結果になりました。やはり日本

と文化が近いほど，業績は上げやすいようです。また，操業年数が長いほど業績がよくなるという効果も確認できました。産業の違いについては，調べてみたものの，有意確率が 0.581 で，影響があるかは疑わしいという結果です。こうした場合，回帰係数が何らかの値を示していたとしても，その数値はあまり意味を持たないと考えます。[18]

　最後に，モデル全体の評価です。これらの説明変数で，果たしてどれくらい業績が説明できているかを意味する決定係数は 0.057，すなわち 5.7％ まで新興国子会社の業績が説明できるという結果になりました。加えて，モデル全体が統計分析として信頼が置けるかどうかを表す F 値の有意確率に関しても，無事，0.010，すなわちモデルが棄却される確率はわずかに 1％ で，この統計モデルは信頼が置けるものだということが示されました。

　少し説明が長かったかもしれませんが，重回帰分析という手法の概要は，ある程度理解できたかと思います。ここで実行したのはごく初歩的な分析でしたが，本章の冒頭でも述べた通り，より高度で複雑な分析をしているデータ・サイエンティストや AI システムも，基本的にはこれと同じなのです。すなわち，①影響を与えている各種の要因を制御した上で，②ある要因が他の要因にどのくらい影響を与えているかを調べているのです。難解な数学的手続きはひとまず措いても，このことを押さえておけば，たいていの統計分析の結果は理解することができます。

　話を戻しましょう。ここまでの分析により，日本企業の新興国ビジネスにおいて，戦略変更が業績向上に貢献していると突きとめることができました。これで準備は整ったわけです。次節からは，いよいよ，その戦略変更がどのように実現されるのかを検証していくことにします。

18　ここで制御している要因は，海外ビジネスの業績を分析するときに一般的に制御すべきとされているものです（Paterson, S., and Brock, D. (2002) "The development of subsidiary-management research: Review and theoretical analysis," *International Business Review*, Vol. 11-No. 2, pp. 139-163）。なお，ここでは，産業の違いについては，B to B（産業財）か，B to C（消費財）かを制御しています。B to B であれば 1，B to C であれば 0 をとります。B to B にはプラント・設備・材料・部品産業企業が該当し（n=109），B to C には消費財・耐久消費財企業が分類されます（n=53）。また，文化差については，各国の文化差を調べた著名な研究である，Hofstede, G., and Minkov, M. (2010) *Cultures and Organizations: Software of the Mind: Intercultural Cooperation and Its Importance for Survival* (rev. 3rd ed.), McGraw-Hill，の結果を用いています。

● 新しい組織文化の獲得が，戦略転換を促す ●

　前章で，センスメーキングの理論が私たちに教えてくれたのは，結局のところ，組織全体が戦略硬直に向かうか，それとも戦略変更へと向かうかは，そこに集ったみなが，今の状況をどう解釈しているかに依存する，ということです。リーダーが変革の意思決定をするのは，「今がそのときだ」と認識するからですし，メンバーがそれに従うかどうかも，やはり，1人1人が「たしかに今がそのときだ」と認識するかにかかっているのです。今が変革のときであるという解釈が組織を支配しているとき，変革に向けてのスパイラルが回っていきます。逆方向にみなの認識が向いているときには，硬直化へとスパイラルは回ってしまいます。

　そこで，本章の統計分析の第1ラウンドでは，組織のメンバーの状況解釈をつくり上げている，組織を支配する基本的な価値観やものの考え方──すなわち，組織文化──を問うことにしました。海外子会社のメンバーがみな，従来の日本でのものの考え方が正しいと信奉しているときには，リーダーも戦略変更を打ち出しませんし，もし変更が決定されても，みな積極的には行動しないでしょう。しかし，海外現地で人々の考え方が変わり，ここでは今までの日本でのものの考え方が通用しないのではないかと認識したならば，戦略を転換するのはさほど難しくはないはずです。

　日本企業の海外子会社は，組織の文化を検討する上で，とても都合のよい状況にあります。なぜならば，海外子会社は，日本企業と現地社会という2つのコミュニティに所属しているため，それぞれが持つ2種類の異なった文化（ものの考え方）が子会社の中に混在することになるからです（**◯図7-4**）。

　先述の通り，日本企業は概して，他国の企業よりも強い組織文化を有することが知られています。「自社らしさ」「自分たちの流儀」を意味する「〇〇ウェイ」や「××イズム」といった表現が，非常によく聞かれます。そしてまた，日本企業はそうした価値観を積極的に海外子会社にも展開しようとしていることも，よく知られています。[19]

　一方，海外各国には，それぞれの独自の国としての文化が存在しています。日本企業はそこで，強烈な異文化体験を受けることになります。そのとき，

---

[19] 中川・国際ビジネス研究学会関西部会，前掲論文や，中川・佐々木・今川，前掲論文を参照。

図 7-4

海外子会社には，2種類の文化が混在する

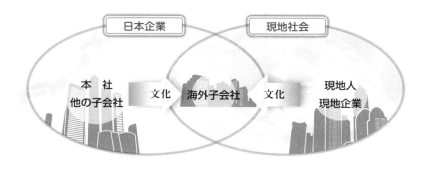

海外子会社は，2種の文化の間で板挟みになるのです。日本で培われた固有の企業文化を維持するのか，それとも現地文化に染まるのか，はたまた2者を織り交ぜるのか──。このように，文化の選択肢にバリエーションが生じるのが，海外子会社という組織の特徴です。果たして，どのような文化のもとで，戦略変更は促進されるのでしょうか。

新しい文化の受容と創造

現地の文化の受容

新興国において，日本企業が従来のやり方に疑問を持ち，新しい戦略を積極的に模索するようになるためには，日本での事業活動で培われてきた「何がよいやり方で，何が間違ったやり方なのか」に関する基準，すなわち組織文化を見直す必要があります。したがって，日本企業が今までの戦略を変更できるようになるためには，現地で新しい文化を吸収することが大切だと考えられます。仮説としては，以下のように書くことができるでしょう。

> **仮説 1．** 日本企業の新興国海外子会社では，現地の文化をよく受容するほど，日本で実施していた従来型の戦略からの変更度が高まる。

この仮説を検証するには，「現地文化受容度」を測定する必要があります。ここでは，「どれくらい新しい文化を受容したか」ではなく，「どれくらい本国の文化が維持されているか」を問うという方法をとりました。本国文化が維持されていないならば，すなわちそれは，現地で新しい文化が受け入れら

れているということになるからです。

　このように逆の質問をするという方法は，過去の研究でもしばしば用いられてきた，たいへん有効なやり方です。というのも，アンケートをすると，回答者は往々にして，自分たちをよりよく見せようと，何が"正解"なのかと考えて"模範解答"を書こうとしたり，ポジティブな答えを書いたりするからです。そのため，質問票調査をするときには，模範解答がわからないように質問をつくることが肝要です。「現地の文化をどれくらい受容したか」と問えば，回答者は「よく現地のことを知ろうとしている」という模範解答を書こうとするでしょう。しかし，反対に，「どれくらい日本側の文化を共有できているか」と問えば，一見，「日本本社と文化をよく共有している」が模範解答のように思われます。したがって，この問いに対しても，あえて「日本の文化は維持していない」と回答をしてくるようならば，その会社は日本本社の文化を捨て去り，現地なりの文化で事業活動をしていると考えてよいはずです。

　具体的な質問項目は以下の5つです。[20] ①あなたたちの会社は，日本の本社と同じ文化を共有していますか。②従業員はみな，このビジネスについて親会社と同じ理解を有していますか。③従業員たちは親会社と同じビジョンのもとで行動していますか。④従業員たちは親会社と共通のポリシーに従って行動していますか。⑤従業員たちは日本の親会社と同じ商慣行・習慣のもとで行動していますか。以上の各問について，回答者は，「(5) まったくその通りである」から「(1) まったくその通りではない」までの5段階で評価します。これら5項目に関する1～5点の回答を逆転させた上で平均値をとり，「現地文化受容度」の値としました（値が大きいほど，現地の文化が受容されていることを意味するようにしたわけです）。

新しい価値観の創造

　さて，海外子会社で新しいものの考え方が獲得されるのは，現地の文化を受容したときだけとは限りません。新しい文化が組織の中で創造されること

---

[20] 質問項目の作成にあたっては，以下の2つの研究で用いられた尺度を活用しています。Li, L. (2005) "The effects of trust and shared vision on inward knowledge transfer in subsidiaries' intra-and inter-organizational relationships," *International Business Review*, Vol. 14-No. 1, pp. 77–95, および，Tsai, W., and Ghoshal, S. (1998) "Social capital and value creation: The role of intrafirm networks," *Academy of Management Journal*, Vol 41-No. 4, pp. 464–476. クロンバックのαは 0.75 でした。

もあります。こうした第2のタイプの文化変容についても議論しておきたいと思います。

先述のように、日本企業の海外子会社では、「日本企業の固有の組織文化」と「現地国に固有の文化」という、2つの異なる性質の文化が混在することになります。こうしたとき、長期的には、次の3つのうち、いずれかの反応が生じるということが明らかになっています。[21] すなわち、①多数派の文化が支配的となって少数派の文化が駆逐される、②2者が衝突を避けて棲み分ける、そして③2者が融合して新しい文化が創造される、という3つです。

かつて20世紀半ば、黒人が米国社会の中心へと進出していったとき、彼らのとった行動が、まさしくこの3つのいずれかであったと言われています。[22] ある黒人は、自らの文化を捨てて白人文化を受け入れました。またある黒人グループは、自分たちの文化アイデンティティを強く認識し、白人文化を受け入れることを拒否しました。そしてもう1つ見られたのが、白人文化と黒人文化を融合させることで、自らのアイデンティティも捨てず、相手も否定せずに、融和を図るという反応でした。こうした研究成果から、異文化接触がもたらす3つの反応として、上記の分類が示されたのです。

この分類枠組みを用いると、日本企業の中で、唯一日本本社の文化だけが支配的な地位を得て他の文化を駆逐するというのが、第1の反応です。企業の中で、文化が1つに収斂（convergence：コンバージェンス）しています。それに対し、海外子会社で、日本の文化を拒絶し、結果として各国がそれぞれの文化を有している状態は、企業の中に多様性（divergence：ディバージェンス）がある状態だといえます。[23] そのどちらでもなく、日本で培われた企業文化と、現地国の文化とが混ざり合い、新しい文化が創造された状態は、文化交雑（crossvergence：クロスバージェンス）と呼ばれます。[24]

「クロスバージェンス」は、現代では世界のさまざまなところで見ることができます。たとえば米国社会では、もはや黒人文化と白人文化は融合を果

21　Berry, J. W. (1976) *Human Ecology and Cognitive Style*, John Wiley. 日本語では、大川洋史 (2009)「文化変容モデルの誕生——経営学輪講 Berry (1976)」『赤門マネジメント・レビュー』第8巻第7号、393-408頁、という解説論文があります。

22　Berry, 前掲書。

23　近年の日本では、それぞれの出自を大切にし、それぞれの文化を大事にすることに対して、同じ語源の違う言葉：diversity＝ダイバーシティがよく使われます。ただし、この語も発音は［diˈvərsitē］なので、カタカナで書くなら「ディバーシティ」のほうが近いのかもしれません。

たし，もともとの英国系アングロサクソン文化とはまったく異なる文化が成立しています。カナダに移住した中国人は，中国的な生活様式や文化を色濃く残し，家庭内では中国語を使いながらも，公共の場では北米の倫理・規範に従い，英語を使って仕事をします。トルコでは，イスラム教とヨーロッパ世界の生活習慣との見事な融合を見ることができます。[25]

このクロスバージェンスの考え方は，企業経営にも，もちろん応用が可能です。海外子会社で，その企業固有の軸となる文化と，現地社会から学んだ文化とがうまく融合して，新しい文化が創造される可能性は小さくありません。日本企業の海外子会社にも，同じことを期待できるでしょう。現地固有の文化と日本企業の文化とがうまく融合して新しい文化がつくられれば，それは，日本人・日本企業にとってのみならず，現地人にとっても新しいものになるはずです。その文化に基づけば，これまでにない状況解釈によって，いっそう創造的な，新しい戦略が生まれることも期待できます。実際，2つの文化を融和させた環境や個人からは，それまでにない新しいアイデアが生まれやすいことが明らかになっているのです。[26]

仮説2. 日本企業の新興国海外子会社では，現地の文化と日本企業の文化が混ざり合い，新しい文化が創造されるほどに，日本で実施していた従来型の戦略からの変更度が高まる。

文化のクロスバージェンスの測定についても，過去の研究で測定方法が準備されているので，[27]本研究もそれを用いることとします。具体的には，①

---

24 提唱者であるデイビッド・ラルストンによる概念整理は，Ralston, D. A. (2008) "The crossvergence perspective: Reflections and projections," *Journal of International Business Studies*, Vol. 39-No. 1, pp. 27–40. クロスバージェンスの構想に至る最初の研究は，Ralston, D. A., Holt, D. H., Terpstra, R. H., and Kai-Cheng, Y. (1997) "The impact of natural culture and economic ideology on managerial work values: A study of the United States, Russia, Japan, and China," *Journal of International Business Studies*, Vol. 28-No. 1, pp. 177–207. 日本語では，中川・国際ビジネス研究学会関西部会，前掲論文や，中川・佐々木・今川，前掲論文が，詳しく解説しています。

25 Askun, D., Oz, E. U., and Aşkun, O. B. (2010) "Understanding managerial work values in Turkey," *Journal of Business Ethics*, Vol. 93-No. 1, pp. 103–114 が，精緻な研究を行っています。

26 Earley, P. C., and Mosakowski, E. A. (2000) "Creating hybrid team cultures: An empirical test of transnational team functioning," *Academy of Management Journal*, Vol. 43-No. 1, pp. 26–49 や，Fitzsimmons, S., Miska, C., and Stahl, G. K. (2011) "Multicultural employees: Global business' untapped resource," *Organizational Dynamics*, Vol. 40-No. 3, pp. 199–206 など。

あなたたちの会社は、現地文化と日本本社の企業文化とを融合して、新しい文化をつくっていますか、②従業員たちは現地の商慣行と日本の商慣行とを融合した新たな商慣行のもとで働いていますか、③自社のビジネスの意義について、親会社のそれと現地の考え方との融合を図っていますか、という3点を質問しました。回答者には、「(5)まったくその通りである」から「(1)まったくその通りではない」までの5段階で評価してもらい、先ほどと同様の操作で「新文化創造度」の値を出しました（値が大きいほど、新しい文化が創造されていることを示します）。[28]

なお、「現地文化受容度」と「新文化創造度」は、どちらも人の心の中を尋ねた質問であり、その質問内容も似ています。したがって、この2つを別々の事項として、分けて測定できたかを確認する必要があります。統計学には、このことを検討するための探索的因子分析という手法があります。直感的な説明をしておくと、2つの変数を測定するのに用いたすべての質問項目を、回答結果を用いて機械的に分類し、当初考えていた通り2つに分類されるかを調べる手法です。

この結果が、**表7-4**に示されています。子会社内の2種類の文化の状態を測定するための、合計8つの質問項目を、同じような回答結果が出ている質問同士をまとめて機械的に2つの要素（これを「因子」と言います）に分類せよ、とコンピュータに命令して計算させた結果です。表中の数値は、因子負荷量と言って、その質問項目がその因子とどれくらい関連が深いかを示しています。表では、各質問項目が2つの因子のどちらとより関連が深いかをわかりやすくするため、数値の大きいほうを太字にしました。「現地文化受容度」を測定するために用いた5項目が第1因子にまとまり、「新文化創造度」の測定に使った3項目が第2因子にまとまっていることが、確認できるでしょう。コンピュータに先入観なく数値だけを与えて計算させてみて、想定した通りに、最初の5つと残りの3つが別のものだと認識されたことから、私たちが用意した2つの変数はたしかに別のものとして機能していると考えられるわけです。

27　Sarala, R., and Vaara, E. (2010) "Cultural differences, convergence, and crossvergence as explanations of knowledge transfer in international acquisitions," *Journal of International Business Studies*, Vol. 41-No. 8, pp. 1365–1390.

28　クロンバックのαは0.87でした。ごく信頼性の高い尺度だと言えるでしょう。

表 7-4

「現地文化受容度」「新文化創造度」の測定に用いた質問項目の探索的因子分析

	▼ 質問項目	第1因子	第2因子
現地文化受容度	あなたたちの会社は，日本の本社と同じ文化を共有していますか	0.524	0.263
	従業員はみな，このビジネスについて親会社と同じ理解を有していますか	0.801	0.214
	従業員たちは親会社と同じビジョンのもとで行動していますか	0.806	0.197
	従業員たちは親会社と共通のポリシーに従って行動していますか	0.458	0.016
	従業員たちは日本の親会社と同じ商慣行・習慣のもとで行動していますか	0.379	0.143
新文化創造度	あなたたちの会社は，現地文化と日本本社の企業文化とを融合して，新しい文化をつくっていますか	0.174	**0.732**
	従業員たちは現地の商慣行と日本の商慣行とを融合した新たな商慣行のもとで働いていますか	0.177	**0.866**
	自社のビジネスの意義について，親会社のそれと現地の考え方との融合を図っていますか	0.223	**0.807**

注：数値は因子負荷量。抽出方法は主成分分析。回転法はバリマックス回転。

制御変数

　組織文化が与える影響を的確に把握するために，そのほかに影響しているであろう主な要因を制御することにしましょう。先ほど経営業績と戦略変更度との関係を調べたときと同様に，産業，国の違い，操業年数はここでも大きく影響すると考えられるので，再び制御変数として導入します。これらのほかに，ここでは，海外子会社の自律性の程度，現地のネットワーク，他の新興国でのビジネス経験という3点を，さらに追加して制御することにします。

■ 海外子会社の自律度

　自律度とは，ものごとを自分で決められる，意思決定権限の強さを表します。海外子会社の場合，本国本社側が戦略にかかわる重要な意思決定をして

いるか，それとも現地側がものごとを決めているかは，会社のあり方や業績に影響する，とても重要な要因であることがわかっています[29]。現地で決定できるならば，ビジネスの現場で起こっている変化をより正確に理解して，より的確に対応できるでしょう。他方で，本国側で意思決定権を握っていれば，現地がグローバルな経営方針と異なった方向へ暴走することを防ぎ，ブランド・イメージの毀損などを避けることができるかもしれません。どちらにもメリットがあり，状況に応じて使い分けられるべきものです。

重要な変数であるだけに，測定方法も過去の研究によって確立されています[30]。本書でもそれを踏襲し，具体的には，①当該子会社での新製品導入，②当該子会社での製品の仕様・設計の大きな変更，③当該子会社でのマーケティング戦略の大きな変更，④当該子会社の年間予算の承認，⑤当該子会社のトップ・マネジャーの選任，⑥当該子会社の組織変更，という6項目に関し，本国本社とその子会社のどちらが決定権を有しているかを尋ねました。選択肢は以下の5段階です。(1)本国本社が単独で決定する，(2)子会社の意見を汲みつつ親会社が決定する，(3)子会社と本国本社はおおよそ同じくらいの決定権限を有する，(4)親会社が意見を出しつつ子会社側が決定する，(5)子会社側が単独で決定する。これまで同様，5項目の平均値を子会社の自律度としました（数値が高いほど自律度が高いことを示します）[31]。

▰ 現地のネットワーク

現地における，顧客，取引先，同業他社，政府機関や研究機関などといった，さまざまな相手とのつながりは，自分たちにはなかった新規な情報，新しいものの考え方を，その企業に与えてくれます[32]。そのため，新興国のよ

---

29 Nohria, N., and Ghoshal, S. (1994) "Differentiated fit and shared values: Alternatives for managing headquarter-subsidiary relations," *Strategic Management Journal*, Vol. 15-No. 6, pp. 491-502.

30 同上論文のほかに，Roth, K., and Morrison, A. (1992) "Implementing global strategy: Characteristics of global subsidiary mandates," *Journal of International Business Studies*, Vol. 23-No. 4, pp. 715-735. などの貢献で，1990年代のうちに測定方法が確立されています。

31 クロンバックのαは0.74でした。

32 Andersson, U., and Forsgren, M. (1996) "Subsidiary embeddedness and control in the multinational corporation," *International Business Review*, Vol. 5-No. 5, pp. 487-508 や，Schmid, S., and Schurig, A. (2003) "The development of critical capabilities in foreign subsidiaries: Disentangling the role of the subsidiary's business network," *International Business Review*, Vol. 12-No. 6, pp. 755-782 など。

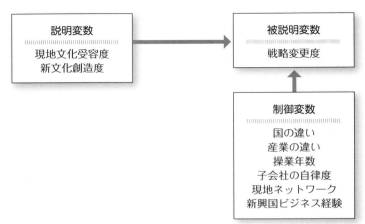

図 7-5
日系新興国子会社の戦略変更度決定要因を分析するための重回帰分析モデル

うな異質なビジネス環境に身を置き，そこで新しい事業のネットワークを構築することは，会社を変革させる有効な手段の1つとして知られています。企業文化変容そのものの持つインパクトを明らかにするには，この現地ネットワークの効果もまた，制御しなければなりません。

そこで，現地ネットワークを測定するために，6種類の現地ステークホルダーとのかかわり合いの強さを尋ねました。[33] すなわち，①現地顧客，②現地部材供給業者，③現地流通業者，④現地同業他社，⑤現地研究機関，⑥現地政府です。かかわりの強さは，ビジネスの活動内容を決める上で，そのステークホルダーとのつながりがどのくらい強い影響力を持っているかを，5段階（(1)まったくない ～ (5)とても大きい）で評価してもらいました。これら6項目の平均値を，現地ネットワークの強さの指標として用いることにしました。

新興国ビジネス経験

その企業が，当該の新興国子会社以外にも，他の新興国で事業を営んで経験を積んでいれば，経験の少ない企業よりも上手に現地事業を営むことができるはずです。[34] ただし，そうした豊かな経験が，現地での戦略変更にとって，プラスの効果を持つか，マイナスの効果を与えるかは，この段階ではわかり

---

33 この方法は，Schmid and Schurig，同上論文で，とられたものです。この変数のクロンバックの α は 0.65 でした。やや低い水準ですが許容範囲内と評価されます。

ません。経験を積んでいるがゆえに戦略を変えなくても上手に経営できるようになっているかもしれませんし，経験を積んでいるからこそ変革の大切さを理解しているかもしれないからです。ともあれ，日本企業にとって，新興国でのビジネス経験が，各国での戦略変更にどう作用しているのかは，調べておきたい事項であると言えます。そこで，この経験値を推定するための指標として，日本の親会社が保有している新興国子会社の数を有価証券報告書からカウントし，そのまま重回帰分析のモデルに導入することにしました。

以上で，この分析に用いた変数はすべてです。これらの変数の関係を，これまでと同様にチャート図で整理しておきましょう（⊙ 図 7-5）。[35]

統計分析の結果

重回帰分析を実行した結果は，表 7-5 の通りです。まずは制御変数だけを入れた分析を行いました（モデル [1]）。次に，モデル [2] に「現地文化受容度」を，モデル [3] には「新文化創造度」を導入しました。最後は，モデル [4] に「現地文化受容度」と「新文化創造度」の両方を入れています。こうした手順を踏むのは，制御変数だけを入れたモデルと，仮説に関する変数（説明変数）を導入したモデルとを比較することで，その説明変数がどのくらい被説明変数に影響を与えるのか，つまり，修正済み決定係数がどれくらい増えるかを検討するためです。数値の読み解き方は，前節で説明した通りなので，読者のみなさんはもう，結果の意味するところが理解できると思います。

まず，最も重要な，仮説に関する結果を見ていきましょう。モデル [2] によると，現地文化受容度は，戦略変更度を高める効果があると言えそうです。十分に低い有意確率（5％未満）のもとで，現地文化受容度が 1 上昇すると，戦略変更度が 0.156 上昇する効果のあることが示されました。モデル [1] と

---

[34] Delios, A., and Beamish, P. W. (2001) "Survival and profitability: The roles of experience and intangible assets in foreign subsidiary performance," *Academy of Management Journal*, Vol. 44-No. 5, pp. 1028–1038. および，Delios, A., and Henisz, W. I. (2000) "Japanese firms' investment strategies in emerging economies," *Academy of Management Journal*, Vol. 43-No. 3, pp. 305–323.

[35] 学術論文として質問票調査から統計分析を行うときには，本当はもっと多方面から，回答者の心理バイアスがないかや，測定尺度が妥当であるかなどを検証しなければなりませんが，ここでは省略します。詳細は，元論文（Nakagawa et al., 2018, 前掲論文と，Nakagawa, Tada and Fukuchi, 前掲論文）を参照してください。

表 **7**-5

戦略変更度に関する重回帰分析の結果

	モデル[1]		モデル[2]		モデル[3]		モデル[4]	
	係数	有意確率	係数	有意確率	係数	有意確率	係数	有意確率
切片	1.391	0.005**	1.901	0.001**	0.852	0.172	1.171	0.070※
制御変数								
従業員数	0.059	0.429	0.093	0.228	0.040	0.592	0.080	0.294
操業年数	0.000	0.971	0.000	0.954	0.000	0.933	0.001	0.889
文化の違い	−0.004	0.374	−0.003	0.453	−0.004	0.360	−0.003	0.466
B to B か否か	−0.473	0.001**	−0.484	0.000***	−0.446	0.002**	−0.451	0.002**
自律度	0.351	0.000***	0.319	0.000***	0.372	0.000***	0.336	0.000***
現地ネットワーク	0.405	0.000***	0.413	0.000***	0.394	0.000***	0.401	0.000***
新興国ビジネス経験	0.005	0.189	0.005	0.199	0.005	0.190	0.005	0.203
説明変数								
現地文化受容度			0.156	0.041*			0.226	0.017*
新文化創造度					0.181	0.047*	0.254	0.021*
修正済み決定係数	0.325		0.334		0.333		0.353	
モデル[1]からの修正済み決定係数の増加量			0.009		0.008		0.028	
F値の有意確率	0.000		0.000		0.000		0.000	

注:総サンプル数=162。※は 10 % 未満,＊は 5 % 未満,＊＊は 1 % 未満,＊＊＊は 0.1 % 未満を表す。

比べたときの決定係数の上昇度は 0.009,すなわち約 1 % です。まったく違う業界や違う進出国に属する多様な会社を取り上げて,どの会社の戦略変更にも,たしかに現地文化の受容が効いているということは,たとえ 1 % であっても決して小さくない発見です。[36] これで,現地文化の受容はたしかに戦略変更に影響を与えていることが示されました。

モデル[3]には新文化創造度を導入しています。こちらも現地文化受容度とほぼ同水準の有意確率と決定係数の改善度を示し,また係数は 0.181 となりました。現地文化の受容よりも,新文化の創造のほうが,戦略変更への効果が大きいことがわかります。

この両方を入れたモデル[4]では,より明確な結果が出ました。有意確

---

[36] 注 16 でも述べた通り,広くさまざまな地域やさまざまな業界を対象に,企業の業績や行動を回帰分析を用いて分析するとき,1 つの変数の修正済み決定係数は,おおよそ 1〜2 % の値をとることが多いとされています。この 1 % という値は,その印象以上に大きなものです。本来,まったく異なる状況にある会社であれば,戦略変更もまったくバラバラの理由で行われていておかしくないはずです。どんな会社であっても,ある要因によってその行動の 1 % は必ず説明できるということの,非常に大きなインパクトが,イメージできるでしょうか。

表 7-6

新文化創造度と現地文化受容度の効果

現地文化受容度	新文化創造度 高い	新文化創造度 低い
高い	3.766（サンプル数=30）	3.476（サンプル数=49）
低い	3.445（サンプル数=46）	3.072（サンプル数=37）

注：総サンプル数＝162。

率はさらに下がってどちらも 2 ％前後の水準となり，係数はそれぞれ 0.226 と 0.254 に上昇しました。決定係数の改善度も 2.8 ％まで上昇しました。1 つずつ変数を導入した場合よりも有意確率や決定係数がよいということは，現地文化受容度と新文化創造度の両方を導入した，このモデル［4］が，これら 4 つのモデルの中で最も現実に起こっていることを説明できている，と判断することができます。

そして，モデル［4］によれば，現地文化受容度と新文化創造度の両方が 1 上がると，戦略変更度はじつに 0.480（＝ 0.226 ＋ 0.254）も改善するということになっています。産業も進出国も異なる 100 社以上の企業を対象にしても，組織文化という要因が戦略変更をもたらしていることが明らかになったと言えます。

組織文化変革の効果をよりクリアに見るために，現地文化受容度が平均値よりも高いか低いかと，新文化創造度が平均値より高いか低いかの 2 軸で，サンプルを 4 グループに分類した，表 7-6 を見てみましょう。両方が平均値よりも低い右下のグループに該当した企業は 37 社ありましたが，戦略変更度は 3.072 で，5 段階評価のちょうど真ん中くらいという結果になりました。これに対し，どちらか一方が平均以上で他方が平均以下のグループ（左下と右上）では，それぞれ 3.445 と 3.476 になっており，明確に上昇が見て取れます。また，両方が平均以上である，左上のグループに該当したのは 30 社あり，全体の 20 ％以下と少数でしたが，戦略変更度は 3.766 と，さらに高い値を示しています。海外市場で，現地文化を受け入れながら，本国のも

新しい組織文化の獲得が，戦略転換を促す

のとも現地のものとも異なる新たな文化が創造されたとき，企業はたしかに戦略を変更していたのです。

表7-5では，他の変数の結果も注目に値します。自律度が高い，すなわち海外子会社に重要な戦略に関する意思決定権が委ねられているとき，その海外子会社は戦略変更を推進することができます。異質な環境に直面している，その現場で決定をすることの大切さが示されたわけです。また，海外子会社が構築している現地企業のネットワークも，戦略変更を促進する要因でした。積極的に現地と交わり，新しい情報を得たり，現地の事業環境に融和しようとすることが，戦略変更を後押しすることがわかりました。変革を期する人たちに対するヒントになるという意味で，これらの分析結果も重要であると考えられます。

B to B 産業だと戦略変更をしない傾向にあることもわかりました。B to B の場合，製品の型番が世界共通で決まっていたり，あるいはその売り方も共通であるなどして，新興国であろうとビジネスのやり方は大きく変わらないというのが理由かもしれません。また，B to C すなわち消費者向け製品のほうが，現地市場向けに製品およびパッケージやマーケティング方法を変えるのがより一般的になっていることも，理由かもしれません。

● チュニジアでの追試——分析の第2ラウンド ●

科学の世界では，度重なる追試の中で，理論の妥当性を検証していきます。前節の分析結果は，日本の製造業企業が海外新興国でビジネスをするときに限って，たまたま，組織としてのものの考え方すなわち文化の改革が，戦略変更を促進していたに過ぎなかったのかもしれません。そこで本節においては，まったく別の条件のもとで再検証を行うことにします。

具体的には，チュニジアの地場の製造業企業を取り上げます。チュニジアを選んだのは，私の研究室に，たいへん優秀なチュニジア人の博士課程学生，ドラ・アビディ（Dora Abidi）さんが所属してくれたことがきっかけです。チュニジアは，2011年のジャスミン革命以後，政治や経済が激しく動揺しています。その変化は，民主化・自由化に向かう流れの中にあり，基本的には歓迎すべきものと言えます。とはいえ，その真っ只中にいる地場の企業には，法制度から商慣行，為替，消費者心理までもが目まぐるしく変化する中

での舵取りが求められることになっています。そうした変化する情勢に合わせて自社を変革していくにあたって、センスメーキングは有効に作用しているのか。アビディさんを中心に中川研究室で行った研究成果を、追試の成果として、かいつまんで紹介したいと思います。[37]

調査対象は、アパレル、電気・機械、医療・福祉、小売り、の各産業に属する主要なチュニジア企業です。動乱期ゆえの不安定な郵便事情に鑑みて郵送でのアンケート回収が難しく、またオンライン・アンケートもまだあまり普及していなかったため、調査は主として現地でのインタビューによって行われました。1カ月にわたってアビディさんが粘り強くアポイントメントをとる作業と現地調査を進めた結果、チュニジアの主要5都市とその近郊にある67社から調査への協力を取り付けることができました。各社、トップ・マネジャーかそれに準ずる人を対象に、1時間程度のヒアリングを実施しています。サンプルの概要は、**表7-7** の通りです。

分析では再び、戦略が変更されているかどうかを被説明変数としました。製品（サービス）、マーケティング、組織マネジメントの3点について、変革がなされたかを7段階で評価してもらい（(1)まったく変更されなかった～(7)完全に刷新された）、3つの数値の平均値を「戦略変更度」としています。[38]

今回の調査では、また、より直接的に人々の状況解釈の変化を問い、かつ、「リーダーの状況解釈」と「組織メンバーの状況解釈」とを区別することにしました。日本の新興国ビジネスを対象とした1つ目の調査では、現地の文

---

[37] 本節は、私がアビディさんとともに発表した2本の論文と学会報告がもとになっています。この学会報告も光栄にも受賞しました。
　・論文
　　Abidi, D., and Nakagawa, K. (2018) "Innovation in VUCA world: Evidence from Tunisian firms in a post-revolution context," *International Journal of Business and Emerging Markets*, Vol. 10-No. 4, pp. 319-340.
　　Nakagawa, K., and Abidi, D. (forthcoming) "Management approach for innovation success in unstable and stable environment," *Competitiveness Review*.
　・学会報告
　　Nakagawa, K., and Abidi, D. (2017) "Opportunity-based approach versus administrative control approach: Comparison between unstable Tunisia and stable Japan," Presentation at 3rd Academy of Business and Emerging Markets 2017 Conference (August 2nd 2017, Santo Domingo, Dominican Republic), ABEM Best Paper Award 2017.

[38] Ritala, P., Olander, H., Michailova S., and Husted, K. (2015) "Knowledge sharing, knowledge leaking and relative innovation performance: An empirical study," *Technovation*, Vol. 35, pp. 22-31. などで使われた尺度を用いています。クロンバックのαは0.80でした。

表 **7**-7

チュニジア調査のサンプル概要

産　業	
電機・自動車	23
アパレル	26
医療・福祉サービス	13
小売業	5

企業所有形態	
財閥系	30
非財閥系	37

都　市	
チュニス（Tunis）	19
スファックス（Sfax）	9
スース（Sousse）	9
モナスティル（Monastir）	8
ビゼルト（Bizerte）	6
その他	16

従業員数	
20〜100人	13
100〜199人	13
200〜499人	25
500〜999人	7
1000人以上	9

企業設立年	
1960〜79年	10
1980〜89年	8
1990〜99年	25
2000〜09年	19
2010〜15年	5

調査対象者	
ゼネラル・マネジャー	27
CEO	7
その他の Chief Officer	8
人事部長	25

注：総サンプル数＝67。

化受容や，そこからの新文化創造を分析の焦点にしたため，あえてリーダーの解釈とメンバーの解釈を区別しませんでした。しかし今回は，組織メンバーが日ごろどのように状況を捉えて行動しているのか，また，リーダーは組織の置かれた現状をどう解釈しているのか，それぞれの効果を確かめていきます。

　第1ラウンドの分析と第2ラウンドの分析の違いは，図**7**-6のように描くことができます。第1ラウンドでは人々の状況解釈をつくり上げる組織文化を問い，第2ラウンドでは人々の状況解釈そのものを問うているのです。

　本文では詳細を省きますが，トップ・マネジャーの認識に関しては，市場ニーズや競争構造の変化をどれくらい深刻に認識しているかを，4つの質問で尋ね，[39] この説明変数を「トップの環境変化認識度」と名づけました。

　組織メンバーの状況解釈については，社内の人々が日ごろ変化の必要性を

---

[39] 質問項目は，以下の4点について，「あなた（経営者）自身の状況認識を教えてください」というものでした。①市場における競争環境の変化は激しい，②私たちの顧客は新製品（新サービス）を常に求めている，③1年を通じて競争環境は常に変化している，④私たちが事業を行う市場では，基本的に競争環境の変化は生じていない。④のみ逆の尋ね方をしているので，平均値をとるときは逆転させた数値を使っています。Jansen, J. J. P., Vera, D., and Crossan, M.（2009）"Strategic leadership for exploration and exploitation: The moderating role of environmental dynamism," *The Leadership Quarterly*, Vol. 20-No. 1, pp. 5-18, などで使われた手法です。クロンバックのαは0.78でした。

図 7-6

第1ラウンドの分析と第2ラウンドの分析の違い

図 7-7

チュニジア企業の戦略変更度決定要因を分析するための重回帰分析モデル

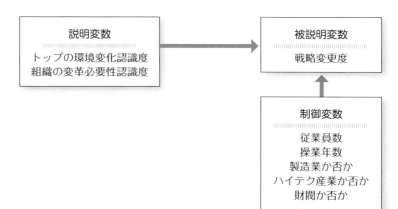

認識しているか，それとも従前の仕事のやり方が望ましいと考えているかを尋ね，[40] これを「組織の変革必要性認識度」と名づけました。

　この2つが今回の説明変数となります。先ほどと同様，今回も以下のように仮説を設定しました。また，統計モデルのチャート図は，図 7-7 の通りです。なお，以下の仮説の番号の「T」は，単にチュニジア（Tunisia）の頭文字を付けて，第1ラウンドの分析の仮説と区別しただけで，とくに深い意

味はありません。

　仮説 T-1. トップの環境変化認識度が高いほど，戦略変更度は高まる。
　仮説 T-2. 組織の変革必要性認識度が高いほど，戦略変更度は高まる。

　制御変数としては，第1ラウンドと同様に，従業員数と操業年数を導入します。また今回は，製造業とサービス業の両方を扱ったため，この2者間の違いを調整すべく，製造業かどうかを判別する変数を導入しました（製造業であれば1，サービス業であれば0）。さらに，より変化が速いと考えられるハイテク産業か，従来型のローテク産業であるかの区別も導入しています（ハイテク産業であれば1，ローテク産業であれば0）。なお，これに関してはチュニジアの状況に即し，エレクトロニクス・自動車・医療分野がハイテク産業に，アパレル製造業・小売業がローテク産業に分類されています（伝統的な衣類や宝石加工業およびその小売りが該当します）。加えて，チュニジアには財閥が支配する企業が多数存在しており，そうした企業では財閥一族が経営者として大きな権力を振るい組織を動かしていることから，こうした財閥系企業であるか否かも，制御する必要があると考えました（財閥系企業であれば1，そうでなければ0）。

　分析結果は，表**7**-**8**の通りです。紙幅の都合から，仮説にかかわる部分だけに絞って，結果を吟味していきます。仮説 T-1.「トップの環境変化認識度が戦略変更度を高める」は，非常によい有意確率で（モデル［t2］およびモデル［t4］の両方でおよそ 0.1 % 程度），統計的に検証されました。トップの環境変化認識度が1上がると，戦略変更度も平均して0.5以上上昇するという，非常に大きな効果があることがわかりました。モデル［t1］と［t2］を比べ

40　質問項目は，以下の5点について，組織のメンバーが普段どのように行動しているかを，事業部長や人事マネジャー，あるいはそれに準ずる人に評価してもらいました。①組織のメンバーは従来の発想に囚われない新規の技術アイデアを探求している，②組織メンバーは新技術・アイデアを探す能力こそが会社の成功につながっていると考えている，③組織メンバーは新しい製品やサービスを頻繁に導入しようとしている，④組織メンバーは常に顧客ニーズを創造的な方法で満たそうとしている，⑤新規市場への参入には積極的ではない。⑤のみ逆のことを尋ねているので，平均するときには数値を逆転させています。
　　Lubatkin, M. H., Simsek, Z., Ling, Y., and Veiga, J. F. (2006) "Ambidexterity and performance in small-to medium-sized firms: The pivotal role of top management team behavioral integration," *Journal of Management*, Vol. 32-No. 5, pp. 646–672, などで使われている指標を，今回の調査の趣旨に合わせて修正して用いています。クロンバックのαはやや低く 0.62 でした（詳細は元論文に譲りますが，別の方法を併用して，この尺度が妥当であることを確認しています）。

表 **7**-8

戦略変更度に関する重回帰分析の結果：チュニジアでの追試

	モデル[t1]		モデル[t2]		モデル[t3]		モデル[t4]	
	係数	有意確率	係数	有意確率	係数	有意確率	係数	有意確率
制御変数								
操業年数	0.031	0.172	0.038	0.095※	0.037	0.109	0.044	0.057※
従業員数	0.004	0.175	0.003	0.281	0.003	0.287	0.001	0.454
製造業か否か	−0.072	0.901	0.140	0.806	−0.438	0.451	−0.279	0.638
ハイテク産業か否か	0.725	0.144	0.827	0.092	0.416	0.413	0.416	0.421
財閥系か否か	−0.289	0.603	−0.391	0.480	−0.175	0.752	−0.291	0.595
トップの環境変化認識度			0.552	0.001**			0.594	0.000***
組織の変革必要性認識度					0.885	0.046*	1.051	0.019*
修正済み決定係数	0.050		0.102		0.069		0.130	
モデル[t1]からの修正済み決定係数増加量			0.052		0.019		0.080	
F 値の有意確率	0.000		0.000		0.000		0.000	

注：総サンプル数＝67。※は10％水準，＊は5％水準，＊＊は1％水準，＊＊＊は0.1％水準を表す。

ると，修正済み決定係数も0.052も上昇しており，トップの認識効果で戦略変更度全体の5％が説明できていることになります。

　仮説T-2.のほうも，支持される結果が得られました。これについても，組織メンバーたちが変化の必要をよく認識して行動しているほど，よい有意確率と高い係数が観測されています（モデル［t3］で有意確率4.6％，係数が0.885，モデル［t4］で有意確率1.9％，係数はじつに1.051となりました）。これらの説明変数が示した係数の高さを考慮すれば，組織メンバーが変革の必要性を認識していると，戦略変更が容易になされうる，ということが検証されたと言えます。

　また，両方の説明変数を導入したモデル［t4］を見ると，修正済み決定係数がここで最も高くなっていることから，4つのモデルのうちで戦略変更度の決定要因を最もよく説明できていることがわかります。このモデルにおいても，トップの環境変化認識度と組織の変革必要性認識度が両方とも，よい有意確率のもとで戦略変更度を高める効果を持つという結果が示され，改めて，組織のリーダーとメンバー双方の状況解釈の大切さが証明されることとなりました。

● 状況解釈の大切さ ●

　以上が本章の分析結果です。前章までに議論してきたことが統計的に検証され，戦略変更のためには，人々の状況解釈や，それを生み出す土台となる，ものの考え方（組織文化）を揺さぶるのが，大切であることが示されました。分析結果からわかったことを，整理してみましょう。

　　本章の分析で明らかとなった，戦略変更を促進する要因
　　❏ **新しい組織文化＝人々の状況解釈をつくり上げるもの**
　　　● 海外新興国のような，異なる文化を持つ人々と接触できる状況下では，自分たちにはない価値観を相手から積極的に習得することで，戦略変更が促される。
　　　● 自社のもともとの文化と，現地で新規に獲得した文化との融合を図ることで，新たな文化の創造が起こり，戦略変更はさらに促進される。
　　❏ **事業環境が変化しているという状況解釈**
　　　● トップ・マネジャーが事業環境が変化しているという状況解釈を有しているとき，戦略変更が促進される。
　　　● 組織メンバーが，変革が必要であるという状況解釈を有しているとき，戦略変更は促進される。

　こうした検証結果を，統計分析から得られたということは，実社会にも小さくない意味を持ちます。統計分析では，あまり見慣れない数値が羅列されたり，細かい手法を理解する必要があったりで，実ビジネスとの距離を感じてしまう読者もいるかもしれません。しかし，時と場合がまったく異なる多くのサンプルを集め，それらに共通して有効と認められた経営手段が見つかったわけですから，私は学者（経営学のドクター）として自信を持って，みなさんに「状況解釈を揺さぶれ！」と処方箋を出すことができるのです。
　統計分析は，たしかに，かなり形式ばった複雑で難解な手順を積み重ねていくものですが，それだけ慎重を期して検証するからこそ，自信を持って「戦略変更には状況解釈を揺さぶることが大切だ」と，結論を主張できるわけです。こうした科学的なアプローチの力と重要性が理解されつつあることが，今日におけるビッグデータの利活用，データ・サイエンスやAIの隆盛につながっています。

話が逸れましたが，本章の分析から，センスメーキングの効果が検証されました。このことは，じつは，本書にとって2つの意味を持ちます。第1には，状況解釈が揺さぶられれば戦略変更が行われるという，「解決策」が実証されたことです。また，それと同時に，第2には，状況解釈が揺さぶられなければ戦略は変わらないという，戦略硬直化も検証されたのです。本章はつまり，スプラーグやシャープの事例で議論してきた，戦略を変えられないのは人々が自分たちの状況解釈を疑わなくなっているからだ，ということについての，統計による検証にもなっているのです。硬直化を脱するための方法も，その裏返しとして硬直化を引き起こしていたのも，やはり状況解釈であったことが検証されたわけです。

　このように，本章では統計分析によって状況解釈の大切さを首尾よく実証することができました。ですが，その一方で私は，数字・統計の話だけではイメージが掴みきれない，ピンとこないという読者がいたとしても無理はないとも思っています。そこで，続く第**8**章・第**9**章では，リーダーのセンスメーキングによる戦略転換の事例と，ある地域に集った人々のセンスメーキングの連鎖による戦略変更の事例を，取り上げます。統計分析の結果を念頭に置きながら，具体的に人々がどのように新しい状況解釈を獲得し，またそれがどのように戦略変更へと結びついていったのか，理解を深めていきましょう。

リーダー主導の戦略変更

ルネサスエスピードライバの経営改革

● 典型例を通じて，センスメーキングによる戦略変更の理解を深める ●

　前章で行った統計分析の結果に関する理解を深め，具体的なイメージを摑んでもらうために，本章では，センスメーキングの力を活かして戦略変更を成し遂げた典型的な事例を，1つ紹介したいと思います。それが，日系半導体大手・ルネサス エレクトロニクス傘下で，液晶ディスプレイ用半導体事業を営んでいた子会社・ルネサスエスピードライバ（以下，RSP）[1]の事例です。同社は，長い事業活動の中で，一時期，過去の成功体験に引きずられるようにして戦略が硬直化し，慢性的な低収益に陥ってしまっていました。これに対し，改革を委ねられた横田善和氏[2]を中心とする経営陣は，センスメーキングの力を活用して戦略転換を成し遂げます。その結果，RSP は中小型液晶ドライバ分野で世界シェアトップを握る，高い利益率を誇る業界リーダーへと変貌を遂げたのです。

　この事例からは，戦略の硬直化とそこからの脱却という，両方の局面において，組織で共有されている状況解釈が，人々の行動に大きな影響を与えて

---

[1] RSP は現在ではルネサスの傘下を外れ，外資系のシナプティクスという半導体企業に買収されて事業を継続しています（後述）。RSP をめぐる資本関係はかなり複雑な変遷をたどっていますが，基本的に本章では，経営改革の前後の期間に所属していたルネサスの子会社であるということで，記述しています。RSP という名称も，所属の変化によって時期ごとに変わっていますが，ここでは一貫して RSP と呼称します。

下表で簡単にその所属の変遷を記しておきます。

時　期	RSPの所属	出来事
1980年代〜2003年	日立製作所	（後に RSP の母体となる液晶ドライバ部門が，日立製作所内部に設立される）
2003〜10年	ルネサステクノロジ	2003年，日立製作所と三菱電機の半導体部門の合併，親会社からの分離独立により，ルネサステクノロジ発足
2010〜14年	ルネサス エレクトロニクス	2010年，ルネサステクノロジと NEC エレクトロニクスが合併し，ルネサス エレクトロニクス発足
2014年〜	シナプティクス	ルネサス エレクトロニクスから米シナプティクスに RSP が売却される

[2] 2019年1月現在，ルネサス エレクトロニクス執行役員常務。横田善和氏の略歴は以下の通りです。1983年，日立製作所入社，マイコン用途の LSI 開発に従事。1996年ごろ，ディスプレイドライバ開発部に移り，トップ技術者としての評価を得る。2005年，事業部長となり，ディスプレイドライバ事業の経営に中核的に携わるようになり，改革に乗り出す。2008年の RSP 発足時に副社長（Executive Vice President），2010年より社長。改革を成し遂げた手腕を買われ，2014年よりルネサス エレクトロニクス本社に戻り執行役員となる。

いるということがよくわかります。また，前章で統計分析から導き出された，センスメーキングを軸とするさまざまな戦略変更の手段が，現実にどのように利用されたり作用したりして戦略の変更が進んでいくかについても，みなさんの理解が深まることと思います。[3]

● RSP における戦略硬直化 ●

RSP の発足

　RSP は，もともとは日立製作所内で，半導体事業の 1 部門として発足した組織です。1970 年代，日本では液晶ディスプレイの実用化に向けた研究開発が盛んになります。[4] その一環として，液晶ディスプレイに表示する映像を制御する，「ドライバ」と呼ばれる半導体が必要になりました。日立製作所では 1970 年代からその開発が開始され，1980 年ごろには後に RSP となる部門が成立します。

　1980 年ごろ，日本国内では，シャープを筆頭に 30 社を超える企業が，液晶ディスプレイ生産に参入していました。しかし，それらの企業の中でも，自ら半導体部門を持って液晶ドライバを開発設計しようとした企業は，シャープのほか，東芝，NEC，日立製作所などごく一部に限られていました。液晶ディスプレイの技術と，それを制御するドライバ（半導体）の技術はまったく異なるものであることに加え，多くの資本を必要とすることもあって，液晶ディスプレイ事業と半導体ビジネスの両方を手掛けられる企業はごく限られていたのです。RSP（日立製作所）はそこにニーズを見出し，多数の国

3　本章を作成するにあたっての情報は，主にインタビューによって収集されています。主なものは以下の通りです。これらに加えて，電話やメール等で追加的な質問を行っています。
・2013 年 7 月 16 日，RSP 技術開発部長 HK 氏インタビュー。
・2013 年 11 月 18 日，RSP 技術開発部長 HK 氏インタビュー。
・2014 年 8 月 29 日，RSP 台湾 Executive Vice President HM 氏ほか 6 人，フィールド調査。
・2014 年 8 月 29 日，RSP の親会社の 1 つ・パワーチップ Vice President Joe Wu 氏インタビュー。
・2014 年 8 月 29 日，RSP 関連会社・チップボンド Project Manager Richard Wang 氏インタビュー。
・2015 年 2 月 10 日，横田善和氏インタビュー。
・2015 年 4 月 20 日，横田善和氏インタビュー。

4　沼上幹（1999）『液晶ディスプレイの技術革新史——行為連鎖システムとしての技術』白桃書房。

内液晶ディスプレイ企業に向けてドライバを販売していくべく,事業をスタートさせました。

1995年ごろには,カラー液晶ディスプレイの量産に目処がつき,本格的な市場拡大が見込まれるようになります。そのころには,RSPは4社ほどいる液晶ドライバの主要メーカーの1社となっていました。[5] 当時はさほど競争も激しくなかったため,RSPは長年蓄えてきた技術力を武器に,安定した業績を上げることができていました。

赤字転落

こうした状況に変化が生じたのは,1990年代後半からです。きっかけは,液晶ディスプレイそのものを作るビジネスにおける,日本企業の凋落でした。液晶ディスプレイ産業では,長年,日本が技術を開発し,市場の立ち上げを主導してきました。ところが1990年代後半に,台湾や韓国のエレクトロニクス企業が液晶ディスプレイ生産に参入すると,日本企業のシェアは急激に低下していったのです。[6]

液晶ドライバ業界でも,その影響は甚大でした。韓国と台湾の新興メーカーは,コスト競争力強化のため,それまでの主要なドライバ生産者であった日本企業からの調達を止め,自社生産を始めたり,台湾の新興半導体メーカーであるノヴァテク(Novatek)やハイマックス(Himax)などから調達したりするようになったからです。[7] RSPなど日系のドライバ製造企業は,旧来の顧客である日系液晶ディスプレイ企業が凋落し,一方で新しい顧客である韓国・台湾のディスプレイ企業には値段の高さが敬遠されてしまったため,技術力には秀でていながらも,売り上げは満足な水準を確保できず,次第に苦しい経営状態に陥っていきました。

このようにして新興メーカーが実力をつけ,じりじりと市場を奪われていく中,2006年度3月期にRSPはついに赤字に転落します。当時は,親会社であったルネサステクノロジも経営状態が思わしくなかったこともあって,独立採算での黒字化が達成できなければ売却との通達とともに,2008年4

---

[5] 岩井善弘・越石健司(2002)『ディスプレイ部品・材料最前線』工業調査会。

[6] 中田行彦(2007)「液晶産業における日本の競争力——低下原因の分析と『コアナショナル経営』の提案」RIETIディスカッション・ペーパー 07-J-017。

[7] 赤羽淳(2005)「台湾TFT-LCD産業——発展の系譜」『赤門マネジメント・レビュー』第4巻12号,623–634頁。

月に RSP は分社化され,最後のチャンスとなる経営再建をスタートさせることになりました。

赤字期に RSP でとられていた戦略と,その背後にある人々の状況解釈

ここで注目すべきは,赤字に陥った時期も,RSP は決して技術的に劣位に立っていたわけではなく,また組織的にも,社全体が一丸となって前向きに経営努力できる状況にあったということです。組織の状態が悪かったり,状況を打開するのに必要な経営資源が足りなかったりしたのではありません。

このことはつまり,みなが「一丸となって取り組んでいた」戦略そのものが,適切ではなかった可能性を示唆しています。努力の方向が誤っていたために,じり貧に陥ってしまったということです。そこで,具体的に当時はどのような戦略がとられていたのかを,その背後にある人々の状況解釈とともに検討していきましょう。

そのころ RSP は,「売り上げを最大化する」ことを戦略目標としていました。営業部門は,顧客密着・顧客志向で,どんなに小さな需要も拾い上げ,自社の取引につなげるよう動機づけられていました。開発部門は,そうして営業から上がってくる多様なニーズに応えるべく,多様な製品をカスタム設計する力を蓄えており,製造部門もまた,そうした多様な製品を効率的に生産するための多品種少量生産の実現に取り組んでいました（●図 8-1）。顧客志向の営業,顧客にぴったりのカスタム設計,多品種少量生産といったキーワードは,一般的には,よい企業経営の代名詞と見なされるものです。加えて,「売り上げ最大化」は,日系半導体企業の勝ちパターンとして,RSP のみならず国内で広く共有されていた考え方でした。こうした中では,RSP のメンバーが自分たちのやり方を疑わなかったとしても,仕方がなかったと言えるかもしれません。

ここで,当時の日系半導体産業において勝ちパターンとされ,ビジネスをする上で広く知られていた,「売り上げ最大化行動が事業に成功をもたらす」という考え方は,どういう発想に基づくものだったのかということを,説明しておきたいと思います。まずは,経営再建を託された横田氏の言葉を借りて,その勝ちパターンがいかなるものだったかを概観することにしましょう。

　　　RSP はもともと売り上げを追いかけてきた。半導体産業は装置産業であるか

図 8-1
赤字転落期の RSP の戦略

ら,莫大な設備投資負担をカバーするために,とにかく生産ラインの稼働率を高めることが最優先された。値引きをしてでも受注をとり,売り上げを最大化していかねばならないと考えていた。単一の製品では赤字だったとしても,そうした製品も含めて生産量を積み重ねていけば,設備投資が賄いきれる,という考え方が主流だった。生産ラインがフル稼働さえしていて,設備投資分を払いきってしまえば,あとは作れば作るだけ利益がついてくる,というのが日本の半導体産業の考え方だった。

この背景には,日本の半導体メーカーのかつての DRAM での成功体験がある。少なくとも私の知る限り 1980 年代からずっとこうした考え方が主流であったし,ルネサステクノロジ設立当初の経営陣・従業員の考え方もこうしたものであった。[8]

横田氏の言う「DRAM での成功体験」とは,かつて 1980 年代に,NEC・富士通・日立といった日本の主要な半導体メーカーが,世界首位の半導体出荷量を競っていた時代のことを指しています。DRAM とは,コンピュータや通信機器の短期的な情報記録・処理を司る半導体です。当時,日系半導体メーカーは,米国をはじめとした他国の企業を上回る莫大な設備投資によって,多量の DRAM をグローバル市場に供給し,市場を席巻していたのです。

このとき日本企業が採用していた戦略は,一般に「浸透価格政策」と呼ばれます。あえて採算ぎりぎり,時には採算度外視の価格設定であっても,積極的に受注を獲得していく戦略です。典型的な装置産業である半導体製造業は,莫大な設備投資を必要とします。生産ライン 1 つ設置するのに当時で数十億,現代では新工場設立には数百億円以上がかかると言われています。この設備投資費を回収するために,とにかく生産量を確保することが大切だと

---

[8] 横田善和氏インタビュー,2015 年 4 月 20 日。

認識されたのです。

　たとえば100億円の設備投資費がかかった場合，その生産ラインで1億個の製品を作れば，1個当たり100円を回収することで設備投資額を賄えます。しかし，1000万個しか作れなければ，1個当たり1000円を負担しなければならなくなります。したがって，とにかく多量の受注を獲得し，大量に生産するほど，コスト競争力が高まり，ひいては早期に設備投資費を回収して，利益を出せるというわけです。

　日本企業は1980年代に，この戦略を採用して半導体産業の覇者となりました。最初は採算度外視で安価に販売しても，それによって競合を振り落としながら生産量を積み上げていけば，設備投資費を回収した後は，どんどん儲かるようになっていきます。こうして浸透価格政策は，日系半導体メーカーに必勝パターンと認識されるに至ります。この浸透価格政策の論理は，ごく筋の通ったものであり，かつ実際にも大きな成功をもたらしていたため，日本の半導体業界の人々の間で，これが常識的な考え方となるのは，やむを得ないことだったと言えます。

　しかし，じつは，この売り上げ追求戦略が，RSPの利益を圧迫する要因となっていたのです。当時のRSPでは，かなり古い世代の製品や，その製品単独ではまったく採算に合わないような小ロット（少量発注）の依頼も，営業はすべて拾い集めて受注していました。会社の財政が危機にある中で，真心から努力を重ね，受注を集めていたのです。開発・製造もそれに応え，続々とカスタム品を設計し，多品種少量生産の仕組みをうまくつくり上げて生産していました。みな，会社のことを思い，頑張って売り上げを稼がなければと，一丸となって努力していたのです。

　ところが，そうした低価格や小ロットの発注に応えることが，会社全体としての事業効率の低下を招いていました。開発部門はカスタム品作りに忙殺されて新技術開発に人を回しにくくなり，製造現場では生産計画が複雑になって製造効率が悪化していました。営業部門でも，多数の顧客の要望に応えるため，採算の悪い仕事に自社や販売代理店の人員を割かなければならなくなっていました。ただし，こうした事実が判明するのは，黒字化に向けた抜本的改革がスタートした後のことです。それまでのRSPは，慢性的な低収益に苦しみつつも，自分たちの戦略に疑いを持つことはありませんでした。1980年代に形成された，「装置産業だから投資回収のためにはたくさん作っ

てたくさん売るべきだ」という状況解釈が，人々の思考を縛っていたのです。

● RSP の戦略転換 ●

分社化に際しての，事業構造の見直し──「仕方ないですよね」

　先述のように，2006 年から慢性的な赤字に陥った RSP は，黒字化できなければ売却という位置づけで 2008 年 4 月に分社化され，新たなスタートを切ることになりました。横田氏を中心とした事業変革は，RSP が子会社として独立するに際し，その事業構造を見直した 2007 年度から始まります。

　RSP 分社化に練り込まれた最大の改革策は，半導体産業の新しい経営トレンドであった「ファブレス化」というビジネスモデルの導入です。ファブレスという言葉は半導体産業に特有の表現でしたが，近年は，この用語を冠したビジネスモデルが広く見られるようになりました。これはすなわち，自社では生産能力を持たずに，外部委託するビジネスモデルを指します。生産設備（fabrication）を持たないことから，ファブ・レス（fab-less）と言うのです。他の業界では，スマートフォン大手のアップルが，生産をすべて外部委託して成功した事例として知られています。

　生産を自社で行わず，外部委託すると，会社のコスト構造は劇的に変化します。自社で生産能力に投資しなくてよくなるからです。必要なときに，必要なだけ，外部の委託先と「1 つ当たりいくら」という契約を結べばよいのです。先述のように，半導体産業では生産設備投資が莫大な金額になります。そのため，カネの動きだけを見ると，「設備投資を回収するために事業をしている」ような状態になりがちなのです。これに対し，生産設備を自前で持たなくてよいなら，投資や人材をすべて技術開発やマーケティングに集中できます。設備投資に頭を悩まされることもなくなりますから，黒字化を達成する難易度を大きく下げることができます。

　1990 年代以降，半導体産業では，ファブレス化が急速に進んでいきました。かつての半導体業界では，すべての半導体企業が自社で生産能力を保有して事業を営み，その技術や巧拙を競う競争をしていました（それに勝ったのが日本企業でした）。しかし，1987 年に世界初の半導体製造受託企業として設立された台湾の TSMC が成功を収めると，1990 年代には製造受託企業とそこに製造委託をするファブレス型企業が急増しました[9]。RSP の競合として登

場した台湾のノヴァテクやハイマックスも，ファブレス形態をとって，そのコスト競争力を武器に成長してきた企業でした。

　横田氏は，こうした競合企業に対抗するため，RSPもまた分社化に合わせてファブレスにしようと，以下のように考えます。

> 　この業界では，売り上げの変動が大きい。2～3割の減収が当たり前の世界。だから，変動に耐えられるところまで損益分岐点を下げる。売り上げが下がったときに見合うコスト構造にしなければならない。液晶ドライバの売り上げはいくらくらいなのかはわかっているのだから，それに合わせて社内構造を考えていけば，おのずとファブレスにしなければいけないことが見えてくる。
> 　私は，「単独の企業となったならば，このくらいの売り上げにしかならない。その枠内に収まる費用になっていなければ，独立した企業としてはおかしい。だから，RSPでは製造機能は持てません，ファブレスにしなければいけません」と，親会社や，RSPのみなに説明してまわった。今回の分社化の狙いは，独立会計で黒字にしていくための措置なのだから，コストと売り上げのバランスをとるためには，「ファブレス化も，仕方ないよね」と，本社やRSPの人々に受け入れてもらった。[10]

　横田氏はこのように，いきなりファブレス化ありきで話を進めるのではなく，「自分たちの売上高に見合ったコスト構造を考えたならば，ファブレス化が必要ですね」というロジックで，社内に説明をしていったといいます。

　ここで，横田氏が「仕方がないですよね」というアプローチで説得を試みたことは，注目に値します。RSPや親会社のルネサス内では，半導体は自分たちで生産するのが当然で，たとえ赤字でも生産技術を放棄するなどありえない，という考え方が主流だったからです。同社は，自社の高い生産技術と，それを用いて過去に世界を席巻したことに，高いプライドを持っていました。そうした感情と正面からぶつかり合うのではなく，論理的に，なぜファブレスでなければならないのかを説明した上で，「仕方ないことですからご容赦ください」という形で許可を得たのです。人々の誇りは傷つけず，でも事業体制の変更はやむを得ないという説得の仕方でした。この様子を，RSP設立当時の技術開発部長であったHK氏は，以下のように伝えています。

9　長内厚・神吉直人編著（2014）『台湾エレクトロニクス産業のものづくり——台湾ハイテク産業の組織的特徴から考える日本の針路』白桃書房。

10　前掲，横田善和氏インタビュー，2015年4月20日。

RSP の中でも，一部の人は，説明を聞いて頭ではわかっていたけど，気持ち的にはそれはやはり納得いかないところはあったみたいだ。これまでルネサスは生産技術で戦ってきて，うちは「ものづくり」の会社だからという思いを持っている人が多かった。でも，製造コスト負担が赤字の原因であることは，みんな頭ではわかっていた。だから，「仕方ないよね」と説得されれば，「そうだね，仕方ないね」と返事ができた。その「仕方ないよね」という捉え方が，RSP の内外に広がっていった。[11]

粗利中心の経営への転換——利益重視の考え方を説明する

　こうして RSP は，その設立当初から，急速な改革へと舵を切りながらの船出となりました。大きくは営業部門・開発部門・管理部門の 3 部門からなる，約 180 名でのスタートでした。会社発足時点で横田氏は副社長に就任しましたが，社長はいわば改革の後見人・後ろ盾として本社から送られてきた人物であり，事業に関しては横田氏に方針策定が任されることになりました（当時の社長が改革においてどのような役割を果たしたかについては後述します）。

　横田氏の次なる改革は，売り上げを追求することを止めて，粗利益を最大化するという考え方を定着させ，それに基づいて行動の変革を進めていくことでした。RSP はルネサス本体から不採算部門を切り離すという形で発足したため，RSP に移籍することになったメンバーの中には，移籍が嫌々であったり，強い不安を感じている人もいました。また，RSP の不調の原因が，従来からの売り上げを重視する考え方に根ざすものであったことから，RSP の戦略転換には，そうした従業員の思考および心理の，根本的な転換が必要だと，横田氏は考えたのです。

　そこで横田氏は，社内向けに図 **8**-2 と図 **8**-3 のような図を描き，売り上げ優先の経営の誤りと，粗利益優先の経営の正しさを説いてまわることを決めます。それぞれを順に見ていくと，まず横田氏は，最初に描いた図 **8**-2 で，なぜ従来通りの売り上げ優先で事業をすることが望ましくないのかを説明しました。売り上げを優先し，値下げしてでも売るような事業を続けていると，単品当たりの粗利益が減っていきます。そうなると，技術開発や製品開発に回せる資金の絶対額が少なくなってしまいます。そのことで技術力が低下すれば，製品の競争力が低下するので，受注するにはさらに値引きをしなければならなくなります。このように，売り上げを維持しようとして，値

11　RSP 技術開発部長 HK 氏インタビュー，2013 年 11 月 18 日。

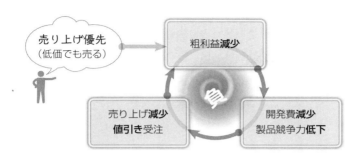

図8-2
売り上げ優先の負のスパイラル

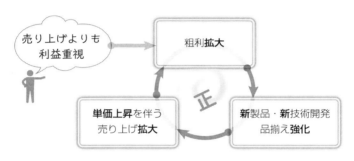

図8-3
利益の上がる正のスパイラル

下げしたり利幅の薄い商品を販売するほど、利益が圧縮されて製品競争力は低下し、さらに値下げや利幅の薄い商品に頼らざるをえなくなる……という、悪循環に陥ってしまうわけです。

これに対し、図8-3は、利益最大化を目指し、売り上げよりも利益を重視する、新しい戦略を描いたものです。単品当たりの粗利益率を高く設定すれば、当座の資金が増加し、技術開発投資に回せる資金が増やせます。すると、技術力を高めるだけでなく、品揃えも充実させて、顧客から望まれる製品を生み出すことができるようになります。値引きをしなくても受注できるようになれば、結果的に、利益を優先したことで、売り上げが後について伸びてくるということになるのです。利益を先に考えることにより、結果として健全な「利益の出る売り上げ拡大」が図れる、と横田氏は説明しました。

奇しくも横田氏が説明に用いたのもスパイラル状の図だったわけですが，これはもちろん本書で説明してきた戦略硬直化のスパイラルや，それを脱するスパイラルとは別のものです。しかしながら，事態が上向いていくか下向いていくかは，1つの行動で決まるのではなく，複数のものごとの連鎖で決まってくるという捉え方には，共通性があります。よい連鎖を生むように，その起点と過程をデザインしなければならないのです。

横田氏は，海外の半導体関連企業の人と議論する中で，こうした考えに至ったのだといいます。副社長に就く前から，横田氏は事業部長として，カンファレンスや日ごろの商談など海外の半導体企業と議論する場にしばしば出ていました。そうした中で横田氏は，米国や台湾などの海外半導体企業が，当たり前のようにオープンに利益水準の話をすることに驚きを覚えたそうです。

> 海外の企業は，時には，「おたくのGP（gross profit：粗利益）どのくらい？」などと，意外なほど直接的に訊いてきたり，話したりする。いつごろからそうなったのかはわからないが，海外の企業は粗利を念頭に置いて事業をしているのだなと感じさせられた。売り上げのほうにばかりこだわる日本の半導体企業とは，まったく違う考えだった。[12]

営業部門への改革(1)──反対を押し切り，陣頭に立って断行する

上述のように大きな戦略方針の転換を示しながら，横田氏は個別の部門に対して今後どう事業を行っていくかを説明してまわりました。最初に手を付けたのは，営業部門です。横田氏は営業部門に不採算製品からの撤退を指示しました。「粗利最大化経営」の影響を直接的に受けるのは営業部門です。従来，RSPの営業は，顧客に対して「要望に添って，何でもやります」という姿勢で臨み，受注を獲得してきました。これを改めて，「自分たちの利益の出るものしか，やりません」という営業姿勢に変えることになるからです。

営業部門の説得のため，横田氏はまず，品種ごとの粗利益率を厳密に調べ，それを営業部門に公開することにしました。それまで，品種別の粗利益は経営陣だけが知る情報で，それも厳密に計算されたものではなく，概算でした。ただし，こうした体制にも理由はありました。従来の売り上げ優先の発想で

---

12 前掲，横田善和氏インタビュー，2015年4月20日。

は，粗利益に気をとられていては経営ができなくなると考えられており，まして営業人員が粗利益を気にしていては，受注を獲得してくるための攻めの営業ができなくなってしまうと思われていたからです。それに対し，黒字化を目指して，粗利益にこだわった営業活動をしましょう，ということを仲間に明確に示すためのアクションとして，横田氏は粗利益の全社公開を進めることにしたのです。

　横田氏の号令のもと，RSPでは全製品の厳密な粗利益水準が調べられました。結果がまとまると，営業部門を含む全部門にデータが共有されました。これによってようやく，RSPでは決して少なくない品目が，売れば売るほど赤字になっていたことが明らかになりました。また，赤字ではなくとも，非常に利幅の薄い製品が多数あることも，みなが理解したのです。横田氏はこの結果に基づいて，営業部門に対し，陳腐化した小型白黒液晶ディスプレイ用ドライバなどの不採算品目を，生産停止か，あるいは値上げ（横田氏はこれを「値戻し」と表現し，言葉の響きを和らげています）するための交渉を，顧客とするよう指示しました。

　営業部門では，この変更に対して強い反発が起こりました。営業部門にしてみれば，値引きを止め値上げをする，あるいは供給を停止することで，自分たちが頑張って開拓し，長年にわたる良好な関係維持に努めてきた既存顧客たちの心証を悪化させかねません。また何よりも，この改革は，自分たちが長い間信じてきた「顧客志向で，顧客の要望に添い，少しでも受注を積み上げることこそが正しい経営である」という基本的な行動方針をひっくり返されるものであったため，相当に大きな心理的な反発を呼んだのです。しかも，横田氏が開発部門の出身で，それまであまり接点がなかったことから，営業部門の人々は当初，同氏を営業のことを知らない人物と見て，信用に足らないと見なしていたことも，反発をより大きくしました。

> 　RSP設立の最初のころは，営業との戦いだった。不採算製品からの撤退や顧客との値戻し交渉について，営業からは「お客さんとの関係はどうするんだ」「売り上げが落ちてもいいのか」「シェアを維持できません」という声が大きく上がった。[13]

　営業部門はたびたび横田氏に反対意見を突きつけ，翻意を促しましたが，

13　同上。

同氏は方針について一歩も譲りませんでした。営業部門には不満と疑問がくすぶり続けましたが，横田氏は押し切るようにして赤字品目の供給停止を少しずつ進めていきます。顧客によっては，営業担当者だけではなく横田氏自身も出向いて，頭を下げたこともありました。最終的には，RSP設立からおよそ1年で，すべての赤字品目が供給停止となりました。

　この改革については，親会社であるルネサスからも反論が出ました。RSPが生産停止を決定した製品の中には，親会社やその関係会社，長い付き合いのある顧客，影響力の強い国内大手メーカーなどに向けたものも含まれていたためです。親会社のルネサスとして無下には関係を悪化させたくない相手に対しても，RSPがきわめて強気に生産停止や値上げの交渉をしているとあって，「あいつらの営業姿勢を改めさせろ」という声が上がったのです。

　こうした親会社からの批判の矢面に立ったのが，RSPの初代社長となった鳥居周一氏です。鳥居氏は，設立時点ですでに60歳を超える大ベテランで，液晶ドライバとはまったく異なる事業部門の出身者でした。しかし，親会社に顔が利き，またその豊かな経験で新会社設立の諸事を取りまとめるには最適として，RSP社長に抜擢されました。同氏は，自身をあくまでも合弁設立の取りまとめ役および改革の後見人と位置づけ，事業責任と改革実務を副社長の横田氏に委ねます。そして，RSPの改革に対する親会社内での反発への壁となることを，自らの役割と定めたのです。ルネサス内での異論はすべて鳥居氏が頑としてはねのけ，あるいは説明に回りました。こうした鳥居氏の支えもあって，横田氏は親会社から批判や直接的な介入を受けることなく，改革を進めることができました。

営業部門への改革(2)——新たな戦略への理解の広がりと，営業部門の主体的参画

　横田氏の粘り強い説得と，実際にもコスト・利益構造の改善が数値に現れてきたことにより，営業部門内では少しずつ改革への理解が広がっていきました。2010年に黒字化を達成してからは，営業部門の雰囲気も目に見えてよくなり，急速に改革に前向きな意識が広がっていったといいます。2010年度は（意識的に取り扱い品目を減らしていった結果）売上高こそ248億円とピーク時の半分ほどにまで減少していたにもかかわらず，税引き前利益は34億円の黒字と，前年までの赤字から，じつに利益率10％強の健全経営へと，大転換を果たしていました。赤字を撲滅してコスト水準を圧縮するという取

り組みが正しいことが数字で証明され，また，高付加価値品を顧客に納得して買ってもらう新しい営業スタイルにも慣れ，営業部門は，トップの唱える新たな考え方と，それを体現する事業戦略に，自信を持って取り組めるようになっていました。

これを受けて，横田氏は営業改革をさらに推し進めます。営業人員の成果指標を，従来の売り上げではなく粗利益へと変更したのです。同時に，値下げの権限は経営トップだけが握ることとし，仕組みとして営業部門が値下げできない体制も築きました。

ただ，後者の仕組みに関しては，製品価格の最終判断は経営トップによるが，いくらにするかという価格の検討と提案は営業担当者が受け持つこととされました。営業担当者は，顧客と実際に接する中で，いくらくらいなら受注できるかや，目標利益を達成するには価格はいくらでなければならないかを自ら分析し，トップに対して価格水準を提案するという形で，むしろこれまでよりも価格設定に積極的にかかわることになったのです。新しい考え方への理解が広がり，営業部門との間に信頼が醸成されてきたとの認識から，横田氏は営業部門に積極的な経営参画を促しました。営業部門もこの変更を前向きに受け入れ，自ら主体的に，RSPの戦略方針に沿う営業戦略を立て，価格提案を行うようになっていきました。

> 各営業拠点には，予算目標が与えられている。価格設定するのはRSPのトップ・マネジャー陣であるが，営業担当者は「これは発注数が出るからここまで価格を落としても大丈夫。こういう値段で出し，確実に受注をとって数量を稼ぎましょう」「これはうちが他の競争相手に勝てるから，やや強気の値段に設定しよう」といったことを考えて提案をさせる。営業担当に，戦略の一翼を担わせるのだ。[14]

開発部門での改革(1)──当事者意識を持たせ，コストをつくり込ませる

一方，新技術や新商品を担当する開発部門もまた，問題を抱えていました。粗利中心の経営という方針が据えられたものの，開発部門では，赤字は他人事だったのです。開発部門は，赤字になるのは工場のコストや営業の値引きのせいだと考え，また自分たちは決まった予算の中で最大限の技術成果を実現していると自負もしていたため，赤字は自分たちの問題ではないと認識し

---

14 RSP台湾 Executive Vice President HM氏インタビュー，2014年8月29日。

ていました。

　横田氏は開発部門に対しても意識の転換を求めます。横田氏は先の図の通り，利益が出ればより開発費が増えて有益な開発活動ができると開発部門に説明し，製品開発段階からコストを意識した設計をするよう説得しました。横田氏自身，開発部門の出身で，優れた開発者としてメンバーから一目置かれていたということもあって，この提案は前向きに受け入れられました。

　開発部門は，早速，競合他社の製品の調査に乗り出します。かつては取るに足らない安物売りの新興メーカーとしか見ていなかった台湾の競合企業の製品から，素直に学ぶことにしたのです。そうしたところ，台湾企業の製品が，コストダウンに腐心しながら性能維持を図っている努力の産物であったことに気づき，自分たちの姿勢を見直すことになります。

　開発部門は，競合に負けないため，製造コストでも決して引けをとらないよう，設計の改良に取り組んでいくべきことを，改めて強く認識しました。その成果は実り，RSPは発足からの6年で，製品サイズを4分の1に縮小することに成功します。半導体には，同じ面積の材料からなるべく多くの製品を作ることで，劇的にコストを下げられるという特徴があります。そのため，この製品サイズ縮小によってRSPは，競合から抜きん出た業界トップの製造効率を達成，コストでも競合に負けない体制をつくり上げました。

　反発の小さかった開発部門では，横田氏の提案が受け入れられる土壌は当初からできていましたが，彼らにはさらに，競合のベンチマークを通じて利益重視の開発活動という意識改革が施されました。「開発部門が仕組みを理解し，安定した運用がなされるまでには，2年程度を要した」と横田氏は振り返っています。

開発部門での改革(2)──企画段階でのプロジェクト生涯利益計算

　開発部門に対する次なる改革は，製品開発者たちに，製品企画段階で製品がもたらす生涯利益額（製品のライフサイクル全体でいくら利益を稼ぎ出せるか）を推計させ，それをもとに開発プロジェクトの可否を判断する，という仕組みの導入でした。

　従来のRSPの製品開発姿勢は，技術先端品か陳腐化した品かを問わず，顧客からこういうものを作ってもらいたいと言われれば，個別製品の利益性などはあまり考慮せずに何でも開発するというものでした。いわば，採算が

見込めないものであっても，お客さまのためなら何でも作ります，あるいは自分たちが作ってみたいものであれば何でも作ります，という体制です。

　RSPでは，これを改めるため，生涯利益が2億円を超える製品だけを開発するという方針が定められました。顧客の需要・要望があったとしても，採算がとれなければ製品開発を進めないということです。この新しい仕事の進め方のもとでは，開発部門メンバーは，自らマーケティング分析をして，ターゲット市場や技術仕様計画，そして生涯利益を取りまとめた製品企画を準備しなければなりません。開発メンバーは，その企画を横田氏らトップ・マネジャー陣に提案し，ゴーサインを獲得しなければならないのです。

　横田氏の言葉を借りると，生涯利益に基づく製品企画選定そのものは，「必ずしも狙ったほどかっこいい結果にはならなかった」そうです。このルールを運用していく中で，念入りに生涯利益を計算したとしても，当てにしていた顧客側のプロジェクトが潰れたり，反対に顧客の製品が予想よりも大きなヒットになったり，あるいはマクロ経済が予想外に乱高下したりと，RSPがコントロールできない要因で利益が大きく上下することが判明したからです。

　しかしながら，この施策は，開発部門の意識改革には十分な成果を上げました。開発者たちは，トップの狙いをよく理解して，ビジネスや利益を強く意識し，それを踏まえて自分たちで製品企画を立てるようになりました。赤字が想定されるような製品は企画・開発されることがなくなり，目標の生涯利益には未達でも一定水準の利益は得られる新製品が並ぶようになったのです。結果的に，1製品当たりの利益額は年々上昇していきました。それを受けて，生涯利益の設定額は当初の目標2億円から段階的に引き上げられ，2013年には6億円にまで引き上げられることになりました。

進　　展

　2008年の分社化によって始められた戦略変更のための各施策は，おおむね2010年までには定着しました。営業も開発も最初はトップからの指示で行動していましたが，最終的には，どちらの部門も新しい戦略方針に納得し，その方針のもとで主体的に計画を立て行動するようになりました。

　この過程を，売上高と利益額，利益率の推移から見てみることにしましょう（◐図8-4）。前述の通り，当初は品目絞り込みの影響を受けて，売上

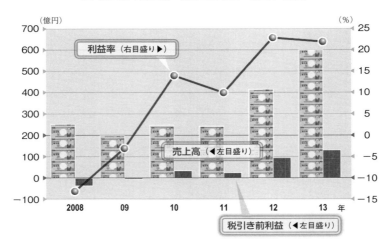

図8-4 RSP設立後の売上高・税引き前利益・利益率の推移

高そのものは減少しました。2008年の設立時点で，RSPの母体となった日立とシャープの液晶ドライバ部門の売上高は合計でおよそ500億円ありましたが，不運にもリーマン・ショックが重なったこともあり，設立初年度の2008年度売上高は255億円に半減し，純損失も33億円（当期純損失率−13％）に達しました。翌2009年度には売上高はさらに200億円まで下落し，純損失は6億円（同−3％）でした。設立当時の資本金は50億円でしたから，2期連続の赤字で純資産がほとんど底を突いてしまう状況になりました。横田氏自身，表面上は強気の姿勢を貫いていましたが，「じつは私自身も不安だった」と当時を振り返っています。追加の資本投入こそされなかったものの，当座の運転資金を確保するために親会社への納品分から早めに売り上げを入金してもらったりしながら，綱渡りの経営が続きました。

ただし，売上高が500億円から200億円にまで下落したにもかかわらず，純損失が6億円程度で済んだことは，ファブレス化や赤字品目停止の効果が出て，利益が出やすい構造になったことを意味しています。ここから製品が売れていきさえすれば，黒字になるという状況が見えてきたのです。設立以来，先端技術開発には十分に資源を投じていたことが，このときに活きました。利幅の大きな先端品を取り揃え，また幸い2009年度末ごろから経済も回復に向かい始めたことから，黒字が出るようになっていきました。

営業部門の項でも少し述べた通り，2010年に黒字化を達成すると，社内の雰囲気は目に見えてよくなっていったといいます。[15] 赤字を撲滅してコスト水準を圧縮するという取り組みが正しかったことが証明されたように感じ，開発部門も営業部門も，自分たちが進めてきた改革に自信を持って取り組めるようになっていきました。

状況に応じた戦略修正

　とはいえ，改革から数年が経過すると，各部門に指示された具体的なアクションの中には，狙った結果を出さないものや，逆効果となるものがあることもわかってきます。それが最も顕著であったのは，生涯利益に基づく製品企画でした。開発者自らがターゲット市場を選定し，生涯利益を基準に戦略を分析し，その採否をトップが判断するというやり方は，収益性の改善や，組織全体に利益・コスト意識を植え付けることには，きわめて有効でした。しかしながら，このように現場から積み上げていく方式では，RSPが会社としてどういう市場を狙っていくのか，どういう技術を育てていくのかといった，中長期的な技術と市場の目標が定めづらかったのです。

　これに対し，横田氏は2011年ごろに是正措置を導入しました。生涯利益目標を満たすものならば何を開発してもよい，という方針を改め，「中小型ディスプレイ用ドライバでトップシェアをとる」「技術では最先端を行き，他社に先んじた製品を供給する」という大きな方針を置いた上で，その範疇で生涯利益目標を満たすことが新規開発の方針とされました。

　　　インテルを見ても，どんな産業の企業でも，分野のトップになって主導権を握れるようにならなければ利益は得られない。分野は絞り込まなければならない。また，ボリューム・ゾーンを捨てて先端特化しては利益額の総規模が小さくなり，じり貧になってしまう。新興国の廉価品市場こそ狙わないものの，中小型液晶ドライバのミドル・エリア以上の市場では，技術，コストの両面でトップを目指した。[16]

　この方針は，社内では「勝つ顧客を捕まえる」という言葉で表現され，共有されました。液晶ドライバの場合，結局，自社の顧客（液晶パネル・メーカ

15　前掲，RSP技術開発部長 HK氏インタビュー，2013年11月18日。

16　前掲，横田善和氏インタビュー，2015年4月20日。

ー）が市場で成功しなければ，RSPの出荷は伸びません。そのため，絞り込んだ分野でボリュームを伸ばすための最重要施策は，「勝ちそうな顧客」（これから売り上げを上げていきそうな顧客）から受注することになります。こうした中で具体的に選ばれたのが，スマートフォン用ディスプレイ市場でした。自社の小型・高精細の技術特性が活き，かつ，これから市場全体が伸びていく領域と判断されたからでした。

　この方針のもとで，さらに，どの顧客を，どういう製品で狙っていくのかが，製品企画・営業戦略に組み込まれていきます。たとえば，技術力の確保という視点からは，小型ディスプレイのトップ顧客に対し，RSPは密着したカスタム品営業・開発体制を敷いています。スマートフォンや3Dディスプレイなどにおける分野トップの顧客からの要求は，技術的にも価格面でも厳しいものです。したがって，相対的に利益は出にくくはなりますが，それでも業界のトレンドや先端技術を学ぶことができるため，密着することに意義があると判断されています。

> トップ顧客は，知恵をつけてくれる。おそらくわれわれの領域のエンジニアも顧客社内にいるのだろう，部品のすみずみまでよく見ていると感じる。そうした顧客との取引は技術力を身につけ，トレンドを理解する上でとても大切である。アップルからは今後の製品・技術トレンドの方向性を，中国の小米（シャオミ）からは中国市場を，韓国の三星（サムスン）からは有機ELを，というように，各種トップメーカーとの協業は学ぶ意欲を持って取り組む。[17]

　横田氏はまた，市場シェア確保にも腐心し，事業戦略のバランスをとっています。先述のように，RSPの製品戦略は，ローエンド品はやらないが，先端のみならずボリューム・ゾーンはしっかり押さえるというものです。新興顧客の動向によく目を配り，成長の強い兆しが見られる顧客には特別な注意を払って開発企画・営業活動が行われました。

> ハイエンドに逃げて，これまで日本企業が勝ったためしがないのではないか。今後も新興国市場は狙わなければいけないだろう。たとえば中国では小米など有力企業が育っている。新興国の顧客に納品するにはとにかく価格なのだが，価格競争を逃げてはいけない。[18]

17　同上。
18　同上。

図 8-5 新しい RSP の戦略

　このようにして，意識的にターゲット市場を絞り込んだ成果は，スマートフォン市場でのシェアの伸びにはっきりと顕れました。2010 年にはおよそ 25 ％程度であったスマートフォン用液晶ドライバにおけるシェアは，2013 年には約 50 ％へと大幅に拡大しました。スマートフォン市場の成長を享受した RSP は，売り上げも成長軌道に乗り，2010 年に約 250 億円であった売上高が，2013 年には 600 億円にまで急拡大しました。

　黒字化が達成された 2010 年ごろからは，こうした当初方針の修正が相次いで行われましたが，これをトップ・マネジャー陣の気まぐれ・混乱・無能と捉える人はいなかったといいます。それまでに得られた成果や，日々の議論によって，横田氏たちは，営業部門を含めた社内から十分な信頼を勝ち取っていました。また，戦略修正案をつくり込む中で，現場の意見が取り入れられたことも，よいほうに作用したようです。トップが勝手につくったのではなく，自分たちが改廃に積極的にかかわった案だという意識が，方針修正への肯定的な態度を醸成しました。技術部長 HK 氏による以下の発言は，当時の様子や横田氏への印象をよく物語っています。

> よい意味で朝令暮改だった。自分が今まで成功していたり，よいと思っていたことでも，時代のやり方に合わせて変えていかなければならない。横田さんはそれをやれていたし，全体としても自分たちで考えながら，どんどん変更していって，その変更した形で努力していける雰囲気ができ上がっていた。[19]

　RSP の戦略転換は，このようにして果たされました。生産能力に莫大な投資を注ぎ込み，それをカバーするために売り上げの最大化を中核目標とし

19　前掲，RSP 技術開発部長 HK 氏インタビュー，2013 年 11 月 18 日。

て営業・開発に取り組む，という業務フローは撤廃され，代わりに，投資負担の軽いファブレス形態のもと，利益獲得を中核目標とした新しい業務フローが作り出されました（ⓒ図8-5）。かつて倒産・解散の危機に瀕したRSPは，2014年には中小型液晶用ドライバ領域でトップシェアを保持し，営業利益率も25％に達する優良企業へと変貌を遂げたのです。

後 日 談

　横田氏の改革は，2019年現在，場所を移してルネサス本体で続いています。同氏は2013年10月までRSPの社長を務め，RSPを安定成長軌道に乗せることに成功しました。その手腕を買われ，2014年からは，親会社であるルネサスの執行役員に抜擢されて，ルネサス全社の改革に取り組み始めました。そこでは，RSPで成果を収めた各種の手法が，再び実践されています。粗利益率45％，営業利益率10％以上といった数値目標を掲げて，収益性を重視した事業への変革を進めているのです。実際，2015年3月期にはルネサス エレクトロニクス発足以降最高となる営業利益率13.2％を記録し，ルネサス復活の第一歩を刻みました。

> 　ルネサスでの改革もようやくここ1〜2年で定着してきた。どんな商品でも手掛けて，うちは何でもできますよという事業体制にしておくと，従業員にはたしかに安心感がある。それを否定するのだから大変だ。しかし，私はその意識改革・行動改革を手掛けている。今では，これまでのルネサスとは違う，まったく新しい会社に生まれ変われたと言ってよいと思う。[20]

　一方RSPは，2014年10月にルネサスの傘下を離れ，米国の半導体ファブレス企業であるシナプティクス（Synaptics）へと売却されました。シナプティクスの支払い総額は約485億円と報じられ，この売却は，親会社であるルネサスの改革のため，当座のキャッシュを確保する目的だったと言われています。[21] 2019年1月現在も，RSPの組織・戦略はほぼ維持され，シナプティクス傘下で以前と変わらずディスプレイ用ドライバのトップベンダーとして活動を継続しています。

---

[20] 前掲，横田善和氏インタビュー，2015年4月20日。
[21] 『EE Times Japan』2014年6月11日，「シナプティクスが買収会見『ルネサスとは目指す方向性が違った』──ルネサスエスピードライバ社長」(https://eetimes.jp/ee/articles/1406/11/news120.html)。

● RSPは，いかにして戦略硬直化に陥り，いかにそれを脱したか ●

RSPにおける戦略硬直化のスパイラル

　RSPの事例は，ここまで本書が展開してきた議論の総まとめとして捉えられるものです。RSPには，かつて大きな成功をもたらした戦略と，その背後にある考え方が強固に定着し，慢性的な低収益にもかかわらず変革が行われなくなっていました。その後，横田氏を中心とした改革において，人々の考え方の刷新が図られ，それを軸として大きな戦略転換が実現されました。順番に振り返っていきましょう。

　まず，RSPにおける戦略硬直化のスパイラルを検討します。RSPでは，「設備投資負担が莫大なのだから，とにかく売り上げを稼ぐべきだ」とする状況解釈が，人々に定着していました。その発想に縛られていたRSPの人々は，長く続く低収益の中でも，「自分たちのやり方は間違っていないはずだ，売り上げが十分でないから低収益なのだ」と考えていました。営業部門はいっそうの顧客開拓に精を出し，開発部門は営業が拾ってくる案件に逐一対応して多品種を生み出し，製造部門ではその多品種少量の生産を実現すべく努力していたのです。そうした能力が高まるにつれ，RSPではいっそう，そうした自分たちの強みに依拠して，以前からの戦略が継続されていきました（◐ 図 **8**-6）。

　それはまさしく，「設備投資回収のためには売り上げが最も大切」という状況解釈に縛られたがゆえの，硬直化のスパイラルでした。人々がその考えに囚われたがゆえに，自分たちのやり方を疑えなくなり，その方向でしか技能蓄積もされなくなってしまっていたのです。人々がどのような状況解釈に支配されているかが，いかに決定的な影響を及ぼすかということが，この事例で再確認できます。

　RSPの事例はまた，そうした思考の囚われが，過去の成功体験からもたらされること，「顧客志向・多品種少量生産」といった響きのよい言葉に支えられて組織の中で正当化されていくことも，私たちに伝えてくれています。誰もが誤りであるとわかる考えが，組織に定着することは稀です。組織の中で定着しやすいのは，むしろ，一定の正しさがあり，またその正しさが過去に証明されているような考え方なのです。

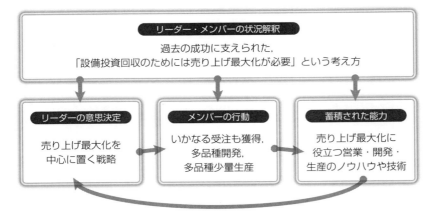

図8-6 RSPにおける戦略硬直化のスパイラル

状況解釈転換に向けた，リーダーによるセンスメーキング

　RSPの事例は，こうした硬直状態を脱するために，人々の状況解釈を変えることの重要性を，よく認識させてくれます。横田氏は，状況の進展に応じてさまざまにアプローチを変えながら，一貫して，人々の考え方の転換を図り，戦略変更を導いてきました。横田氏は，時には「仕方ない」という説明をすることもあれば，時には頑として譲らない姿勢をとるなど，相手と状況に応じた説得を粘り強く行っています。そして，成果を上げていくにつれ，「これからの半導体ビジネスで求められるのは何よりもまず利益なのだ」という状況解釈が各部門から理解されるようになり，横田氏自身も信頼を勝ち得ていきます。こうして，新しい状況解釈が組織に定着していくことで，それに基づく新しい戦略が各部門・各メンバーによって精力的に実行されるようになっていったのです。表8-1はその流れを整理したものですが，時間を追って，人々が横田氏の唱える新たな方針に納得し，ついには自発的にその方針に沿って計画を立案・実行したり，新たな修正案を出すようになっていることが見て取れます。

　RSPの戦略変更は，横田氏による硬軟織り交ぜたセンスメーキングに端を発し，次第に組織のメンバーが状況解釈を転換していく中で，加速していったのです。人々を支配する状況解釈と，それを揺さぶるセンスメーキングの力が，改めてよく理解されたのではないかと思います。

表 8-1

RSP による改革の内容とその説得方法

▼ 説得対象	A)改革内容と，その B)説得方法，そして C)人々の反応
2008〜09 年	
親会社上層部	A) ファブレス化 B) 「仕方ないですよね」 C) 不満はあるだろうが，やむを得ないとして不承不承許可してもらう
	A) 赤字品目の供給停止 B) 断固として進める C) 反発を受けたが，親会社上層部に顔が利く RSP 社長が壁となり，口出しをシャットアウトした
RSP 全体	A) 利益重視という基本方針の発表 B) 論理的に，これまでの方針の誤りと，これから行う改革の妥当性を説明する。日々，内部のさまざまな人に考えを説明して回る C) 半信半疑
営業部門	A) 赤字品目の供給停止 B) 断固として進める C) 強い反発を受けたが，横田氏自らが陣頭に立ち，断行。成果を出していくことで納得させる
開発部門	A) 開発段階からのコストのつくり込み B) 競合製品のベンチマークから気づかせる C) 反発はなかったが利益について無理解だった。ベンチマークする中から，コストは開発部門がつくり込むものだという発想が理解された
2010 年〜	
営業部門	A) 営業戦略・製品価格の自主策定 B) 経営陣から営業部門へと提案する C) 前向きに受け入れる。戦略方針に納得し，自発的に方針に沿った戦略案を策定するようになる
開発部門	A) 生涯利益に基づく企画絞り込み B) 経営陣から開発部門に提案する C) 前向きに改革を受け入れる。トップの言う「利益重視」の戦略への理解が深まり，自発的にそれに沿った戦略案を策定するようになる
2011 年〜	
RSP 全体	A) 大小さまざまな戦略の修正 B) 各部門との協議の上で，経営陣・現場の両方から改革案が出される C) 利益重視の大方針のもと，さまざまな方策が試行され，効果を上げたら戦略に反映されるようになる

RSPは、いかにして戦略硬直化に陥り、いかにそれを脱したか

この事例からは，戦略変更を進める上では，理屈の正しさもさることながら，相手と自分との関係を踏まえて，納得と理解が得られるような説得術も大切なことが示唆されます。肝心なのは状況解釈の転換を促すことなのですから，心理的に受け入れられるように，経営トップは相対する部門が自分のことをどう見ているかを考え，強気の断行，丁寧な説得，仕方ないという妥協の示唆，ロジカルな説明，相手からの提案の受け入れ……と，手段を選択することが求められるのです。こうした説得戦術を身につけることもまた，リーダーの必要能力の1つであるということは，状況解釈が要となるセンスメーキングの理論が私たちに伝えてくれることです。

　RSPの事例は，センスメーキングを行うリーダーのありようについても，新しい知見を提供してくれています。というのも，横田氏は別段，突出したカリスマ型のリーダーではありませんでした。横田氏は，自身の魅力や巧みな語り口で人を惹きつけて発想を転換させたのではなく，基本的には粘り強い姿勢で自らの論理を説明し続けることで，人々の考え方を転換させていきました。横田氏の行動でむしろ目を引くのは，状況に応じた説得の仕方の柔軟さです。センスメーキング＝人々の状況解釈を変えるリーダー，というと，突出した人間的魅力があるカリスマ型のリーダーがイメージされますが，時と場合に応じた，その人なりの説得があってよいということを，この事例は伝えてくれているわけです。

　本章の事例から，戦略変更へのさまざまなヒントを得られたのではないかと思います。たとえば，分社化され，黒字転換できなければ切り捨てもやむなしという状況に置かれて，組織内に危機感があったからこそ，改革が成功したという側面もあるでしょうし，横田氏が「利益中心の経営」という新しい発想を外部の企業との議論から得たくだりからは，経営者は常に外部と情報交換をし，自らの考えをアップデートせよというヒントを得られるかもしれません。そうした発見のいくつかは，本書でここまでに展開してきた議論や統計分析の結果とも合致するものですから，具体的な事例を読んで理解が深まった面もあったのではないでしょうか。

　このように，本章の事例から，センスメーキングに限らず，何らかのヒントが得られたならば，とても嬉しく思います。ぜひ，本事例をより深く味わい，咀嚼していただければ幸いです。

人々によるセンスメーキングの連鎖

米国シリコンバレーは、
なぜ変化し続けられるのか

CHAPTER
9

● 特定のリーダーを持たない，人々による変革 ●

地域の変容メカニズムから，組織の戦略変更のヒントを得る

　本章では，少し視点を変えて，シリコンバレーという「地域」の，1990年代から2010年ごろにかけての変容過程から，戦略硬直化を避けたり打破したりするためのヒントを見つけていきたいと思います。

　理論的な検討（第**6**章）や，統計分析（第**7**章）から，私たちは戦略変更に2つの起点があることを見出しました。第1の起点はリーダーです。彼／彼女が，新たな状況解釈を獲得し，それをメンバーに付与しながら，戦略変更を成し遂げていきます。そのようなリーダー起点の戦略変更については，前章のルネサスエスピードライバ（RSP）の事例で理解を深めました。第2の起点は，その場に集った一般のメンバーたちです。リーダー発ではなく，現場のメンバーたちが，現場で起こっている変化から新しい状況解釈を獲得し，それに基づいて実際に行動を変化させていく，というものです。本章では，この第2の起点＝一介のメンバーが主役となっていくタイプの戦略変更の過程を分析します。

　本章では，前章までと異なった新しい知見を得ることを意識して，分析対象を選択しました。分析対象としての第1の条件は，特定のリーダーがいない，ということです。前章では1人のリーダーの力を見たのに対し，本章では意図的にリーダーの力が働かない状況を分析することにします。そして第2の条件は，人々がそれぞれ別の目的や状況解釈に沿って行動している，ということです。リーダーを戴かずとも，みなが共通の状況解釈に基づいて行動していれば，人々はひとかたまりの集団としてまとまった動きをします。本章は，そうではなく，みながバラバラの目的や状況解釈を持って自由に動き回っている状況で，そうした場が全体としてどう変化していくのかを調べ，前章と対比してみようと思います。

　以上の条件を満たす対象として，ここではあえて企業の事例ではなく，シリコンバレーという地域を選びました。同地域は，言わずと知れた，IT分野を中心に発展しているベンチャー創成の地です。米国の西海岸・カリフォルニア州に位置するこの地では，ヒューレット・パッカードを皮切りに，マイクロソフト，インテル，アップル，グーグルにフェイスブックまで，あまたのハイテク・ベンチャーが生まれ育っています。ここには地域を引っ張る

特定のリーダーがいるわけではありません。そうした中で，ここに集った誰もが，次なる成功の種を摑もうと，今の状況を自分なりに新しく解釈し，行動を変容させようとしています。シリコンバレーは，しかも，みながそのようにバラバラの意図で行動しながらも，総体では「ベンチャー創成のシステム」として機能し，かつ，1990年ごろから2010年ごろまでの約20年間で，その内実を様変わりさせています。まさしく，特定のリーダーを持たずに，それぞれが自由意思のもとバラバラに行動する中で，「シリコンバレー全体」として，戦略変更が起こったのです。

本章における「地域」についての分析成果は，企業にそのまま導入できるものではありません。それでもあえて，ここでは地域を取り上げました。この分析結果が，企業の中では当たり前とされていることを考え直すきっかけになるかもしれないと思うからです。大きな成功を収めている地域の人々の挙動にこそ，むしろ，企業経営に携わる方々にとって新規な発見が多くあるのではないか，ということです。このような観点で，ぜひ前章とも比べながら，シリコンバレーの人々の動きから，戦略硬直化に陥らない組織をつくるための方策を，考えてみてもらいたいと思います。[1]

---

[1] 本章は，大阪大学大学院経済学研究科小林敏男研究室が中心となって2012～14年に進められた研究プログラム「オープン・イノベーションの実証研究：製品，市場，産業，及びマネジメントの観点から」（科研費基盤研究(A)課題番号24243048）の一部となる，シリコンバレー調査プロジェクトの成果です。本章は，同プロジェクトのメンバーと共同で執筆した論文，中川功一・福地宏之・小阪玄次郎・秋池篤・小林美月・小林敏男（2014）「米国シリコンバレーの変容――ミクロ主体の行為の連鎖がもたらすエコシステムのマクロ構造変容」『日本経営学会誌』第34巻，3-14頁に，加筆・修正を施したものです。小林敏男先生のご支援・ご助言と，共同研究メンバーのご協力に深謝いたします。

　この調査プロジェクトは，2012年9月から2013年4月にかけて行われました。2013年3月に現地調査を実施し，ベンチャー企業，大規模事業会社，ベンチャー・キャピタル（VC），インキュベーター，公的研究機関，マスメディア等12の組織・個人に対し，活動開始期から現在までの活動内容の変遷と，その背景にあった状況解釈の変化について，詳細なヒアリングを行いました（各インタビュー調査の概要は，参照箇所の脚注に記しています）。

　また，文献資料として，1990～2010年におけるシリコンバレー内の企業・個人の行動や発言を取り上げた，新聞・雑誌記事および学術論文を収集しました。統計資料としては，全米ベンチャーキャピタル協会（NVCA：National Venture Capital Association）発表の統計，カリフォルニア州統計，およびシリコンバレーの各種業界団体が個別に作成している統計を用いました。

● シリコンバレーの構造変化──地域の事例分析 ●

1990年代に成立していた，シリコンバレーのベンチャー創成システム

　上述の通り，シリコンバレーは，ハイテク・ベンチャーを生み出し育てる機能に秀でた地域です。この地では，通常の競争関係や取引関係のみならず，企業間や個人間にさまざまな協力の仕組みが築かれています。加えて，明文化されていない暗黙のルール，価値観，文化なども存在し，結果，地域がひとまとまりのベンチャー創成システムとして機能しています。

　1990年代初頭のシリコンバレーのシステムは，図9-1のようにまとめられます。このころは，大企業や公的研究機関に所属していた研究者や事業家が独立してベンチャーを設立することから，ものごとがスタートします（スピンアウトと言います）。当時，同地の大企業や公的機関の研究部門は，情報技術を中心に，多大な研究成果を上げていました。しかし，日本企業との競争などの影響で業績が悪化し，予算の削減を求められたことから，それらの企業・研究機関は，人員や研究開発費用を圧縮せざるをえなくなりました。そこで，このまま組織に残っていても未来がない，自分たちの技術を世に出せないと考えた内部の人々が，自らの技術を活かすためにベンチャー企業の設立に向かったのです。[2]

　こうして生まれたベンチャー企業は，当時台頭しつつあったベンチャー・キャピタル（VC）やエンジェル（個人投資家）から，金銭，経営ノウハウ，取引先斡旋などの支援（インキュベーション）を受け，事業の立ち上げを図りました。[3] とはいえ，その大半は製品開発あるいは事業化の途上で倒産していき，本当に事業化までたどり着けるのはほんの一部です（失敗した人たちは，再び大企業に戻ったり，別のベンチャー企業で働いたりしながら，次のチャンスを狙います）。そうして，ごく稀に事業化に成功したベンチャーの，さらにその一部が，マイクロソフトやインテルのような大企業へと成長を遂げます。そうすると，今度はこれらの会社が次なるスピンアウト・ベンチャー創出の苗床となり，シリコンバレーのシステムは循環するのです。[4]

　このシステムにおけるハイライトとして，ベンチャー企業が目指す1つ

---

[2] Rosenbloom, R. S., and Spencer, W. J., eds. (1996) *Engines of Innovation: U.S. Industrial Research at the End of an Era*, Harvard Business School Press.

[3] Sahlman, W. A. (1990) "The structure and governance of venture-capital organizations," *Journal of Financial Economics*, Vol. 27-No. 2, pp. 473-521.

図 9-1
1990 年代初頭のシリコンバレー・システム

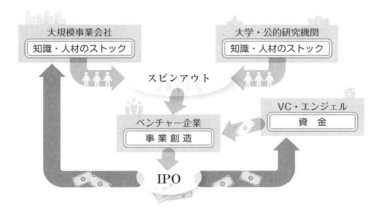

のゴールになっていたのが，株式公開（IPO：initial public offering）です。ベンチャー企業が設立されるときには，創業者，その仲間たち，それにベンチャー・キャピタルやエンジェルが資金を出し合って，株式会社として設立されることが一般的です。もし事業が成功すれば，その会社の価値，すなわち会社の株式の価値が急激に跳ね上がります。そのタイミングでIPOを行って株式を一般の投資家に売り出せば，株式を保有していた創業者や従業員，ベンチャー・キャピタルとエンジェルたちは，巨額の富を得られるわけです。したがって，IPOは，いわばそのベンチャー企業が成功した証であり，それによって関係者がみな巨万の富を得るという，サクセス・ストーリーのゴールに位置づけられるものでした。[5]

2010年ごろまでに，シリコンバレーはどう変化したのか

ところが，2010年ごろには，シリコンバレーの仕組みはまったく異なったものに変化しています。ベンチャー企業のゴールは，もはやIPOではありません。驚くべきことに，成功したベンチャー企業の大半は，グーグルやアップル，マイクロソフトといった大企業に，買収（M&A：merger and

---

[4] Bahrami, H., and Evans, S. (2000) "Flexible recycling and high-technology entrepreneurship," in M. Kenney ed., *Understanding Silicon Valley: The Anatomy of an Entrepreneurial Region*, Stanford University Press, pp. 165-189.

[5] サクセニアン，AL.／大前研一訳（1995）『現代の二都物語――なぜシリコンバレーは復活し，ボストン・ルート128は沈んだか』講談社。同書は，上述した1990年代までのシリコンバレーの仕組みを知るには，最適な文献の1つです。

図9-2

北米におけるベンチャー・キャピタルの資金回収方法

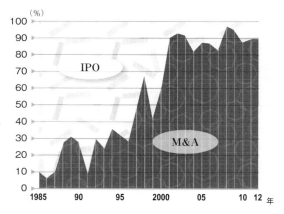

出所：*NVCA Yearbook*, 2013.

acquisition）されることをゴールとしているのです。

図9-2は，北米におけるベンチャー・キャピタルの資金回収方法が，IPOとM&Aのどちらであるか，金額ベースの比率で示したものです。大半のベンチャー企業はベンチャー・キャピタルから出資を受けて事業を創始しますから，ベンチャー・キャピタルが最終的にその投資をどうやって回収したのかを調べれば，ベンチャー企業がどういうゴールを迎えたのかが捉えられることになります。ベンチャー・キャピタルがIPOで投資を回収しているなら，ベンチャー企業はIPOを迎えて独立した企業として成功したことを意味します。一方，ベンチャー・キャピタルがM&Aで投資を回収しているなら，ベンチャー企業が最終的に大企業の傘下に入ったことを意味するわけです。

図9-2に示されている，ベンチャー・キャピタルの資金回収方法の急激な変化は，とても印象的です。1980年代から1990年代初頭までは，ベンチャー・キャピタルは主としてIPOで資金回収をしていました。すなわち，成功したベンチャーの多くは，IPOに至っていたのです。しかし，その比率は1990年代を通じて急落していきます。そして，2000年以降は，ベンチャー・キャピタルの収益源はほとんどがM&Aになりました。つまり，成功したベンチャー企業は軒並み，他の企業に買われ，その傘下に入るという

ゴールを迎えることになっているのです。もはや,「スピンアウトした挑戦者がベンチャー企業を興し,IPO を果たして大富豪になる」という,シリコンバレーにおけるかつてのサクセス・ストーリーは存在しません。ここから,わずか 10 年ほどの間に,シリコンバレーの仕組みがまったく異なるものになったことが示唆されます。

大企業の役割変化──ベンチャー企業の発生源から吸収先へ

　この変化の起点となったのは,大企業の戦略変更です。1980 年代を通じて選択と集中を進めた米国の大企業は,収益性を改善することに成功しました。しかし,その反面,そうした米国の大手 IT 企業からは有望な人材や技術がベンチャー企業へと流出してしまい,次代の技術や事業のシーズが枯渇するという事態が生じました。

　そこで米国の大手 IT 企業は,1990 年代以降,好調な財務業績を土台に,新規性の高い技術や事業のシーズを外部から獲得するようになります。先駆となったのはインテルです。インテルの経営陣は当時,「プロセッサの主要供給先である PC の需要を伸ばすことが困難になりつつある」,その主たる理由として「プロセッサを含む PC のシステム全体としての技術的陳腐化」がある,と状況を解釈していました。[6] この課題に対処するため,1991 年にインテルは,自らベンチャー企業へ投資するコーポレート・ベンチャー・キャピタル (CVC) 部門を設立,新しい市場・技術の開拓に有望なベンチャー企業へ投資し,それを傘下に取り込む作戦をとることにしたのです。

> CVC 設立の目的は,一般のベンチャー・キャピタルのような投資リターン目的ではなく,プロセッサを補完する技術や製品の開発を目指す新興企業に資金提供し,プロセッサの市場・技術を発展させること,自社が手掛けるべき新しい技術分野を模索すること,外部の知識へのアクセスを確保することだ。[7]

　インテルの戦略変更からほどなく,その有効性に気づいた他の企業も後を追って,ベンチャー企業への投資・買収を開始しました。マイクロソフトは,自社の「ソフトビジネスを加速させるためには,関連技術を外部調達する必要性がある」[8] との状況解釈に基づいて,1990 年代半ばよりベンチャー企業

---

[6] 花拉 (2009)「オープン・イノベーションにおけるビジネスモデルの役割──インテルのケース」『星陵台論集』第 41 巻第 3 号,19-36 頁。

[7] インテル副社長レスリー・バダス氏 (『日本経済新聞』1998 年 1 月 26 日,11 面)。

への投資を始めています。たとえば1998年には，設立わずか2年のホットメール社を買収し，それがその後の主力事業の1つになりました（ホットメール社のサービスが，現在のマイクロソフトによるメールサービス，Outlookの土台となっています）。

ルータやスイッチなどの通信機器大手であるシスコシステムズも，これに続きました。同社は1995年ごろより外部技術活用の重要性を認識し，「A&D」（acquisition and development）という事業コンセプトを創始します。そして，その後の5年間で数十社を買収し，買収した企業の技術を用いて，自社製品の競争力強化を実現したのです。[9]

ベンチャー企業による，買収を見越した技術開発への集中

このようにして大企業がベンチャー企業の買収を積極化させ始めたところ，ベンチャー企業の側もまた，その状況に適応するように行動を変更させていきました。IPOが，多大な困難と無数の失敗の上に一部の企業だけがたどり着ける遠大なゴールだったのに対し，まだ事業が芽吹いただけの段階でも，大企業がそこに可能性を見出して買収してくれるのであれば，もう少し早く容易に金銭的な成功を収めることができるからです。

「大企業に，会社を買ってもらう」ためには，IPOを目指すのとは異なる努力が必要になります。IPOにたどり着くためには，新製品・新サービスを開発するのみならず，それを上手にマーケティングし，さらに効率的な生産プロセスをも整備して，「ひとまとまりの事業体」として完成させなければなりませんでした。したがって，ベンチャー企業家たちも，かつては事業の完成を視野に入れ，ビジネスプランやマーケティング，財務政策までをも考慮しながら創業していました。しかし，大企業に買収してもらうのであれば，基本的には魅力的な製品・サービスが作られていさえすればよく，後は買収先の大企業の持つ財力やマーケティング力，既存のチャネルや取引関係を武器に，効率的な生産・販売体制を構築していくことができます。そのため，1990年代後半ごろ以降のベンチャー企業家たちの間では，もっぱら技術の

---

8 マイクロソフト副社長兼CFOグレッグ・マッフェイ氏（『日本経済新聞』1998年1月26日，11面）。

9 Wheelwright, S. C., Holloway, C. A., Tempest, N., and Kasper, C. G. (1999) "Cisco Systems, Inc.: Acquisition integration for manufacturing (A)," Harvard Business School Case, No. 9-600-015.

確立と製品・サービス化に集中し，大企業にそのまま買ってもらいやすいシンプルな研究開発組織として，自社を運営する傾向が強まっていきました。[10]

独立企業として株式公開までこぎ着くのは難しくなってきた。[11]

経営陣が MBA 保有者であるとベンチャーの評価は下がり，技術者であると評価が上がる。[12]

こうしたベンチャー活動の変化は，「事業化プロセスに横たわる死の谷（デス・バレー）」という表現とともに，ベンチャー企業家たちの間に広がっていきました。上述のように，独自技術で創業したベンチャーが事業化を目指した場合，初期時点は技術の確立や製品・サービスの研究開発に終始することがほとんどです。ところが，製品開発が終了するころから活動内容を大きく転換して，ビジネスをするための組織を構築し，生産プロセスや流通網を整備したり，マーケティング戦略を立てたりしなければならなくなります。死の谷とは，この 2 種類のまったく異なる活動の隔たりのことを指し，これがあるゆえに大半のベンチャー企業が倒産の憂き目に遭うということが，1990 年代後半には明らかになってきていました。[13]

死の谷問題は，1998 年には米国議会においてもベンチャー政策上の課題と指摘され，ベンチャー企業経営にとって最大の課題として急速に認知されていくことになりました。それに対して，ベンチャー企業単独で死の谷を越えようとするのではなく，死の谷を境に，製品開発まではベンチャーが，事

---

10 新聞社 B 社シリコンバレー支局長へのインタビュー調査，2013 年 3 月 4 日。なお，同氏は，ここに作用するもう 1 つの要素として，シリコンバレーにおいてバイオ系ベンチャーが増加し，その投資スキームが地域に普及したことを指摘していました。1996 年時点では，ベンチャー・キャピタルの全投資額のわずか 6 ％に過ぎなかったバイオ関連企業の占める比率は，その 10 年後には 17 ％にまで増大しています (*NVCA Yearbook*, 2013)。バイオ業界では，事業化に莫大な資金と非常に長い時間を必要とするため，ベンチャー企業が技術を開発し，技術が確立した後はそれを大企業に売却するというスタイルが築かれていました。こうした仕組みが IT 投資にも導入されていったのです（『日本経済新聞』2003 年 12 月 22 日，14 面）。

11 1997 年にサン・マイクロシステムズが買収したディバ社の創業者ファルサド・ディバチ氏（『日本経済新聞』1998 年 1 月 26 日，11 面）。

12 シリコンバレーの投資家ガイ・カワサキ氏による現地投資環境に関する総括コメント（『日本経済新聞』2003 年 3 月 3 日，13 面）。

13 Auerswald, P. E., and Branscomb, L. M. (2003) "Valleys of death and Darwinian seas: Financing the invention to innovation transition in the United States," *The Journal of Technology Transfer*, Vol. 28-No. 3-4, pp. 227-239.

業化は大企業が担うほうが合理的との考えが生まれたわけです。ベンチャー企業はこうして，大企業側のニーズに合わせた技術開発・製品開発にフォーカスするようになっていきます。

オープン・イノベーション

　このような時代の変化に対し，シリコンバレーをフィールドとする経営学者ヘンリー・チェスブロウが，「オープン・イノベーション」という名称を与えました。彼は，先駆的な事例を詳細に分析して，なぜ必要技術を外部から調達すべきなのかを理論的に解説し，人々にその有用性を知らしめました。[14] この行動は，センスメーキングにほかなりません。彼によって，シリコンバレーの新しい動向が人々に知られるようになったのみならず，その合理性が理論的にも説明され，後に多くの企業がベンチャー買収を加速させることに一役買う結果となりました。[15]

　図9-3に，米国の大企業が設立したCVCによる，ベンチャー企業への投資案件数の推移を示しています。2000年前後のドットコム・バブル期の急上昇や，2008年のサブプライム・ショックの影響による減少なども見られるものの，CVCによる出資件数が1990年代後半から基本的には増加傾向にあることが確認できます。近年では，米国のフェイスブック[16]や日本のグリー[17]などといった新興のIT系企業もまた，積極的にベンチャー企業の買収に乗り出しており，優良技術を外部調達するという行動が同地の事業会社に定着している様子が見て取れます。

ベンチャー・キャピタルの大企業エージェント化

　この変化は，次にベンチャー・キャピタルの活動のあり方を転換させます。先述の通り，ベンチャー・キャピタルの収益モデルはIPOかM&Aのどちらかです。かつてはIPOを達成するために，ベンチャー・キャピタルは単に資金を提供するのみならず，事業化のためのコンサルティングや取引先の紹介などの役割も担っていました。しかし，ベンチャーがIPOを狙わなく

---

[14] チェスブロウ，H.／大前恵一朗訳（2004）『OPEN INNOVATION ——ハーバード流イノベーション戦略のすべて』産業能率大学出版部．
[15] 大手事業会社A社CVC部門マネジャーへのインタビュー調査，2013年3月5日．
[16] 『日経産業新聞』2012年5月29日，6面．
[17] 『日経産業新聞』2012年10月25日，5面．

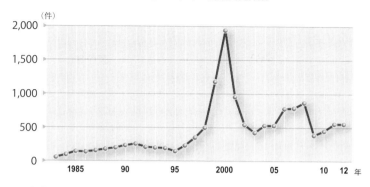

図9-3 CVCによるベンチャー企業出資件数

出所：*NVCA Yearbook*, 2003 and 2013.

なった今，彼らのそうした事業化促進機能はもはや無用の長物です。

そこで，ベンチャー・キャピタルは大企業へ接近していきます。折しも2002年，乱立したIT系ベンチャーが淘汰されることによってドットコム・バブルが崩壊し，ベンチャー・キャピタルも資金繰りが悪化しました。彼らは，「出資者に収益還元するには今後実行する投資のほとんどを成功させる必要」があり，「安全で高いリターンが見込める投資案件のみを選ぶ必要がある」[18]と考えるようになっていきました。そうしてベンチャー・キャピタルは，安定した収益源を確保すべく，大半のベンチャー企業にとってのゴール地点となった買収先の大企業に接近し，大企業の技術ニーズを収集しながら，その意向に添って買収候補となるベンチャー企業を探索するようになっていったのです。[19]

こうして2000年代，ベンチャー・キャピタルの仕事は，具体的には以下のようなものになりました。まず，買収意欲旺盛な大企業（インテル，マイクロソフト，グーグルなど）にヒアリングをすることから始まります。彼らが次にどのような技術を欲しているのかを聞き出すと，自社がすでに出資しているベンチャーから候補を選定して斡旋します。もし，よい候補がいなければ，シリコンバレーに張りめぐらされた自社のネットワークを活用して，該当す

---

18 インスティテューショナル・ベンチャー・パートナーズ マネージングディレクター，ピーター・トーマス氏（『日経金融新聞』2003年1月16日）。

19 Howells, J. (2006) "Intermediation and the role of intermediaries in innovation," *Research Policy*, Vol. 35-No. 5, pp. 715–728.

る技術を開発しているベンチャー企業や大学の研究室を探します。適切なベンチャーが見つかったら，そこに出資して技術開発・製品化までをサポートします。あるいは，当該技術が大学や研究所にあった際には，大学・研究所からのスピンアウトによるベンチャー設立をサポートし，そのベンチャーに出資をします。そうして，技術開発あるいは製品化を達成したところで，大企業に紹介し，売却するのです。

> 技術が欲しいと悩んでいる人がいて，開発資金が欲しいと悩んでいる人がいる。ベンチャー・キャピタルはその両方に接点があるのだから，売買エージェントを果たすのは自然なことだ。[20]

ベンチャー・キャピタルは，このようにして，魅力的な技術を手に入れたい大企業と，それを持つベンチャー企業との間の売買のエージェント（仲介役）として機能するようになりました。この役割ならば，ベンチャー・キャピタルとしても，莫大な利益を得るか，はたまた倒産か，というIPO狙いの事業化支援よりも，はるかに収益を安定させることができます。この手法は，その有効性が伝わるにつれ，シリコンバレーのベンチャー・キャピタル界隈で，静かに，しかし速やかに普及していきました。[21]

人材の新陳代謝加速と公的研究・教育機関の役割

シリコンバレーのシステムが大企業中心へと再編成されていく過程では，人材と技術の源泉もまた変化していきました。先に述べた通り，1980年代までのシリコンバレーでは，人材と技術の供給者は大企業でした。大企業の中で埋もれていた人材と技術がスピンアウトする形で，ベンチャー企業が生み出されていたわけです。しかし，大企業は，2000年ごろに組織を再編し，むしろ外部から技術を調達するようになったため，もはや人材と技術の供給元にはなりえなくなりました。地域として，新鮮な人材と技術を，どこか別のところに求める必要が生じてきたのです。

結果から言うと，シリコンバレーは，新しい人材と技術を，その外側，と

---

[20] ベンチャー・キャピタル B-Bridge International Inc. CEO 桝本博之氏へのインタビュー調査，2013年3月8日。

[21] Kenney, M., and von Burg, U. (2000) "Institutions and economies: Creating Silicon Valley," in M. Kenney ed., *Understanding Silicon Valley: The Anatomy of an Entrepreneurial Region*, Stanford University Press, pp. 218-240.

表 9-1

シリコンバレーの人種別人口推移

(単位:万人)

年	2000	2002	2004	2006	2008	2010	2012
白人系	122.5	118	105.16	97.20	102.09	116	111
ヒスパニック系	60	59	57.36	55.89	62.25	72.5	82
アジア系	57.5	61	62.14	80.19	69.72	84.1	92
アフリカ系・その他	10	9	14.34	9.72	14.94	17.4	18
総　計	250	247	239	243	249	290	303

出所: *Silicon Valley Index*, 2000-13.

りわけ国外から獲得するようになっていきます。表9-1は，2000年以降のシリコンバレーの人種別人口構成を2年ごとに見たものです。ここでは，12年間のトレンド以上に，各2年間での変動に注目してもらいたいと思います。わずか2年のうちに各人種が数万人単位で増減を繰り返していることがわかります。計算の上では，2年ごとに10人に1人ほどが入れ替わっているということになります。総人口250万〜300万人ということは，日本で言えば大阪や名古屋ほどの都市圏です。その中で，2年ほどの間に10人に1人が入れ替わっている状況を想像すれば，いかに新陳代謝が激しい地域かがわかるでしょう（シリコンバレー内の小学校では，毎期末に，「来期もここに住んでいますか」と確認されるそうです）。

また，地域全体としても，2000年以後の12年間で50万人以上，人口が増加しています。しかも，白人が10万人近く減少している中で，ヒスパニックが22万人，アジア系が34.5万人，アフリカ系は8万人増えています。もともとこの地にいた人が減っていった代わりに，アジアやラテンアメリカの人々が大幅に流入して，人口構成が大きく変化したのです。もし，自分の住む街で，さまざまな国からの出身者が12年の間に数十万人規模で流出入したとしたら，と想像してみれば，シリコンバレーの住民の入れ替わりがいかに激しいかがわかることと思います。

この人材の新陳代謝に重要な役割を果たしているのが，同地の公的研究機関・教育機関です。同地には，スタンフォード大学やカリフォルニア大学バークレー校といった世界水準の大学をはじめとする，多数の研究機関・教育

表 9-2

スタンフォード大学大学院国内学生・留学生人数推移

(単位：人)

年	1998	2000	2002	2004	2006	2008	2010	2012
大学院国内学生	5,421	5,250	5,054	5,431	5,461	5,602	5,949	5,922
大学院留学生	2,132	2,450	2,554	2,662	2,740	2,726	2,830	2,949
うち ビジネス	244	276	249	288	315	305	335	357
エンジニアリング	1,167	1,348	1,437	1,490	1,541	1,510	1,564	1,566
医薬	43	51	54	64	84	98	100	99

出所：Stanford University Bechtel International Center.

機関が立地しています。これらの研究・教育機関は以前から留学生や外国人研究員を多数受け入れていましたが，とくに2000年以降，受け入れをいっそう積極化しました。

> シリコンバレーのエンジニアの多くは，中国やインド出身の移民。移民パワーを積極活用することで技術革新をリードしてきた。米国が外国人に対して閉鎖的な姿勢を続ければ，技術革新は停滞してしまう。[22]

留学生たちは，はじめから同地での起業やベンチャー企業への就職を念頭に来訪するようになってきています。彼らは在学中，多数のミートアップ（meet-up，さまざまな形式でのセミナーやカンファレンス）に参加したり，スタートアップでインターンを経験したりする中で，人脈を広げていきます。そうして，卒業後には自らベンチャー企業を創業したり，あるいはベンチャー企業や大企業に就職して，同地を支える知的人材として活躍するのです。

たとえばスタンフォード大学の大学院を見ると（◐表9-2），1998年から2012年までの14年間に，国内学生数が500人増加したのに対して，留学生は800人増加しています。中でもとくに，同地のベンチャー・ビジネスにかかわりの強い，ビジネス，エンジニアリング，医薬の3領域ではいずれも，大幅に留学生数が増加しています。同大ビジネススクールの教員によれば，近年はもっぱら海外からの入学者が多数を占め，彼らは在学中に近隣のベン

---

22 シリコンバレーにある民間研究機関の1つ，未来研究所のポール・サッフォー氏（『日本経済新聞』2003年9月1日，14面）。

図9-4

2012年時点のシリコンバレー・システム

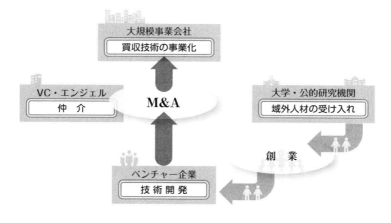

表9-3

1990年と2012年のシリコンバレー・システムの比較

	1990年	2012年
システム全体の機能	新技術を製品・サービス化し、さらに事業化する	
大企業	スピンアウト元 技術を生む母体	M&Aによる売却先 事業化を担う
ベンチャー企業	事業化を担う IPOをゴールとする	技術開発を担う M&Aをゴールとする
VC	ベンチャーへの資金提供、インキュベーション	ベンチャーと事業会社の技術需給を仲介
大学・公的研究機関	技術を生む母体	技術を生む母体 外部人材の受け入れ機関

チャー，大企業，投資ファンドなどへ就職やインターンを決め，卒業後はシリコンバレーの中核人材として働くのだそうです。[23]

---

23 スタンフォード大学ビジネススクール助教・菅谷拓生氏へのインタビュー調査，2013年3月6日。

2012年のシリコンバレー・システム

　このように，シリコンバレーのシステムは，分析対象とした約20年間で，まったく違った形へと変容を遂げました。図9-4・表9-3は，この調査プロジェクトが終了した2012年時点における，シリコンバレー全体の概要です。1990年ごろと比べると，2012年には各プレーヤーの役割がまったく変わったことがわかるでしょう。……しかも，おそらく同地は，2019年の現在に至るまでの間に，またさらに大きく変化しているはずなのです。

● スパイラルに陥らないための示唆 ●

企業の戦略変更と，地域システムの変容との違い

　前節の事例分析では，シリコンバレーの中で，各プレーヤーが置かれた状況の変化に応じて，きわめて自由に行動を変更していることが確認できたはずです。大企業もベンチャー企業も，自分たちの狙いを達成できるよう，状況を自分たちなりに捉え直し，そこから利益の最大化を目指して自在に行動を変えます。そして，あるプレーヤーの行動変更によって再び状況が変化すると，その影響を直接に受ける他のプレーヤーがまた状況解釈を改めて行動を変更することで，変化した事業環境に適応しようとします。結果としてシリコンバレーでは，ある企業の状況解釈と行動の変更が，また別の企業の状況解釈と行動の変更を引き起こし，地域として不断に変化を続けていくことになるのです。

　このシリコンバレーの事例は，企業経営にどのようなヒントを与えてくれるでしょうか。本章の冒頭にも述べた通り，シリコンバレーは地域なので，その発想を全面的に企業へ応用できるわけではありません。しかし，一般の企業ではなかなか得がたい上述のような柔軟性を，部分的にでも吸収することができれば，戦略硬直化のリスクを常に帯びている企業経営にとって非常に有益であるはずです。対象が地域だからこそ，企業経営にも学べるものがあるはずなのです。

　そこで，まずは，企業内部における戦略変更と，地域システムの変容との，基本的な性質の違いを整理するところから始めましょう（●表9-4）。これらの違いから，企業経営に取り入れられる点があるのかを検討していきます。

表 9-4

企業の戦略変更と，地域システムの変容との違い

	企業の戦略変更	地域システムの変容
変更の主な起点	リーダーによる命令指示	すべての内部の人・組織
変更は人々にどう受け入れられるか	命令支持の納得度が高いほど積極的に行動変更する。すなわち，センスメーキングの度合いが高いほど行動変更する	自分にとって合理的である（利益になる）なら行動変更する。他者からのセンスメーキングの影響を受けつつ自己も状況解釈を更新する
1つの行動方針の継続性	継続性が高い。同じ方向で継続できる一方，戦略硬直化のスパイラルにも陥りやすい	継続性は低い。地域システム全体が同じ形であり続けることはない
将来像のビジョン	将来，どのような組織となっているか，内部のみなが明確なビジョンを共有できる	将来どのような形となっているかは誰にも予測できず，みなで共有することもできない

個人個人が，自由に，すぐに行動を変えられること

　地域システムの変容については，内部のすべての人がその起点になりうることが特徴的です。企業の戦略変更——前章のRSPの事例を思い出してください——では，基本的には組織を率いるリーダーが圧倒的に大きな影響力を持っています。これに対し，地域システムには特定のリーダーがおらず，内部の誰もが変化の起点になることができます。彼らが行動を変更するのは利己的な理由からです。各プレーヤーが，変化していく状況に合わせて利にさとく素早く行動を変えていけるから，地域全体として見ると，わずか数年のうちにシステムが変わっているということがあるわけです。

　企業組織の場合にも，もし内部にいる人々が，前例やそれまでの活動に縛られず，直面した状況に応じてすぐさま自分なりに行動を変更することができれば，旧来の戦略・行動で硬直化してしまうという事態は生じないのではないでしょうか。もちろん，企業にシリコンバレーの行動様式をそのまま導入できるわけではありませんが，変化の激しい競争環境にあって，自分たちの利益になることは，昨日までのやり方に縛られず，状況に応じて自由に試してみることが許されるならば，組織全体としての柔軟性は高まるはずでしょう。

よい方法を「模倣」することの大切さ

　シリコンバレーが柔軟に変化できる、その大きな要因は、うまくいったやり方を「真似する」ことにもあると言えます。シリコンバレーの企業は、同業他社でうまくいったやり方を、さしたるためらいもなく自社に導入します（大企業間でのCVCの普及などは象徴的です）。じつは、この「よいやり方は、真似する」という姿勢にこそ、シリコンバレーが全体として変容できるポイントがあります。もし、みなが「○○社がやったやり方は、真似しない」というように行動したら、地域全体として変化することはできません。うまいやり方は、共有され、広まってこそ、全体に好影響を及ぼします。

　これはシリコンバレーという地域を理解する上で非常に大切な点です。同地のベンチャー企業、ベンチャー・キャピタル、大企業は、「今までにない、新しいものを生み出そう」としている一方で、「よいものなら真似しよう」という姿勢でも行動しているのです。

　「他社にはないものを生み出そう」と、「他社を真似しよう」という、一見矛盾した行動は、どちらも「よいものを社会に広げよう」という思想において一致します。自分が生み出したものであれ、他人が生み出したものであれ、新しくて役に立つものなら、どちらも等しく価値があるという思想のもとで、シリコンバレーは動いています。

　この、よいものであれば誰が生み出したかに関係なく採用するという精神も、柔軟な企業組織をつくる上ではとても大切です。よいものをどんどん採用していけば、組織は不断に改善・改革を積み重ねていくことができます。反対に、真似はよくない、他社がすでにやっているなら採用しないという姿勢でいると、せっかく変革の機会とヒントを得ても、積極的にそれを放棄することになり、硬直化につながってしまいます。

　なお、念のために強調しておくと、「新しくよいやり方を積極的に取り入れる」という意味での模倣と、「周りの人がそうしているから自分もそうする」という横並び意識からくる模倣は、本質的に異なるものです。どちらも他人の真似ではありますが、「よいもの」「新しいもの」をどんどん吸収する模倣と、「よいかはわからない」「今までの慣行」の模倣の帰結は真逆で、後者は硬直化をもたらします。

情報共有の仕組み

　シリコンバレー内の各組織が自在に行動を変更できている理由は，その情報の普及スピードの速さにも求められます。今シリコンバレーの中で何が起きているかが，内部のメンバーに速やかに共有されるから，多くの人がすぐに行動を変更できるわけです。

　前節にも記しましたが，シリコンバレー内ではベンチャー企業やベンチャー・キャピタルの間に緊密なネットワークが形成されています。人々はさまざまなビジネス・非ビジネスの催しに集まり，そこで情報交換をしています。この情報共有のネットワークを通じて，新しい状況変化や，それに応じた新しい事業のやり方が速やかに広まっていくのです。

　これは，企業の経営にも応用すべき点でしょう。社内の情報共有の仕組みや，その情報がいかに重要であるかをメンバーに理解させる仕組みが備わっていれば，新しく得られた情報や，新しいものごとのやり方が社内で速やかに普及しますから，組織の変革を加速させることができるはずです。

常に変わり続ける

　シリコンバレーという地域全体と，企業組織の動きとを比較したとき，ある方向性を持った運動の継続性という点に関しては，明確なリーダーを有する企業組織のほうが上手にできると考えられます。みながリーダーの方針のもとで心を揃える＝センスメーキングを受け入れるからこそ，よくも悪くも，組織は１つの戦略のもとで継続的に動いていけるのです。一方，明確なリーダーを持たない地域システムの中では，前述の通り人々はきわめて利己的に動きます。内部の人々が自己の意志で自由に動くことで，まとまりを持った運動は難しくなりますが，逆に１つの行動方針のもとで集団が硬直化してしまうということも生じにくいと言えます。

　ただし，地域システムは，必ずしもいつもよい方向に変化するとは限りません。本章の事例でも，多くのベンチャー企業が技術開発に専念するようになったことは，よいこととも悪いこととも評価できます。既存の大企業の力で事業化が促進される反面，かつてのマイクロソフトやアップル，近年のグーグルやフェイスブックのような，新企業が登場しづらくなるからです。同様に，大学や公的研究機関が外部人材の受け入れ窓口化していることも，総

じてよいこととも悪いこととも評価できます。大学というのは本来的には学問の場であり，移民の受け入れ機構ではないからです。

こういった問題を考えると，企業経営においては，メンバーに自由に変化する余地を与えて，不断に変化が起こり続けるようにしておきつつも，リーダーがある程度の方向性を示して，望ましくない方向へ変化していかないように仕向けていくことも必要となるでしょう。そうした働きかけをせずに本当に自由に行動させたとしたら，個人個人は置かれた状況に応じてうまくやり抜けたとしても，企業全体としては行動がちぐはぐなものになってしまう可能性があります。その意味では，地域システムのように，内部のメンバーに方針を完全に委ねるというアプローチは，部分的には活用できるでしょうが，企業にそのまま導入することは避けるべきと言えそうです。

センスメーキングの力

そして最後に，シリコンバレーの事例でも改めて，人々が行動を変更していくときに，センスメーキングが重要な役割を果たしていることが確認できます。「オープン・イノベーション」や「死の谷」といった誰にでもわかりやすい言葉で現象が表現され，かつ，その背後のロジックが丁寧に説明されることで，人々はそのとき起こっていた変化を読み解き，新しい行動を起こしやすくなっていました。

オープン・イノベーションや死の谷といった言葉を通じて，時代の変化や問題を伝え，人々に行動変容を促すことは，戦略硬直化に陥らないためにとても大切なことだと言えます。第**5**章のシャープの事例では，「オンリーワン」や「独自技術の追求」といった言葉の力が，むしろ危機から目を逸らすほうへも働いていました。最終的には変革を成し遂げた RSP でも，赤字になっていよいよ危ないという状況になってようやく，横田善和氏のセンスメーキングで変革に向かい始めました。これに対し，シリコンバレーの事例では，早くに問題が顕在化し，変革の必要性が言葉として発信されることで，事態が深刻化する前に人々が行動を変更し始めていました。

こうしたことから，政策立案者・マスメディア・研究者などによる分析や情報発信活動もまた，地域社会や企業の変化において重要な意味を持っていることがわかるでしょう。今，何が起こっているかを読み解き，理論的な説明を与え，今後，どのような行動をとっていくかを示す。そうした啓蒙的な

活動は，決して過小評価されるべきではありません。センスメーキングは，予言の自己成就をもたらします。「あの会社はダメだ，変われない」「日本でイノベーションは無理だ」「シリコンバレーみたいにはなれない」と言い続けている限り，それは現実であり続けます。

　変革を企図する人物は，人々の考え方に変化をもたらすことの大切さを常に念頭に，時代に先駆け，積極的にセンスメーキングを行わなければなりません。すべての行動変革の前提となるのは，状況解釈の変化です。なるべく多くの人々の内的な変化が喚起されたとき，地域も組織も変わりうるのです。

　流動的に変化し続けているシリコンバレーの行動原理は，少なくとも部分的には組織運営に取り入れることが可能でしょう。組織という仕組みは，1人のリーダーを戴き，みなで共通の目標に向かって，共通の戦略のもとで動いていくものです。組織は本来的にそういうものですから（そうでなければ，みなが1つの会社の中で力を合わせて動いていくことはできませんから），そこには常に戦略硬直化のリスクが潜んでいます。しかし，そうした中でも，個々人が積極的に新しい状況解釈を生み出し，広め，行動の変革を連鎖的に起こしていくことが奨励されていれば，企業組織はもう少し柔軟に変化できるようになれるはずです。

結語に代えて

容易に出しうる答えを，疑うこと

初心を思い出して

本書もこれで最後の章になります。なぜ，会社は変われなくなるのか。どうやったら，会社は変われるようになるのか。当初に立てたこれらの問いについては，すでに十分なページ数を割いて議論をしてきました。ここでそれを繰り返しても仕方がありません。そこで本章では結語に代えて，あとがきのつもりで私自身の話も交えながら，本当に伝えたかったことを1つだけ強調したいと思います。

第1章にも書いた通り，本書執筆のきっかけを得たのは，今からおよそ10年前のことです。

私はかつて，東京大学ものづくり経営研究センターというところで大学院生時代を過ごしました。徹底的にものづくり経営の理論と精神を叩き込まれ，製品技術に関する研究によって博士号も取得しました。[1] この間に得た知識はかけがえのないもので，指導教員の先生方には感謝の言葉もありません。ものづくりの現場で奮闘する人たちと手を取り合って進むようにキャリアを出発できたことを，本当に誇りに思っています。

しかしながら，時代は「ものづくり敗戦」に向かっていました。自動車業界など依然として高い競争力を有する分野もありますが，半導体に，携帯電話，PC，家電と，以前は日本企業が高い競争力を誇っていた分野で，国内の製造業企業の敗色が濃厚になりつつあったのです。極めつきが，シャープの経営危機です。日本のものづくりの旗頭とも言うべき同社が，わずか数年のうちに見る影もなく凋落していく様子を見たとき，そこには根深い問題が横たわっているように思えました。

繰り返しますが，私はものづくりの難しさや大切さをよく理解しているつもりですし，日本企業のものづくりの水準の高さを尊敬してもいます。しかし，それと同時に，ひたすら愚直にものづくりを追求するばかりで，海外勢の上手な戦略にいいように翻弄されている企業も，たくさん見てきています。そういう企業にいらっしゃる方々の多くは，まさに敗退しつつあるという事実に気づいていてもなお，よいものを作れば消費者はついてくると信じて，努力を続けていました。気づかないふりをしていた，とも言えるかもしれま

---

1 中川功一（2011）『技術革新のマネジメント――製品アーキテクチャによるアプローチ』有斐閣．

せん。

　ものづくりを大切に思えばこそ，そればかりに没入するのではなく，それを活かした高度な戦略が必要である，と私は痛感しました。

　もう1つきっかけとなったのが，ちょうどそのころ非常に人気が高かったサッカーの日本代表戦です。一昔前の日本では考えられなかったようなビッグ・クラブに所属するスター選手たちが，「自分たちのサッカー」を展開していく。テレビ・コンテンツとしては，とても面白いものでした。ここぞというタイミングで，人気選手が，自分の得意なスタイルで攻め上がっていくからです。ところが，それでも世界大会ではなかなか上位に勝ち進めない様子を見ていて，日本のものづくり企業を見ていたときと同じ思いが湧き上がってきました。テレビで見ていても次の展開が読めるくらいなのだから，私たちよりよほど対戦相手を分析している競合からすれば，これほど楽な相手はないだろう，と。自分たちのスタイルを貫いて，それを見透かした相手に翻弄される。──これはまさしく，ものづくりで起こっていることと同じなのではないかと思ったのです。

　こうしたことがきっかけとなって，私は，人々がなぜ「自分たちのスタイル」に固執してしまうのかを探求し，その理由を解明しなければならない，と強く思うに至りました。

本書の学術的貢献と限界点

　さて，専門知識のない読者にも親しみやすい記述を心がけてきたとはいえ，本書は学術書ですので，これまでの研究に対して，本書がどう貢献し，どんな点を課題として残したのかについて，本項で簡単に整理しておくことにします。

　本書の貢献は，経営戦略論の一研究として，リーダーの意思決定と組織としての挙動との関係性に関し，その構造の一端をセンスメーキングの理論を用いて解明した点にあります。リーダーの決定が組織内でどう具体化されていくかについては，近年に至るまで決して少なくない研究が積み重ねられてきていますが，[2] 本研究はそうした中でも，リーダーが現状維持的な決定を下したときに，組織として実践される行動が1つの方向に硬直化してしまう因果のループ（戦略硬直化のスパイラル）があることを指摘し，また，それについて一定程度の実証を行ったものと位置づけられます。リーダーの意思決

定がもたらす多様な影響の中の，ごく一部を取り出したに過ぎないとはいえ，リーダーの意思決定というものが組織にもたらす甚大な影響のうちの１つを深く探求することを通じて，研究の前進に少しは貢献できたのではないかと考えています。

ただし，本研究では達成できなかった重要な課題として，戦略硬直化のスパイラルに陥っている「度合いを測る」方法が未開発であることが指摘できます。自社がどのくらい硬直化しているかを客観的に測定する術を用意するには，多くの企業に適用が可能な詳細なチェック・リストの開発が必要となりますが，学術的に厳密な形でそれを実現するのには，かなりの労力と資金を要します（国際的なアンケート調査を大規模に行い，相当に慎重な統計分析をしなければなりません）。この点は，残された研究課題となってしまったことを認めざるをえません。

また，戦略硬直化のスパイラルが，どういう条件下では生じやすく，反対にどういう条件下なら回避しやすいのかといった促進・抑制要因については，事例や理論に基づいて簡単な議論をしたのみで，検証はできていません。これらを探求すれば，戦略硬直化のスパイラルという現象についての理解がより進むとともに，実務的にもそこから脱却したり回避したりできるようになる可能性をいっそう高められるのではないかと思います。

変革の時代を生きる

今日はしきりに変革を求められる時代です。AIやドローンなどの新しい技術がどんどん登場し，人々の「働き方」も大きな転換点を迎え，そして企業はVUCA（ブーカ）（volatile：変動, uncertain：不確実, complex：複雑, ambiguous：曖昧）と呼ばれる先の見えない事業環境の中で舵取りをしていかなければならなくなっています。日本経済新聞社の調査によれば，2018年時点での日本企業の時価総額上位100社のうち，21社がこの10年で主力事業を転換させていました（◉表Fin-1）。しかも，主力事業を転換させた21社の収益増加

---

2 一例として，Gilbert, C. G. (2005) "Unbundling the structure of inertia: Resource versus routine rigidity," *Academy of Management Journal*, Vol. 48-No. 5, pp. 741-763 ; Gioia, D. A., and Chittipeddi, K. (1991) "Sensemaking and sensegiving in strategic change initiation," *Strategic Management Journal*, Vol. 12-No. 6, pp. 433-448 ; Kaplan, S., Murray, F., and Henderson, R. (2003) "Discontinuities and senior management: Assessing the role of recognition in pharmaceutical firm response to biotechnology," *Industrial and Corporate Change*, Vol. 12-No. 2, pp. 203-233.

表 Fin-1

主力事業が交代した主な企業

	2007年度	2017年度
ソニー	エレクトロニクス	金融
信越化学	電子材料	塩ビ・化成品
イオン	総合小売り	総合金融
TDK	電子部品	フィルム応用製品
東レ	情報通信材料・機器	繊維
大成建設	デベロッパー	建設
住友鉱山	金属加工	鉱山開発・運営
東宝	不動産	映画
日清製粉グループ	製粉	食品

出所:『日本経済新聞』2018年9月15日。

率が平均38％であったのに対し，主力事業を転換していない残りの79社は21％で，事業を転換させた企業のほうが大きく成長しています。[3]

どのような人材を優れていると考えるかも，変化しつつあります。かつては大きな組織に計画と安定成長を与えられる人材が会社の中核を担うと見られていましたが，今日では企業家的なスピードと創造性によって組織に変革をもたらす人材がより求められるようになってきています。[4] 経営学もまた，変わろうとしています。イノベーションや，デザイン思考，クリエイティビティといったテーマが重要になり，経営学の中心的な研究対象になりつつあります。

こうした時代背景を踏まえたとき，本書の議論にも一定の意義はあったのではないかと思います。過去の実績に基づいて，合理的に考え，自分たちの強みが活きて，確実な成果の上げられる選択をする。しかし，その選択こそ

---

3 『日本経済新聞』2018年9月15日。ここで取り上げられているような大企業だけでなく，主力事業転換の傾向は中小企業でも同様です。中小企業庁による「中小企業の新事業展開に関する調査」（2012年）では，ここ10年で事業転換を果たしたり新事業へと多角化した企業は全体の約30％に上り，やはりそうした企業のほうが売り上げ・利益・雇用などのあらゆる面で成長していることが明らかになっています。

4 サラスバシー，S.／加護野忠男監訳／高瀬進・吉田満梨訳（2015）『エフェクチュエーション──市場創造の実効理論』碩学舎。

が，長期的には，会社の未来を奪う戦略硬直化のスパイラルを駆動させてしまう。変化の時代にあっては，合理的な思考から導き出される安全策をとり続けるという戦略のほうが，むしろリスクが高い。このことを，私は1冊かけて伝えてきたつもりです。

すみなすものは，心なりけり

変われなくなることの原因を探求して10年，たどり着いたのは，「人々の考え方が固まってしまっているから変われない」という，きわめて素朴な答えでした。しかし，複雑化した社会の中でも，結局のところ，人々が何を信じているか，世の中をどう見ているかが，組織や社会の行く末を決めているというのは，重要な再発見ではないかと思っています。まさに，世の中を，いかに住みなすかは，その人の心次第だということなのです。[5]

伝えたかったのは，これまでの常識から導かれる，容易に出しうる答えを疑え，ということに尽きます。時代が変わり続けているのだから，出すべき答えも変わる。自分たちも，変わり続けなければならない。──本書で，このことの大切さを知っていただくことができたなら，私には何の不安もありません。もう，みなさんの心の持ちようは，私のセンスメーキングで変わっているのですから。社会とともにありたいと望む学者の立場から，私は，みなさんがより進取的・創造的な未来を創っていってくださることを確信しています。

未来は，みなさんの心の中に！

---

5 「おもしろきこともなき世をおもしろく すみなすものは心なりけり」。幕末・長州藩の維新志士，高杉晋作の辞世です。下の句は，病床の高杉を看病していた野村望東尼が付けたものと伝わっています。

事項索引

■アルファベット■

A&D　194
CVC　→コーポレート・ベンチャー・キャピタル
DRAM　166
IPO　→株式公開
M&A　→買収
VC　→ベンチャー・キャピタル
VUCA　212

■あ行■

意思決定
　　——のミス　10
　　——論　9, 28
　　サイモンの——モデル　30
イノベーター　62
　　——のジレンマ　62, 65, 70, 104
因果関係　76
インキュベーション　190
因子負荷量　145
腕時計産業　15
売り上げ最大化　165
液晶ディスプレイ　81
液晶ドライバ　163
エンジェル　190
オープン・イノベーション　196, 206

■か行■

海外子会社
　　——の自律度　146
　　日本企業の——　140
回帰係数　134
回帰分析　126, 132
過剰適応　67, 69
価値観　118, 128
株式公開〔IPO〕　191, 192
ガラパゴス化　3, 69, 106
カリスマ型リーダー　79, 105, 186
カリスマに頼る経営　76
環境適応〔適応〕　67, 68
環境変化　106
　　トップの——認識度　154
危機意識　20
企業の硬直化〔硬直性〕　9
　　——の〔企業が変われなくなる〕原因　14
企業変革　→変革
クロスバージェンス　→文化交雑
軍事用市場　46
経営学　7, 213
経営戦略論　28, 211
継続性　205
啓蒙的な活動　206
研究・教育機関　199
現状維持〔現行路線の維持／踏襲〕　58, 70, 73, 100, 117, 122, 211
現地市場向けのマーケティング戦略　132
現地での販売活動　130
現地のネットワーク　147
現地文化受容度　141, 145, 149
コア能力の硬直性　67, 68, 70, 104
行動特性　24
合理的な判断　57, 62, 70

215

コーポレート・ベンチャー・キャピタル
　　〔CVC〕　193, 196
コミットメント・エスカレーション　19
コンデンサ　43
　　――産業　40, 44, 58

【 さ　行 】

再検証　152
再現性　74, 76, 105
産業用市場　46
サンク・コスト　20
事業化プロセス　195
事業転換　212
失　敗　119
　　――学　10, 66
　　１度の――　66
　　企業が――する原因　9
　　繰り返される――　66
死の谷〔デス・バレー〕　195, 206
自分たちらしさ　21
社会科学　76, 77
社　風　20
重回帰分析　137
修正済み決定係数　135, 149
集積回路　51
柔軟性　202
周辺市場　50, 57, 62, 64
収斂〔コンバージェンス〕　143
循環〔スパイラル〕構造　70, 74, 116
生涯利益　176, 179
状況解釈　110, 113, 115, 118, 120, 127, 128,
　　158, 162, 165, 183, 184, 188, 207
　　――の硬直化　117
　　組織メンバーの――　153
　　組織メンバーの――転換　122
　　リーダーの――　153
　　リーダーの――転換　122
情報共有の仕組み　205
情報の質　33
シリコンバレー　188
自律度　146
事例分析　43, 78
新興国（市場）　106, 124, 128, 180
　　――ビジネス経験　148
　　日本企業の――ビジネス　127
人　材　213

　　――の新陳代謝　199
新市場開拓戦略　5
人種別人口構成　199
新製品開発戦略　5
浸透価格政策　166
信　念　32
新文化創造度　145, 150
心理的抵抗感　19
スパイラル　172
　　――構造　→循環構造
スピンアウト　190
制御変数　137, 146
成功体験〔成功経験〕　119, 183
製造業　130
制　度　34
正当化　183
説得戦術　186
説明変数　133
先行研究　14
センスメーキング　109, 113, 115, 116, 120,
　　123, 159, 162, 184, 196, 206, 211
戦　略　2, 9, 14, 18, 165, 211
　　――合理的な意思決定　64
　　――の立案と実行　26
戦略硬直化　2, 11, 59, 65, 159
　　――のリスク　202, 207
戦略硬直化のスパイラル　62, 71, 73, 76,
　　79, 101, 104, 108, 116, 122, 183, 211
　　――を脱する起点　122
戦略修正　96, 181
戦略変更〔戦略転換，路線転換〕　3, 5, 16,
　　65, 70, 103, 120, 127, 130, 132, 148, 151,
　　158, 162, 172, 181, 184, 193, 202
　　――度　132, 149, 153
　　――の起点　188
総合経営業績指標　133
装置産業　166
組　織　9, 14, 18, 23, 36, 207
　　――のアクション〔行動〕　70, 73, 211
組織アイデンティティ　21
組織慣性　19, 24
組織文化　20, 21, 140, 141, 151, 154
組織メンバー〔メンバー〕　73, 188
　　――の行動　115
ソフトウェア　111

◆ た 行 ◆

第4次産業革命　3
多角化　81
　　——戦略　5
多様性〔ディバージェンス〕　143
単回帰分析　133, 137
探　索　25
探索的因子分析　145
地　域　188
地域システム　205
　　——の変容　202
地産地消　96
中小企業白書　4
チュニジア　152
追　試　152
定数項　135
適　応　→環境適応
テレビ市場　82
電気・電子工業　44
統計分析〔統計的検証〕　76, 126, 127, 158
統計モデル　134
ドットコム・バブル　197

◆ な 行 ◆

内部政治　23
納得度　110
日本企業　128
　　——の海外子会社　140
　　——の新興国ビジネス　127
人間の限定された合理性　30
人間の集団行動　14
認　識　31
ネットワーク　205

◆ は 行 ◆

バイアス　31, 33
買収〔M&A〕　191, 192
ハードウェア　111
ハードディスク・ドライブ〔HDD〕産業　66
反　省　37, 119
半導体　50
　　——事業〔製造業〕　163, 166
ビジョナリー・リーダー　32
被説明変数　133

ファースト・ペンギン　123
ファブレス化　168
文化交雑〔クロスバージェンス〕　143
変革〔企業変革〕　9, 18, 28, 73, 207, 212
　　——の困難さ　8
　　——のために発生する現実的な費用　21
　　組織の——必要性認識度　155
変革阻害要因　18, 25, 28, 36
ベンチャー・キャピタル〔VC〕　190, 192, 196
ベンチャー創成システム　189, 190
ホーソン工場実験　77
ボリューム・ゾーン　180

◆ ま・や 行 ◆

ミートアップ　200
民生用市場　46
メイン市場〔メイン顧客〕　50, 57, 62
メンバー　→組織メンバー
ものづくり　210
模　倣　204
有意確率　134
　　F 値の——　135
予言の自己成就　113, 117, 120, 207

◆ ら 行 ◆

利益最大化　171
理解度　110
リーダー　2, 9, 25, 28, 73, 186, 188, 203
　　——の意思決定〔決定〕　14, 28, 36, 66, 70, 73, 115, 211
　　——の意思決定を支える組織的仕組み　32
　　——の思考能力　28
　　——の状況認識　30
　　——の不在　26
　　——への信頼　26
　　——を取り巻く社外のプレッシャー　34
　　長期にわたる——の判断硬直　36
リーダーシップ　25, 118
留学生　200
両利きの経営　25
理　論　76, 77
　　——の妥当性　152
路線転換　→戦略変更

事項索引

217

組織名索引

◖ アルファベット ◗

AUO　84, 87
B-Bridge International　198
CMO　84, 87
GE　49
GHQ　47
LG　84, 85, 87
Massachusetts College of Liberal Arts　42
NEC〔日本電気〕　45, 163, 166
NEC エレクトロニクス　162
RCA　47-49
RSP〔ルネサスエスピードライバ〕　162-165, 167-170, 172-184, 186, 203, 206
TDK〔東京電気化学工業〕　40, 45, 47-49, 54, 56, 57
TSMC　168

◖ あ 行 ◗

アサヒビール　22
アップル　3, 7, 59, 101, 113, 168, 180, 188, 191, 205
インスティテューショナル・ベンチャー・パートナーズ　197
インテル　101, 179, 188, 190, 193, 197
ウェルズガードナー　49
エリー　45, 52

◖ か 行 ◗

カリフォルニア大学バークレー校　199
河端製作所　45
京セラ　40
キリンビール　22
クアルコム　101
グーグル　7, 188, 191, 197, 205
グリー　196
経済産業省　4
国際ビジネス研究学会　128, 140

◖ さ 行 ◗

サムスン〔三星〕　7, 8, 84, 85, 87, 89, 92, 101, 180

サン・マイクロシステムズ　195
シスコシステムズ　194
シチズン　15
シナプティクス　162, 182
シーメンス　45
シャオミ〔小米〕　180
シャープ　3, 76, 78-89, 91-105, 108, 117, 118, 159, 163, 178, 206, 210
――亀山工場　85-87, 89, 93, 95, 96
商工省機械試験所　45
スウォッチ・グループ　16
スタンフォード大学　199-201
スプラーグ　40, 42, 43, 45-47, 50-53, 55-59, 62, 64-67, 69, 70, 72, 74, 105, 159
セイコー　15
政策研究大学院大学　49
ゼニス　47
セントララブ　45, 52
ソニー　48, 54, 82, 83, 85, 87, 89, 92, 96, 97, 101

◖ た 行 ◗

大同生命　123
太陽誘電　40, 45, 47-49, 56
多国籍企業学会　128
チップボンド　163
中小企業庁　4, 213
ディバ　195
東京大学ものづくり経営研究センター　210
東京渡辺銀行　114
東 芝　81, 83, 96, 97, 163

◖ な 行 ◗

南京パンダ　96
日産自動車　23, 24, 33
日本経済新聞社　79, 212
日本電気　→ NEC
日本電子工業振興会　46
日本貿易振興会　47, 50-53
日本貿易振興機構　42
任天堂　101

218

ノヴァテク　164, 169

◖は　行◗

パイオニア　96
ハイマックス　164, 169
パナソニック〔松下電器産業〕　48, 54, 55, 82, 85, 86, 88
ハーバード・ビジネススクール　62
ビシェイ　40, 56
日立製作所　81, 162, 163, 166, 178
ヒューレット・パッカード　188
フィルコ　47
フェアチャイルド　51
フェイスブック　188, 196, 205
富士通　166
ペン・セントラル　56
ホットメール　194
ポラロイド　22

鴻海精密工業　79, 101, 103, 104

◖ま・や・ら行◗

マイクロソフト　188, 190, 191, 193, 194, 197, 205
松下電器産業　→パナソニック
みずほ銀行　101
三菱電機　162
三菱東京 UFJ 銀行　101
未来研究所　200
村田製作所　40, 45, 47-49, 51, 54, 56-58
モトローラ　49
ヤクルト　128
ルネサスエスピードライバ　→ RSP
ルネサス エレクトロニクス　162, 182
ルネサステクノロジ　162, 164, 166, 169, 170, 174
ルノー　24

人名索引

◖A◗

Abidi, D.〔アビディ, D.〕　152, 153
Andersson, U.　147
Ashforth, B. E.　21, 118
Askun, D.　144
Aşkun, O. B.　144
Auerswald, P. E.　195

◖B◗

Bahrami, H.　191
Barnard, C. I.〔バーナード, C. I.〕　29
Barr, P. S.　31
Bazerman, M. H.〔ベイザーマン, M. H.〕　31
Beamish, P. W.　149
Berry, J. W.　143
Bouchikhi, H.　21, 118
Bourgeois, L. J., III　19, 32
Branscomb, L. M.　195
Brock, D.　139

◖C◗

Chesbrough, H.〔チェスブロウ, H.〕　196
Chittipeddi, K.　212
Christensen, C. M.〔クリステンセン, C. M.〕　35, 62, 66
Corley, K. G.　21, 118
Crossan, M.　154

◖D◗

Darwin, C.〔ダーウィン, C.〕　67
Delios, A.　149
Devanna, M. A.　28
Devinney, T. M.　132
Dibachi, F.〔ディバチ, F.〕　195
DiMaggio, P. J.　34
Donzé, P.-Y.〔ドンゼ, P.-Y.〕　16, 17
Drucker, P. F.〔ドラッカー, P. F.〕　29
Dufresne, R. L.　116
Duggan, W. R.〔ダガン, W.〕　31

◀ E・F ▶

Earley, P. C.　144
Edison, T.〔エジソン，T.〕　119
Eisenhardt, K. M.　19, 32, 78
Evans, S.　191
Fitzsimmons, S.　144
Ford, H.〔フォード，H.〕　119
Forsgren, M.　147
Freeman, J.　19, 68

◀ G ▶

Gallo, C.〔ガロ，C.〕　113
Gavetti, G.　22, 32
Ghoshal, S.　142, 147
Ghosn, C.〔ゴーン，C.〕　24, 33
Gilbert, C. G.　19, 20, 24, 74, 212
Gioia, D. A.　212
Glaser, B. G.〔グレイザー，B. G.〕　43

◀ H・I・J ▶

Hannan, M. T.　19, 68
Harrison, S. H.　21, 118
Harzing, A.-W.　130, 132
Hatch, M. J.　21
Henderson, R.　212
Henisz, W. I.　149
Hofstede, G.　139
Holloway, C. A.　194
Holt, D. H.　144
Howells, J.　197
Huff, A. S.　20, 31
Huff, J. O.　20
Husted, K.　153
Isabella, L. A.　123
Jaeger, A. M.　128
Jansen, J. J. P.　154
Jobs, S.〔ジョブズ，S.〕　8, 113, 118

◀ K・L ▶

Kai-Cheng, Y.　144
Kaplan, S.　212
Kasper, C. G.　194
Kawasaki, G.〔カワサキ，G.〕　195
Kenney, M.　198
Kimberly, J. R.　21, 118

Koch, J.　20
Leonard-Barton, D.〔レナード-バートン，D.〕　68, 69
Li, L.　142
Ling, Y.　156
Lubatkin, M. H.　156

◀ M・N ▶

Maffei, G.〔マッフェイ，G.〕　194
March, J. G.〔マーチ，J. G.〕　25, 26, 31, 74
Marino, P. W.　56
Mayo, E.　78
Merton, R. K.〔マートン，R. K.〕　114
Mezias, J. M.　32
Michailova, S.　153
Midgley, D. F.　132
Minkov, M.　139
Miska, C.　144
Moore, D. A.〔ムーア，D. A.〕　31
Morrison, A.　147
Mosakowski, E. A.　144
Murray, F.　212
Nelson, R. R.　68
Nohria, N.　147

◀ O・P ▶

Obstfeld, D.　111
Ocasio, W.　33, 115
Olander, H.　153
O'Reilly, C., III　25
Ouchi, W. G.　128
Oz, E. U.　144
Paterson, S.　139
Pfeffer, J.　34
Powell, W. W.　34

◀ R ▶

Raemer, D. B.　116
Ralston, D. A.〔ラルストン，D. A.〕　144
Ritala, P.　153
Robbins, S. P.〔ロビンス，S. P.〕　31
Rosenbloom, R. S.　190
Roth, K.　147
Rudolph, J. W.　116

S

Saffo, P.〔サッフォー，P.〕 200
Sahlman, W. A. 190
Salancik, G. R. 34
Sarala, R. 145
Sarasvathy, S. D.〔サラスバシー，S.〕 65, 213
Saxenian, AL.〔サクセニアン，AL.〕 191
Schein, E. H.〔シャイン，E. H.〕 21, 32
Schmid, S. 147, 148
Schön, D. A.〔ショーン，D. A.〕 37, 120
Schreyögg, G. 20
Schultz, M. 21
Schurig, A. 147, 148
Shenkar, O. 33
Simon, H. A.〔サイモン，H. A.〕 26, 29-31, 74, 110, 115
Simon, R. 116
Simsek, Z. 156
Sonenshein, S. 116
Spencer, W. J. 190
Sprague, J.〔スプラーグ，J.〕 56-58, 66, 70, 72
Sprague, R. C.〔スプラーグ，R. C.〕 40, 45, 46, 51, 53, 56-58, 66, 67, 70, 72
Stahl, G. K. 144
Starbuck, W. H. 32
Stimpert, J. L. 31
Strauss, A. L.〔ストラウス，A. L.〕 43
Sutcliffe, K. M. 111
Sydow, J. 20

T

Tempest, N. 194
Terpstra, R. H. 144
Thomas, H. 20
Thomas, P.〔トーマス，P.〕 197
Tichy, N. M. 28
Tripsas, M. 22, 32
Tsai, W. 142
Tushman, M. L. 25

V

Vaara, E. 145
Vadász, L.〔バダス，L.〕 193

Van Maanen, J. E. 21
Veiga, J. F. 156
Venaik, S. 132
Vera, D. 154
von Burg, U. 198

W・Y

Wang, R. 163
Weick, K. E.〔ワイク，K. E.〕 109, 111
Wheelwright, S. C. 194
Whittington, R. 116
Winter, S. G. 68
Wu, J. 163
Yin, R. K.〔イン，R. K.〕 43, 78

あ行

赤羽淳 164
秋池篤 189
淺羽茂 23
天野倫文 106, 128, 130
網倉久永 2, 81
新井光吉 57
安藤史江 123
石原俊 24
伊丹敬之 2
井上達彦 19
今川智美 128, 140, 144
岩井善弘 164
臼井哲也 128
大石芳裕 128
大川洋史 143
大木清弘 106, 128
太田隆之 26
大脇史恵 26
奥田隆司 100-102, 104
長内厚 169
小沢和彦 19, 21, 24
小野善生 26, 113

か行

郭台銘〔テリー・ゴウ〕 104
片岡直温 114
片山幹雄 83, 92-96, 98-100, 104
金井壽宏 65, 118
狩野美知子 26
川又克二 24

神吉直人　169
釘原直樹　35
黒住英司　134
桑名義晴　128
小阪玄次郎　54, 189
越石健司　164
五代友厚　123
小橋勉　34
小林敏男　189
小林美月　189

◖さ　行◗

佐伯旭　84
榊原清則　17
佐々木将人〔Sasaki, M.〕　127, 128, 140, 144
佐治寛　82, 85
佐藤郁哉　34
塩路一郎　24
志村幸雄　53, 55
新宅純二郎　2, 16, 81, 106, 128
菅谷拓生　201
杉原浩志　123

◖た　行◗

戴正呉　104
高杉晋作　214
高橋亀吉　114
高橋興三　102-104
武石彰　54
多田和美〔Tada, K.〕　127, 135, 149
田端昌平　128
辻晴雄　81, 84
坪山雄樹　76
照井伸彦　134
鳥居周一　174

◖な　行◗

中川功一〔Nakagawa, K.〕　40, 76, 104, 106, 128, 135, 140, 144, 149, 153, 189, 210
中川充〔Nakagawa, M.〕　127

中川満　134
長瀬勝彦　31
永田隆　55
中田行彦　79, 164
ナポレオン　77
西埜晴久　134
沼上幹　77, 163
野中郁次郎　78
野村望東尼　214

◖は　行◗

早川徳次　80, 84
日野健太　25, 28, 105, 118
広岡浅子　123
花拉　193
福地宏之〔Fukuchi, H.〕　127, 135, 149, 189
淵上克義　113, 118
本田宗一郎　119

◖ま　行◗

桝本博之　198
町田勝彦　76, 79-85, 87, 91-96, 98-100, 102, 104, 117
松本陽一〔Matsumoto, Y.〕　76, 104
マリー・アントワネット　77
丸川知雄　69
宮崎智彦　106
村田昭　48, 49, 55
森垣淑　114
森棟公夫　134, 136

◖や・わ　行◗

安室憲一　128
安本雅典　69
山田真茂留　34
山本芳夫　55
横田善和　162, 163, 165, 166, 168-184, 186, 206
吉川尚宏　3
渡辺周　20
渡邊法子　26

● **著者紹介**

中川 功一（なかがわ・こういち）

大阪大学大学院経済学研究科准教授，博士（経済学）（東京大学）

2004年，東京大学経済学部卒業

2008年，東京大学大学院経済学研究科博士課程単位取得退学（2009年，経済学博士）

2008年，駒澤大学経営学部専任講師

2012年，大阪大学大学院経済学研究科講師

2013年より現職

主要著作　『技術革新のマネジメント──製品アーキテクチャによるアプローチ』（有斐閣，2011年）

『ど素人でもわかる経営学の本』（翔泳社，2019年）

"Innovation in VUCA world: Evidence from Tunisian firms in a post-revolution context"（共同執筆，*International Journal of Business and Emerging Markets*, Vol. 10-No. 4, pp. 319–340，2018年）

など

戦略硬直化のスパイラル
──どうして企業は変われなくなるのか
A Downward Spiral to the Strategic Rigidity

2019年9月25日　初版第1刷発行

著　者　中　川　功　一

発行者　江　草　貞　治

発行所　株式会社　有　斐　閣

〒101-0051
東京都千代田区神田神保町2-17
電話（03）3264-1315〔編集〕
　　（03）3265-6811〔営業〕
http://www.yuhikaku.co.jp/

組版・田中あゆみ／印刷・株式会社理想社／製本・牧製本印刷株式会社
© 2019, Koichi Nakagawa. Printed in Japan
落丁・乱丁本はお取替えいたします。
★定価はカバーに表示してあります。
ISBN 978-4-641-16547-2

[JCOPY]　本書の無断複写（コピー）は，著作権法上での例外を除き，禁じられています。複写される場合は，そのつど事前に，（一社）出版者著作権管理機構（電話03-5244-5088, FAX03-5244-5089, e-mail:info@jcopy.or.jp）の許諾を得てください。